信托财富管理业务研究

XINTUO CAIFU GUANLI YEWU YANJIU

陕西省国际信托股份有限公司博士后科研工作站 编著

中国金融出版社

责任编辑：马海敏
责任校对：李俊英
责任印制：张也男

图书在版编目（CIP）数据

信托财富管理业务研究/陕西省国际信托股份有限公司博士后科研工作站编著. —北京：中国金融出版社，2021.6

ISBN 978-7-5220-1178-3

Ⅰ.①信… Ⅱ.①陕… Ⅲ.①信托业务—研究 Ⅳ.①F830.8

中国版本图书馆 CIP 数据核字（2021）第 099525 号

信托财富管理业务研究
XINTUO CAIFU GUANLI YEWU YANJIU

出版
发行 中国金融出版社

社址 北京市丰台区益泽路 2 号
市场开发部 (010)66024766，63805472，63439533（传真）
网 上 书 店 www.cfph.cn
(010)66024766，63372837（传真）
读者服务部 (010)66070833，62568380
邮编 100071
经销 新华书店
印刷 保利达印务有限公司
尺寸 169 毫米×239 毫米
印张 17
字数 230 千
版次 2021 年 6 月第 1 版
印次 2021 年 6 月第 1 次印刷
定价 75.00 元
ISBN 978-7-5220-1178-3
如出现印装错误本社负责调换 联系电话（010）63263947

编委会

华澳国际信托有限公司　　　　　赵　艺　游健聪

北方国际信托股份有限公司　　　尹　璐

中原信托有限公司　　　　　　　李　欣　王　瑜　薛川阳　杜迎辉

中国对外经济贸易信托有限公司　朱闵铭　张恩瑜　徐博研　陶斐斐

中信信托有限责任公司　　　　　周　萍　刘瑞鹏　陶婷婷

渤海国际信托股份有限公司　　　张　敏　潘　金　钱宇樑

咨询机构：

德勤华永会计师事务所　　　　　万　乐　华文伟　孙　毅　郗欣玮

韬睿惠悦管理咨询（深圳）有限公司北京分公司　谢家佳

福建顶点软件股份有限公司　　　孙井刚　朱艺彬　林黎钦　廖翌强

南昌用益投资理财顾问有限公司　帅国让

序　一

2021年4月28日，刚好是《中华人民共和国信托法》（简称《信托法》）颁布实施20周年。《信托法》所确立的信托制度，在我国得到了较为广泛的实践，包括证券投资基金、集合资金信托计划、基础设施领域不动产投资信托基金、信贷资产证券化、企业年金、职业年金、家族信托、遗嘱信托、公益（慈善）信托等。截至2020年年末，信托公司管理的信托财产规模为20.49万亿元人民币，信托业已经发展成为我国金融体系的一个重要组成部分。可以预期，随着我国财富的不断积累，信托制度的应用将涵盖民事、商事、公益等多个领域，得到更加广泛的应用。

信托公司是我国信托业的主要受托主体。从过去40多年的发展历程来看，信托公司一直在发展中不断转型，并在转型后继续发展。如果把信托公司的业务分为信托业务、固有业务和中间业务，其发展历程可以分为以下三个阶段：第一阶段是1979—2000年，信托公司以中间业务为主、固有业务为辅；第二阶段是2001—2009年，信托公司以固有业务为主、信托业务为辅；第三阶段是2010年至今，信托公司以信托业务为主、固有业务为辅。信托公司是主营信托业务的金融机构，这一定位我认为今后无须再变。当前信托公司的转型，实质是要改变信托财产的管理处分方法，即由以融资类信托业务为主转变为以非融资类信托业务为主，其面临的主要风险也将由信用风险转变为受托管理责任风险。

多年来，信托公司重点发展的业务之一是财富管理业务，主要是为高净值个人客户提供以资产配置、产品选择和投资理财建议为核心的全方位信托服务。随着信托制度关于所有权与收益权分离重构、财产独立性及风险隔离的制度安排日益得到重视，特别是随着我国高净值客户及其可投资资产规模的不断增加，对综合金融服务的需求越来越旺盛，使得信托公司在回归本源业务中将财富管理作为其转型的重要战略方向之一。我认为，未来我国家庭财产交由专业机构打理将成为主流趋势，信托制度在财富管理业务中将发挥越来越重要的作用，是成为财富管理的最佳选择和最优工具之一。

本书从信托行业发展财富管理业务的角度，分析了信托行业财富管理业务发展中的战略定位与发展模式，系统介绍了信托公司财富中心建设的运营管理模式、组织绩效、流程制度，对信托公司财富管理的产品体系、客户管理、风险管理及信息系统建设等核心业务进行了梳理。本书从实践工作中进行理论提炼和深度思考，对信托行业转型发展，回归本源作了有益的探索，值得一读。

中国信托业协会首席经济学家

蔡概还

序　二

《左传》有云：“信，国之宝也，民之所庇也。”春秋时期的赵氏孤儿、三国时期的白帝城托孤都是信托精神落地华夏文明的生动写照。当然，现代信托制度确立还要追溯至英国中世纪末期，人们为了实现财产的自由转移，经历了从用益制到信托制演变的漫长过程。新中国信托业务起步于改革开放之后，为了有效吸引国内外资金支持经济建设，信托公司应运而生。但是在缺乏法制规制下的野蛮式生长所带来的问题与困难不容忽视。艰难困苦，玉汝于成，行业经过多次的清理整顿，发展导向不断匡正，“一法三规”的颁布实施为行业的健康可持续发展夯实基础。作为一名老信托人，我见证了行业发展的起起伏伏。其中既有风霜雨雪的坎坷磨砺，又有重整出发的豪情壮志。信托的生命力在于创新，在于打破藩篱让资源要素在货币市场、资本市场与实业之间合理流动达到优化配置。在当下转型发展的重要关口，回归本源、支持实体、防范风险、深化改革须久久为功。我们前进的脚步从未停顿，创新探索永远在路上。

伴随着改革开放的春风，陕西省金融联合投资公司［陕西省国际信托股份有限公司（简称陕国投）的前身］于1984年成立，1994年“陕国投A”在深交所挂牌上市，是中国最早一批上市的非银行金融机构。经过近40年的发展，陕国投由一家区域性的地方金融企业逐步发展为全国性展业布局的财富管理机构，有力地支持了经济社会发展，国有资产大幅度保值增值，以安全、稳健的品牌形象赢得了广大投资者的高度信任，积累了丰富的资产管理经验、专业的高素质人才队伍及服务实体经济、满足人民美好生活需求的好方式好做法。也正是有一批热爱信托、勤于思考、乐于奉献、敢打敢拼的陕国投人，不断朝着打造国内一流财富管理机构的方向不懈努力奋斗，才有了今天难得的发展成果。

在回归本源的过程中，财富管理是信托公司转型的重要战略方向之一。陕国投在“十三五”期间就提出了“财富革命”，经过五年的大力发展，2020 年公司财富发行能力突破 600 亿元，较 2015 年增加了十多倍。“行之力则知愈进，知之深则行愈达”，对任何事物的认识都需要在实践中探索，在认知上提升和总结，以更好地指导实践。本书结合工作实际，对财富管理业务进行了系统分析研究，借鉴了国内外的先进经验，阐述了信托公司财富管理业务的战略取向、业务模式及配套机制建设。本书既是对财富管理知识体系的系统梳理，更是对发展的有益探索与思考，期望我们的努力能够为行业发展作出一点贡献。

陕西省国际信托股份有限公司董事长

薛季民

序　三

信托业“受人之托、代人理财”，其天生的基因乃财富管理。信托行业的初心和使命系代人理财，这也预示着信托行业的生命原动力是财富管理。1979 年中国现代信托业，应时、应需而生，面对改革开放之初经济恢复性发展“缺钱”且融资渠道单一之难题，邓小平同志高瞻远瞩，让荣毅仁先生组建中国国际信托投资公司，开启了现代信托业萌芽、发展、壮大的波澜壮阔之旅。40 多年的成长发展历程中，由于行业定位等多重原因，信托行业历经多轮清理整顿后尚在寻觅转型升级之路径。不由得引人深思：作为中国第二大金融子行业的信托行业，为什么到四十不惑时陷入困惑？为什么还未走出“萌发—疯长—整顿—重生—再疯长—再整顿”的怪圈？一系列的问号萦绕在监管者、从业者、专家学者脑中……

过去几年来，信托行业在探索、重塑行业前途和愿景时，基本上将私募投行、资产管理、财富管理确定为信托行业主导的业务方向和转型路径。实务中，一般认知是三类并行推进，也有的认为三合二后资产管理与财富管理交叉推进逐步升级为财富管理，一步到位只做财富管理目前尚难具备充分条件。虽然财富管理的转变升级之路任重而道远，但财富管理市场基础的雄厚为信托行业不忘初心、回归本源创造了条件，在激烈的市场竞争中信托行业要求得发展，占据一定的市场地位，需要全行业转变观念、固本培元、修炼“内功”。

升级进入财富管理新时代，无疑是信托公司的共识，财富管理也将成为信托行业倾力追求和打造的主导盈利模式，成为信托公司构建核心竞争力和发展根基的关键。基于此，陕国投以博士后工作站为班底，会同信托同仁承担协会年度课题，组织力量，立足现实，着眼长远进行多角度、多层面的研究探索，以求为擘画信托行业新未来提供建设性意见。从现实看，真正意义上的财富管理，从家族信托等创新业务起步，更多的还是理想。骨感的现实之风并不能吹灭理想的火种，理想之火光已经照亮现实，引领信托行业去披荆斩棘、踏平坎坷、奔向未来！

新时代、新形势、新挑战、新机遇，信托行业在向财富管理转型升级中必将迎来新未来！在此过程中，还将面临许许多多新课题，需要信托人去思考、去钻研、去实践、去担当，比如，大资管生态圈中信托公司围绕财富管理如何开展竞合服务，金融科技不断迭代中如何赋能信托行业财富管理，新冠肺炎疫情影响下，财富管理如何顺应国际经济社会格局的深刻演变，等等。

课题成书出版值得庆贺！我谨代表陕国投感谢中国信托业协会的大力支持和帮助！感谢信托同业的鼎力配合和协力攻关！感谢课题组的辛苦付出！让我们以此次课题成果出版之机，向全社会弘扬信托文化，普及财富管理的信托功能，以求为我国乃至全球财富管理市场的繁荣发展贡献心力。

陕西省国际信托股份有限公司总裁

姚卫东

目　录

第一部分　信托财富管理的战略体系

第二部分　信托公司财富中心运营管理研究

第三部分 信托财富核心业务体系建设

第一部分

信托财富管理的战略体系

审知彼已强弱利害之势，虽百战实无危殆也。

第一章　信托财富管理业务战略定位与实施要点

本章问题思考

◎ 为什么说战略定位是信托财富管理业务发展面临的首要问题？如何根据信托公司顶层战略制定财富管理业务战略？

◎ 如何发展财富管理业务的核心能力？财富管理业务对资产管理及投行业务有哪些支持作用？

◎ 国际先进的财富管理业务有哪些模式？如何借鉴并结合我国信托公司自身特点进行战略定位及策略实施？

战略不仅在于知道做什么，更重要的是，要知道停下什么。

——乔·图斯

截至2020年第四季度末，我国信托行业资产管理规模已达到20.49万亿元人民币，是仅次于商业银行理财的第二大资产管理行业。自改革开放后，在40余年的发展过程中，信托行业既经历了数次清理整顿后的痛苦历程，也作为国家金融体制改革试验田中的“排头兵”，发挥着促进实体经济与资金融通的重要作用。尤其在2007年《信托公司管理办法》和《信托公司集合资金信托计划管理办法》（简称“新两规”）颁布后，信托行业重点在基础设施建设、房地产、工商企业等领域提供了关键的非标准化直接融资服务，发展迅猛，被称为私募投行或实业投行。

伴随着中国经济步入结构调整深化期，以及监管要求全面提升，信托行业的牌照优势和制度红利逐步减弱，回归“受人之托、代人理财”的职能定位，深耕资产管理、财富管理和受托服务三大本源领域，成为行业发展的必然趋势。

在此过程中，信托行业也将逐步由私募投行驱动转为由服务驱动，充分拓展信托公司的服务功能将成为信托公司与金融同业展开差异化竞争的关键。信托服务的概念广泛，财富管理业务是最能体现信托服务的复杂性和专业性的业务。财富管理业务以客户为中心，组织各类产品和服务，能够调动信托公司的产品创设能力、资产管理能力、受托服务能力，充分发挥信托的受托管理功能及信托制度优势。

一、财富管理业务的战略意义及实施要点

最早的国外私人财富管理可以追溯到16世纪的瑞士。瑞士的银行一般都提供私人性的金融服务，之后私人金融服务在美国得以创新并发展。其核心理念是专业机构基于客户自身的财务状况和财富管理目标，提供一揽子综合金融解决方案，包含财产的隔离保护、保值增值及避税传承等。

从国际先进金融机构的经验来看，财富管理业务一方面具有收入来源稳定、轻资产的优势，能够抵御私募投行业务及资产管理业务依赖经济周期导致的经营收入波动性；另一方面能够为资产管理业务及投行业务提供稳定的资金来源，有利于形成具有差异化的竞争优势。

（一）财富管理业务的特点

1. 复杂的生态系统与较高的长期投入

财富管理业务是一个较为复杂和庞大的生态系统。一方面，财富管理包含了资产管理业务需要提供的一系列产品与服务，如资本账户服务、投资管理服务、咨询顾问服务等；另一方面，财富管理还需要以客户为中心，强调客户关系维护与客户管理，并在数据信息系统、客户经理及投资顾问人才招募与培训等方面投入一系列资源。

同时，由于财富管理的复杂性，前期投入的资本以及人力、技术等成本较高，且这些投入发挥作用的时间也较长。以我国私人银行发展经验为例，

商业银行尽管坐拥国内最大理财客户群体，其以私人银行模式开展财富管理业务，也需要五年到六年的时间才能实现盈亏平衡。信托公司与商业银行相比处于客户资源劣势，发展财富管理业务需要更长的时间。

2. 边际成本递减与优化的财务指标

尽管财富管理前期投入的成本较高，具有较高的进入门槛，但财富管理业务呈现边际成本递减的特性，随着客户集聚、管理资产规模达到一定水平后，单个客户的边际收益逐步增加，盈利增速加快。

此外，财富管理业务具有更优化的财务指标，是对资产负债表影响较低、对利润表贡献较大的轻资产业务。财富管理业务经营效率较高，即资产收益率（ROA）较高且表现稳定。以瑞银集团为例，从2002年到2019年，集团四大业务——财富管理业务、商业银行业务、投行业务、资产管理业务中，资产管理和财富管理均属ROA较高的轻资产业务，而财富管理业务的ROA表现得更为稳健（见图1－1）。

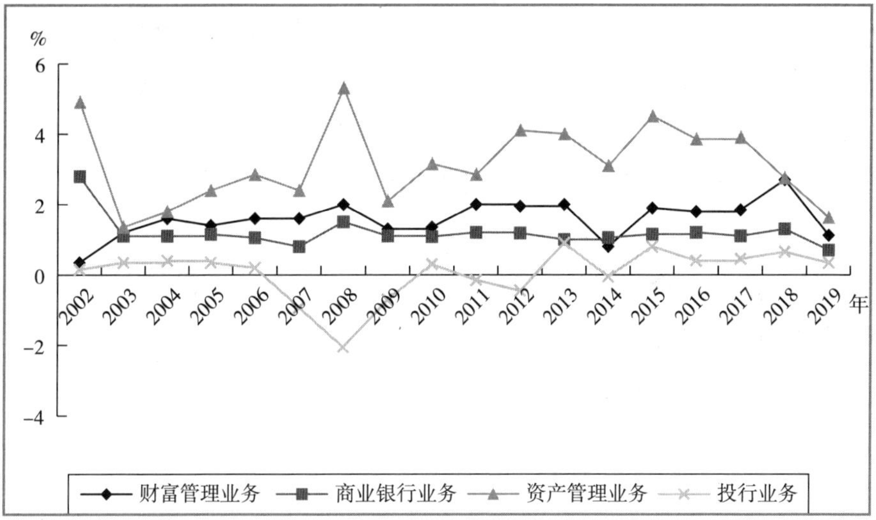

图1－1 瑞银集团各类业务ROA比较

（数据来源：瑞银财报，恒大研究院）

同时，财富管理业务发展较为稳健，受经济周期波动影响较小。从国际财富管理业务的发展实践来看，提供高端财富管理服务的私人银行单一业务供应商的资本充足率与不良贷款率也显著优于商业银行的相关数据。

3. 品牌“护城河”作用与较高的声誉风险

成熟的财富管理市场竞争格局较为稳定，根据 Scorpio 2018 年全球私人银行报告数据，全球排名前 10 位的私人银行 2016—2018 年没有发生变化。这主要是因为财富管理行业的品牌识别度高，品牌外溢作用凸显，客户黏性强。由于财富管理业务完善的体系搭建对高净值客户的经营管理具有较强延伸性，财富管理业务规模达到一定程度后形成的“护城河”作用也非常显著。品牌效益使客户忠实度加强，不仅内部客群的相互传导作用强，有利于从内部向外部拓展客户群体，品牌外溢作用也非常显著，有利于延展至金融行业的其他业务品种，实现外部市场开拓。

然而，品牌也使得财富管理业务的声誉风险加大，一旦发生声誉风险，财富管理业务也会遭到巨大的打击。因此，从事财富管理业务更加关注声誉风险。财富管理业务面向零售客户，这些客户专业度较低，处于弱势地位，在面临争议时更易获得法律的保护。同时，由于零售客户数量较大，当金融机构遭遇声誉风险时，更容易通过传播扩大化，导致品牌价值损失，甚至会危及企业生存。因此，财富管理业务应更加重视声誉风险的管理。

4. 与投资银行业务及资产管理业务联动作用明显

财富管理业务拥有大量高净值客户，能够为投资银行业务募集充足的项目资金，也能够为资产管理业务提供稳定、可供管理的资金，对投资银行业务与资产管理业务亦能产生较强的联动作用。

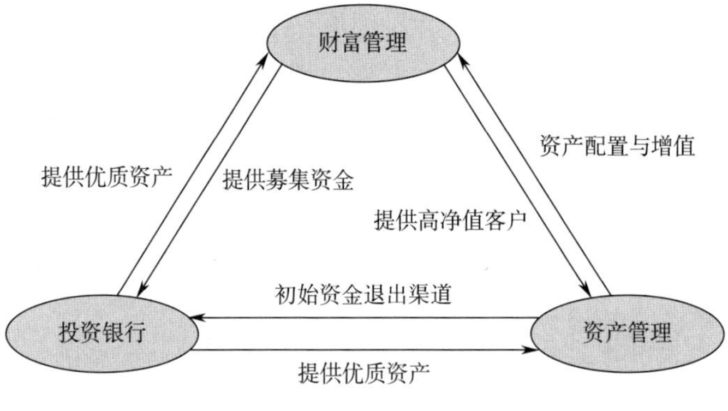

图 1－2　财富管理与资产管理及投资银行的关系

5. 人力资本投入与激励培训体系建设是重点

财富管理为轻资产业务，人力资本投入非常重要。国际先进财富管理机构都将优质人才招聘与人才培养作为公司重要的投入。信托财富管理业务是包括财产规划、风险隔离、资产配置等定制化事务管理和金融服务的信托业务，需要专业复合型人才，目前国内人才匮乏是业务发展的最大瓶颈。

（二）财富管理业务的核心能力

财富管理业务与资产管理及投行业务不同，财富管理是金融机构针对高净值客户的理财业务，以客户为中心，分析客户自身财务状况，通过了解和发掘客户需求，制订客户财务管理目标和计划，为客户提供资产配置服务（实物资产与金融资产的境内外配置）、财富的传承与保障服务（保险安排、遗产安排、离岸资产管理、不动产管理等服务）、金融咨询服务（法务/税务咨询、公司治理等）。此外，目前各国财富管理业务表现出了将客户多元化的价值观贯穿于财富管理的新趋势，例如，将财富配置在环保、慈善等方面。

1. 财富管理业务的核心能力

基于财富管理内涵及财富管理业务特征，财富管理业务需要着重培养以下能力。

第一，资产配置能力，即能够根据客户在风险、期限、收益、个人偏好等方面的特点，灵活制订资产配置策略，满足客户需求。目前国内信托财富管理业务主要是以产品销售为导向，主要解决资金问题。未来信托的财富管理业务必然将从以资金来源为重心转向以资金运用为重心，在资产组合风险收益平衡下，提升资产配置能力。

第二，客户服务能力，即能够根据客户需求，提供多元化、个性化的客户服务，提高客户的忠实度及满意度。客户服务能力的提高主要体现在提供线下服务的人力资源水平提升，包括理财师、投资顾问及专家团队。随着科技的发展，还需要依托数据科技信息平台，通过线上线下相结合的方式提升客户服务能力。

第三，品牌提升能力，即形成具有溢出价值的品牌，在市场中实现差异化竞争优势。由于财富管理的规模效应、边际成本逐步降低，形成品牌效应有利于积累稳定的客户，实现长期稳定的盈利能力。同时品牌能够激发客户及员工的认同感，提高凝聚力和市场影响力，品牌提升能力是财富管理业务的最重要能力之一。

2. 财富管理业务与投资银行业务的区别

从狭义的角度来看，投资银行业务只限于资本市场上证券承销、并购和直接融资等业务的财务顾问；从广义的角度来看，投资银行业务包括公司项目融资、兼并收购、股票销售和交易、资产证券化和风险投资业务，投资银行业务在金融服务业中扮演着中介作用。财富管理业务与投资银行业务的区别主要有以下几个方面。

第一，金融机构的身份不同。财富管理业务中金融机构扮演资产管理人角色，根据客户需求将资金资产投入适合的领域；投资银行业务中金融机构的身份则是撮合投资人与融资人对接的中介人。

第二，盈利方式及思维模式不同。财富管理业务的盈利方式主要是收取管理费、顾问费，是一种“赚长钱”的方式。长期的客户关系管理与满足客户的长期财富管理需求是财富管理业务的核心思维，常常被称为“农耕思维”。投资银行业务的盈利方式是收取中介费，是一种“赚快钱”的方式。撮合交易的佣金是其收入的主要来源，而客户的需求是非周期的，因此盈利具有不确定性和波动性特点，其思维模式被称为“狩猎思维”。

专栏 1－1

财富管理业务的“农耕思维”与投资银行的“狩猎思维”

狩猎思维源于远古时代，是我们的祖先打猎生存的思维模式，猎人思维特征是典型机会导向型的，具有狩猎思维的人不断地去寻找新的猎物，把握新出现的机会，同时嗅觉灵敏，善于发现最合适的猎物，一旦收获也颇为丰富。投资银行业务的“狩猎思维”需要“快、准、狠”。

具有“狩猎思维”的投资银行业务的核心能力是“寻找合适的猎物并快速猎取”，即能够寻找识别潜在的需要资金融通服务的客户，并通过高效专业的服务，将项目转变为股票、债券、信托计划等金融资产，常常也是“半年不开张，开张管半年”。

农耕思维是指遵循大自然法则，依时播种，依时收获。农民在这个过程中，要有耐心地长期耕耘，从播种到浇灌、施肥，再到漫长的生长期，是一个循序渐进、不断付出、耐心等待瓜熟蒂落的过程。在金融业务中，“农耕思维”是一种长线投资思维，为未来播下种子并辛苦耕作。财富管理业务用“农耕思维”开发客户，要有长期布局意识，持续地、不间断地埋下种子。一分耕耘，一分收获。

对于金融机构而言，“狩猎思维”与“农耕思维”意味着不同的核心能力。“农耕思维”的核心能力是“长跑”，“农耕思维”的财富管理业务需要客户开发者有面向未来的播种计划与长远布局，对客户不同生命周期的财富管理需求有更充分的理解和产品储备，要持续地、不间断地根据市场与客户需求调整服务方式，不断拓展新的客户，通过长年累月的付出不断积累客户，获得丰收。

财富管理业务具有大资管、大零售、大投行的交叉属性，这一属性赋予其轻型业务的典型特征，资本占用少，中间业务收入贡献更多，另外，开展抗周期性较强的财富管理业务是信托行业在“资管新规”后轻型战略转型的重要途径。信托行业未来制胜的核心能力在于“服务”，行业动能也将逐步由“狩猎式”的私募投行驱动转为“农耕式”的财富管理金融服务驱动。

3. 财富管理业务与资产管理业务的区别

在狭义语境下，财富管理作为与资产管理并列的一类业态，通常被认为是上下游关系。广义概念下，财富管理业务与资产管理业务都是金融机构所提供服务的一部分，是客户资产保值增值的途径。资产管理业务最早出现在19 世纪末的英国，当时被称为投资信托（investment trusts），类似现代的封闭式基金（close – end fund），是通过发行证券向公众募集资金后，再由专业的金融机构运作投资于不同的资产组合。随着经济活动和金融市场的发展，投资公司、信托公司、人寿保险公司、养老基金公司等专业机构作为资产管理人从事资产管理业务。金融投资机构作为资产管理人，根据资产管理合同约定的方式、条件、要求及限制，对客户资产进行经营运作，为客户提供现金、信用、保险、投资组合及其他金融产品，并收取费用的业务。

财富管理机构既可以扮演理财顾问角色，向客户提供理财建议，还可以在客户的授权范围内，代表客户进行资产管理，投资收益与风险由客户与财富管理机构按照约定方式分享与承担。

财富管理业务与资产管理业务的主要区别是：财富管理业务的核心是客户，资产管理业务的核心是资产，财富管理业务的核心能力在于资产配置与客户关系管理，资产管理业务的核心能力则在于投资与产品创设（见表1－1）。

第一，资产管理业务关注“资产”，财富管理业务关注“客户”。资产管理业务的核心是“资产”，投资能力越强的资产管理者或机构越能获得更高的收益。因此，资产管理业务关注的是产品设计与提高收益。财富管理业务的核心是“客户”，包括个人客户及机构客户。财富管理业务需要根据客户的不同需求，制订不同的投资规划方案。

第二，资产管理业务的核心能力在于投资与产品创设，财富管理业务的核心能力则在于资产配置与客户关系管理。资产管理机构需要从资本市场获得收益，所以更注重产品的设计，包括考虑投资标的风险与收益、挖掘某一类资产的价值等。财富管理机构面对的是不同客户，在为客户制订规划时，更注重依据不同客户的风险偏好、不同需求进行资产配置。

第三，服务内容不同、管理对象不同。资产管理业务主要提供标准化的金融服务，需深入把握金融产品的收益与风险，并结合市场情况制订投资策略。资产管理业务的对象主要是金融资产，包括现金、证券、非标资产等，强调资产管理机构在金融、财务方面的专业能力。而财富管理业务的对象除了金融资产，还包括不动产、非上市公司股权、艺术品等资产。财富管理业务的范围也更加广泛，除了提供金融服务，还包含客户个性化、定制化的理财规划服务，如购房置业、子女教育、财产保护、法律咨询、税务筹划、养老金计划等，需要从业者在法律、财务等多方面的综合能力。

表1－1　　　　财富管理业务与资产管理业务的主要区别

主要区别	财富管理业务	资产管理业务
关注重点	客户财富管理需求	产品设计与提高收益
核心能力	资产配置与客户关系管理	投资与产品创设
对接对象	客户端投资方	项目端融资方
服务内容	金融服务及非金融服务	金融服务
服务特点	专业化、定制化	统一、标准化
管理对象	各类动产与不动产	金融资产

（三）财富管理业务的战略定位与选择

财富管理业务具有前期投入高、长周期以及规模与品牌效应特点，因此更需要战略高度的定位与长期布局。战略是为长期保持和强化竞争力而采取的一贯性行动，通常是根据企业外部环境和内部资源，结合自身能力状况，对企业发展目标、达成目标的途径和手段的总体谋划。企业战略通常以三年到五年为期限，制定的目的是更好地掌握和利用其核心资源，形成比竞争对手更好地利用这些资源的优势。

财富管理业务战略可以分为两个层次：

第一层是公司层战略。公司总体战略也是公司层战略，关注如何调整优化开展各项业务所需要的资源，使得公司总收益最大化。从国外先进金融机构的经验来看，公司层战略可分为投资银行战略、全能型战略、财富管理核心战略以及平台型战略。

第二层是业务层战略。财富管理业务战略是公司层战略在财富管理业务层的具体化，应匹配公司总体战略，如可采用产品导向战略、客户导向战略或平台导向战略。

1. 公司层战略定位

根据国内外金融行业经验，金融企业在公司层面的战略定位可分为四类。

第一类是投资银行战略，即创造金融资产，评估其价值与风险，并销售给相应投资者。在此战略中，公司将产品开发与风险把控视为核心竞争力。

相应地，财富管理业务的定位则是服务于投行，为其寻找匹配的投资者。例如，摩根士丹利和高盛属于投资银行战略，其财富管理业务战略也以产品为导向。

第二类是全能型战略，即投资银行业务与财富管理业务并驾齐驱，在开展业务中做到产品开发与客户需求并重。瑞士联合银行是这一战略的践行者。该行开展了财富管理、零售银行、投资银行等多项业务。这一战略既需要在资产端有过硬的产品开发与风险把控能力，能够满足投资者差异化的投资需求，还需要具有强大的客户推广与维护能力。全能型战略对产品体系、客户维护及品牌号召力都要求较高。

第三类是财富管理核心战略，即以客户为中心，将客户的资金和资产作为管理标的，为资金寻求保值增值的投资标的，在此基础上，满足客户的避税、破产隔离与传承等其他个性化需求。瑞士一些上百年品牌的私人银行都采取此战略，财富管理业务战略通常以客户为导向，拥有独立的第三方及开放产品体系。公司的利润均来自管理财富所获得的佣金。

第四类是平台型战略，这是一种新型战略，即公司作为资产端与资金端连接的中介机构，通过互联网信息系统搭建平台，利用科技优势与账户管理优势，为买卖双方提供促成交易的服务性工作。平台本身不涉及产品的开发与资金的募集。公司利润主要来自撮合交易产生的佣金。目前颇具特色的是在美国发展迅速的TAMP（全托资产管理服务平台）模式。

2. 财富管理业务战略定位

公司层战略定位是根据公司自身资源禀赋、发展目标以及所处的发展时期定位，而财富管理业务战略则根据公司层战略定位，具体可分为产品导向战略、客户导向战略、平台导向战略。

（1）产品导向战略。以投资银行战略为公司层战略的财富管理业务往往选择产品导向。产品导向，即财富管理业务主要服务于公司的产品及项目，公司重点关注如何提高公司的产品项目质量及销量，公司和财富管理业务也重点从本公司产品中获取收入和利润。产品导向战略的财富管理业务重点服务公司投行业务。

（2）客户导向战略。客户导向战略以客户需求为中心，更加关注客户开发和维护，针对客户需求进行产品创设。发达国家和地区的财富管理业务多以客户为中心，获得利润的来源也呈现多样性，如客户资产管理费、咨询费、产品的佣金、利差等。客户导向的财富管理业务产品体系开放，以服务客户为核心。

（3）平台导向战略。平台导向战略是指依托产品选择能力或强大的信息系统，例如，TAMP（全托资产管理服务平台）通过提供一站式的系统/SaaS服务，让每一个独立理财顾问能够充分享受到专业化的IT系统支持，高效对接多种类型的资产管理产品，并及时跟进上游资产端的变化与交易后的投资状况，从而实现整个财富管理流程的高度自动化与智能化，极大地提升服务效率（见图1-3）。

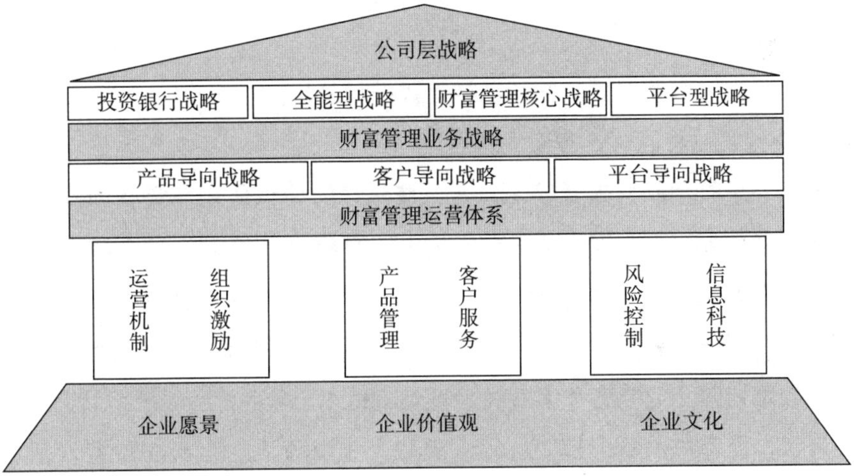

图1-3　财富管理业务的战略体系

二、国际先进财富管理业务模式分析

在欧美等发达国家，财富管理业务是金融机构的重要业务，随着经济的发展和社会财富的进一步积累，在整个金融机构业务收入的占比也日益增加。在这些机构中，信托作为一种灵活优越的制度安排被广泛运用于金融集团内部各财富管理部门。信托公司财富管理业务在借鉴欧美金融集团经营模式的基础上，需寻求适合自身发展的路径。

（一）客户导向的纯私行模式

财富管理业务模式充分体现了客户导向的是纯私行模式。该模式发源并主要集中在瑞士，经过数十年至上百年的私人理财服务，建立品牌声誉，形成固定而忠实的客户群体。其核心业务和营业收入基本来自私行财富管理费及佣金收入，以吸收资产和服务客户为中心，该类模式的主要市场参与者有瑞士的宝盛（Julius Baer）、百达（Pictet）、盈丰（EFG Bank）。

宝盛成立于1890年，历史悠久，属于财富管理市场的单一业务提供商。依据2017年Scorpio全球私人银行报告，宝盛资产管理规模列全球私人银行第11位。2019年，宝盛管理的资产达4 261亿瑞士法郎（约合4 570亿美元），营业收入达33.8亿瑞士法郎（约合36.3亿美元），净利润达7.7亿瑞士法郎（约合8.3亿美元）。

以宝盛为例对客户导向的纯私行模式进行分析。

1. 宝盛的财富管理业务模式特点

第一，采取企业家族管理，具有财富品牌的传承作用。宝盛创设于1890年，初期采用合伙人制度，董事会成员中以家族成员为主。直至2012年，董事会主席由第四代Baer家族成员接续担任，其他成员在管理层中也多有任职。传统的家族管理使客户对品牌更为信赖，也使资产管理、客户关系管理和法律及税务筹划的专业能力和丰富经验得到了传承。

第二，以客户关系为核心，以管理费为主要收入。宝盛的财富管理业务模式分为“投资咨询模式”与“全权委托模式”，两种模式的营业收入基本来自客户支付的管理费用。宝盛以吸收资产和服务客户为中心，通过上百年的私人理财服务，建立了良好的品牌声誉，形成了固定而忠实的客户群体。客户主要是来自欧洲其他地区以及亚洲、中东等地区的离岸客户。宝盛通过成熟的财富管理IT系统，可以向全球的客户提供报告、市场分析、交易执行等一站式服务。

第三，成立全球开放式产品平台，成为令人信任的独立第三方。宝盛专门成立全球商业机会平台，秉承为客户选择最佳产品的原则，根据客户委托的范围和协商内容遴选供应商，针对资本市场、融资、公司金融和投资解决方案等提供独立意见。宝盛的全球商业机会平台目前没有自营产品，产品来自外部机构和全球市场，是一个典型的开放式平台。在此策略下，宝盛并不承担销售产品的压力，因此能够保持第三方的独立性。

第四，重点投入人力资本，激励体系具有竞争力。公司投入以人力资本为重点，宝盛内部建立了完善的激励与考核体系。在董事会与管理层设立了清晰的 KPI 体系，包括盈利能力、战略能力、并购整合能力、平台系统能力、合规与风险管理能力等。在员工层面实行具有竞争力的激励计划，包括股权激励计划、延迟现金计划和优先股激励计划等。激励计划与完整的 KPI 体系挂钩，使得公司成员由上至下目标一致，构成了宝盛的核心竞争力。

2. 纯私行模式面临的挑战

瑞士纯私行模式在历史上繁荣发展的一个重要原因是 1934 年开始实施的瑞士《银行保密法》以及税收政策的优惠，由此吸引了全球大量高端客户的资金流入。然而在全球金融监管趋严的环境下，瑞士财富管理业务的地域与保密制度优势也在逐渐减弱。

2009 年，瑞士政府与美国政府签署协议，同意如遇到合规纳税情况，瑞士将提供客户名单，这实际上打破了瑞士《银行保密法》。2013 年，美国政府开始实施《外国账户税务合规法案》（FATCA），美国客户税务信息的披露规则更加严格。同时各国政府财政税收金融监管渐趋严格，离岸财富管理中心监管收紧，瑞士金融机构遭受的打击较为严重。2018 年，瑞士联邦税务管理局（FTA）发布公告称按照金融账户涉税信息自动交换标准，同部分国家（或地区）税务机关交换金融账户信息。瑞士金融市场监督管理局（FINMA）也进一步检视银行的反洗钱合规管理、交易、全托管、跨国营销等各项业务行为，要求银行在跨国业务中严格遵守他国法律。在各方压力下，瑞士财富管理业务面向各国法律监管的合规成本显著提升，遵循合规框架下的现代化模式改革成为瑞士传统纯私行模式面临的挑战。

（二）产品导向的投行模式

尽管商业银行凭借多年积累的丰富客户资源，在全球财富管理业务中占据主流地位。但随着资本市场的成熟与客户需求的丰富化，投行除了最重要的证券经纪业务，开始向财富管理业务扩张。投行凭借其多年深耕资本市场的经验，带动了财富管理业务的发展。近年来，投行正在成为全球财富管理业务的重要参与者。

以摩根大通为例对产品导向的投行模式进行分析。

1. 摩根大通的业务板块及收入

摩根大通是1968年在美国成立的金融控股公司，是美国最大的银行之一，2019年位列世界500强企业第41名。摩根大通的业务遍及60多个国家，涉及的金融业务领域包括消费者和社区银行（含大通财富管理子板块）、公司和投行、商业银行、资产和财富管理（含全球财富管理和全球投资管理两个子板块）四个主要业务板块。

摩根大通是投行的典型代表，投行业务多年排名全球第一。截至2018年末，摩根大通管理资产规模达2.7万亿美元，累计各类贷款和融资达2.5万亿美元，全年集团整体营业收入达1 115亿美元，净利润达325亿美元。从营业收入角度来看，摩根大通四个板块中消费者和社区银行业务与公司和投行业务是其最主要的收入来源，占比在80%以上。资产和财富管理业务约占总收入的13%，2018年实现了141亿美元的营业收入，净利润达29亿美元，但净资产收益率（ROE）在四大板块中最高，达31%，资产和财富管理业务的经营效率指标优势明显（见表1－2）。

摩根大通资产和财富管理业务主要服务超高净值客户及机构客户，与世界上60%的养老基金、主权财富基金和央行以及50%的最富有个人和家庭建立了业务关系，直接服务100多万个美国的富裕家庭，连续十余年实现资金净流入。

表 1-2　　摩根大通营业收入与利润构成和占比 单位：百万美元，%

项目	消费者和社区银行			公司和投行			商业银行		
	2018 年	2017 年	2016 年	2018 年	2017 年	2016 年	2018 年	2017 年	2016 年
营业收入	52 079	46 485	44 915	36 448	34 657	35 340	9 095	8 605	7 453
非利息支出总额	27 835	26 062	24 905	20 918	19 407	19 116	3 386	3 327	2 934
拨备前利润/（损失）	24 244	20 423	20 010	15 530	15 250	16 224	5 673	5 278	4 519
信贷损失准备	4 753	5 572	4 494	（60）	（45）	563	129	（276）	282
净收入/（损失）	14 852	9 395	9 714	11 773	10 813	10 815	4 237	3 539	2 657
ROE	28	17	18	16	14	16	20	17	16

项目	资产和财富管理			公司运营中心			合计		
	2018 年	2017 年	2016 年	2018 年	2017 年	2016 年	2018 年	2017 年	2016 年
营业收入	14 076	13 835	12 822	（128）	1 140	（487）	111 534	104 722	100 043
非利息支出总额	10 353	10 218	9 255	902	501	462	63 394	59 515	56 672
拨备前利润/（损失）	3 723	3 617	3 567	（1 030）	639	（949）	48 140	45 207	43 371
信贷损失准备	53	39	26	（4）	—	（4）	4 871	5 290	5 361
净收入/（损失）	2 853	2 337	2 251	（1 241）	（1 643）	（704）	32 474	24 441	24 733
ROE	31	25	24	NM	NM	NM	13	10	10

数据来源：2019 年摩根大通年报。

2. 依托于投行业务的财富管理业务

摩根大通的财富管理业务依托于摩根大通投行业务的长期优势。多年来，摩根大通的投行业务排名全球第一，投行业务在资产类别、地区和客户类型上具有多样性，在并购、发债和股权等领域显现超强实力，为摩根大通财富管理业务提供了产品和服务基础。投行业务凭借其在证券经纪、资产管理等资本市场业务中的经验，针对超高净值的个人客户提供与资本市场相关、独有的高质量产品。

摩根大通财富管理业务定位于产品导向，财富管理业务的目标是吸引 500 万美元以上的超高净值客户参与公司投行产品。摩根大通的财富管理业务围绕产品营销获取佣金、手续费收入，依托其销售产品的竞争优势，按交易收取手续费。在盈利模式上，财富管理业务也依赖于投行高质量的产品和服务的带动作用。

（三）全能型模式

以瑞银集团、美国北方信托（Northern Trust）为例对全能型模式进行分析。

1. 瑞银集团的财富管理核心战略定位及“One Firm”（“整个公司”）全能型模式

瑞银集团拥有全球资产规模最大的财富管理业务，同时也是全能型财富管理业务模式的代表。瑞银集团采用战略集中及业务协同的“One Firm”全能型模式。在战略实施中，瑞银集团重视核心价值，采取差异化的财富管理战略。

瑞银集团的主营业务架构分为财富管理、商业银行、资产管理和投资银行四大板块。截至2019年，瑞银集团营业收入达289亿美元，营业利润达60亿美元（见表1－3）。2018年在全球前十大资产管理机构中，瑞银集团以3.4万亿美元的资产管理规模排名第三，在财富管理细分领域排名第一。

表1－3　　瑞银集团2019年各类业务营业情况　单位：百万美元，%

项目	财富管理	商业银行	资产管理	投资银行	集团运营中心	合计
报告的营业收入	16 353	3 715	1 938	7 269	(385)	28 889
其中：外汇交易损失合计					(35)	(35)
其中：持有待售物业损失合计					(29)	(29)
运营收入（调整后）	16 353	3 715	1 938	7 269	(321)	28 953
报告的运营开支	12 955	2 274	1 406	6 485	192	23 312
其中：人事重组相关费用	0	0	6	84	113	203
其中：与人事无关的重组费用	0	0	7	7	68	81
其中：企业中心拨付重组费用	69	17	20	77	(183)	0
其中：商誉减值				110		110
运营开支（调整后）	12 887	2 257	1 373	6 208	194	22 918
其中：诉讼费用净额、监管和类似事项	135	0	0	53	(23)	165
报告的营业利润/（损失）税前	3 397	1 441	532	784	(577)	5 577
税前的营业利润/（损失）（调整后）	3 466	1 458	565	1 061	(515)	6 035
总资产	309 766	209 405	34 565	315 855		972 183
ROA	1.12	0.7	1.63	0.34		0.62

数据来源：2019年瑞银集团年报。

瑞银集团将整个集团整合为财富管理、商业银行、资产管理和投行四大板块，并集中统一中后台支持（见图1－4）。通过这种模式，客户能获得及时、高效、快捷、“整齐划一”的财富管理服务。该模式成功地在财富管理业务部门与集团其他部门之间搭建起良好的内部伙伴关系，通过客户介绍、产品交换、业务配送服务实现跨区销售，撬动和放大智力资本，促使财富管理业务优势得到巩固和增强，大幅度提高瑞银集团的收入。

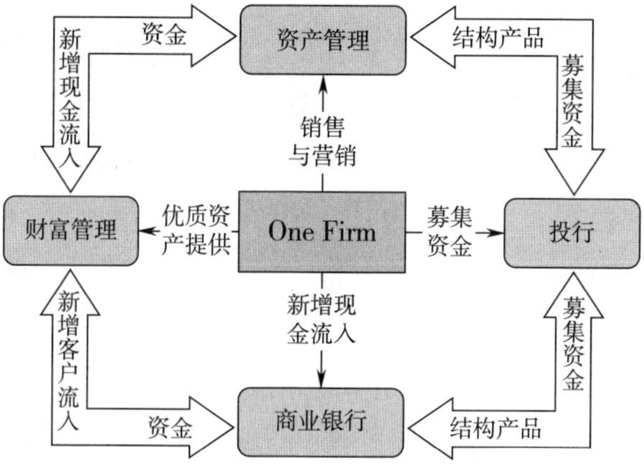

图1－4　瑞银集团的“One Firm”全能型模式

“One Firm”全能型模式在客户管理方面，重视客户关系管理，以客户为中心，注重客户感受。首先，瑞银集团建立了完善的财富管理团队体系，客户经理、财富经理和专家团队分工明确，为客户提供全方位的服务；其次，瑞银集团将客户按照资产进行细分，根据客户层次匹配对应的客户经理，确保每类客户都能获得更好的服务体验；再次，瑞银集团制定了标准化的服务流程，财富团队按照识别需求、制订方案、制订投资策略和跟进反馈四个步骤提供服务，规范统一服务品质；最后，瑞银集团建立了清晰的收入分成机制，使投行、资产管理等部门资源统筹联动，避免财富管理部门与其他部门的利益冲突。

“One Firm”全能型模式在产品体系方面，为客户提供种类更多的个性化产品与服务。采取了“开放产品模式”，其产品既可以来自集团内部各部门，又可以来自第三方供应商，数千种产品能够满足客户的不同需求。瑞银集团财富管理产品体系涵盖了投资、资产组合管理、财务规划、全球资产托管、不动产咨询管理、关键俱乐部、艺术品投资等服务，通过个性化的方案设计帮助客户实现财富积累、保护和转移。在丰富的财富管理产品体系基础上，瑞银集团建立了更加模块化的投资平台，根据不同客户的财富水平进行管理，以人性化的标准细分客户、细分产品供给。

2. 美国信托的先驱——美国北方信托（Northern Trust）

全能型模式的另一个代表是美国北方信托，它是美国最大的专业信托公司，也是信托业的典范。美国北方信托成立于1889年，目前已发展成一家以高端财富管理业务为主的全球性综合金融机构。

美国北方信托曾被评为最佳第三方管理和外包金融服务商、最佳基金中的基金、亚太区最佳全球化托管人。2019年，美国北方信托营业收入达61.06亿美元，净利润达14.92亿美元，信托投资服务与贷款租赁是其收入的主要来源。信托、投资及其他服务收入达38.52亿美元，占比达63.1%，贷款租赁利息收入达9.19亿元，占比达15.1%；公司主营业务——信托业务保持稳定增长（见表1-4）。

表1-4　　美国北方信托各类业务营业情况　　单位：百万美元

项目	2019年	2018年	2017年
非利息收入			
信托、投资及其他服务费	3 852.1	3 753.7	3 434.3
外汇交易收入	250.9	307.2	209.9
其他非利息收入	292.2	276.6	301.9
非利息总收入	4 395.2	4 337.5	3 946.1
净利息收入	1 710.7	1 663.9	1 475.0
收入合计	6 105.9	6 001.4	5 421.1
信贷损失准备金	(14.5)	(14.5)	(28.0)
非利息费用	4 143.5	4 016.9	3 769.4
所得税前收入	1 976.9	1 999.0	1 679.7
所得税准备金	484.7	442.6	480.7
净利润	1 492.2	1 556.4	1 199.0

数据来源：2019年美国北方信托年报。

一方面，美国北方信托为高端客户提供以客户定制为中心的财富管理服务。随着20世纪70年代养老基金的发展，机构客户已逐渐成为美国北方信托成长的最重要动力，美国北方信托已占到美、英等国养老基金市场份额的1/3。在近10年的发展过程中，美国北方信托的托管资产和资产管理规模实现稳定增长。截至2019年末，该公司受托管理的资产规模为1 175.51亿美元，其中，875.57亿美元来自机构客户，占比高达74%。

另一方面，美国北方信托以产品设立为中心的资产管理服务为客户提供优质产品。美国北方信托旗下拥有信托、银行、基金、投资管理等70余家子公司，凭借制度优势，为高端客户提供更广泛的投资组合和产品，推出了主动股权配置、被动股权配置、基金中的基金、对冲基金等一系列投资产品。同时，美国北方信托率先拓展海外市场，在1990年初就进军新兴市场，成为较早开始全球化投资运作的金融机构之一。全球化指数产品已成为公司最主要的投资产品，广泛的投资范围选择保证了美国北方信托在更低波动下的更高收益。

（四）TAMP平台型模式

1. TAMP平台型模式

由于具有卓越销售能力的专业人才较为稀缺，收益最大化导向的高净值客户对财富管理公司的忠诚度通常较低，加之随着整个移动互联网大潮的到来，投资者需求更加分化，财富管理行业碎片化特征显现，迫切需要专业的一站式服务平台对产品分销的“渠道扁平化”改造。

TAMP提供一系列投资解决方案和中后台运营服务，为注册投资顾问、经纪人和家族办公室等提供全方位的资产管理平台服务。具体而言，TAMP提供一系列包括共同基金、ETF和特定账户在内的投资解决方案，同时提供会计对账、业绩披露、税务优化和信息报告等运营服务。通过平台可以服务一些独立理财机构及投资顾问，可以帮助投资顾问更有效率地管理客户以及客户资产，提供更丰富和专业的投资解决方案，实现更好的投资收益。

根据艾瑞咨询对使用TAMP服务的理财顾问进行的调研，超过86%的理财顾问十分看重 TAMP 能够带来的多样化产品，从而能够充分根据客户需求进行定制化的分析和推荐，摆脱了以往平台主观“推销”某些产品的影响，超过 62% 的理财顾问十分重视 TAMP 的专业服务，这体现在平台上架的产品介绍、合同文本处理、交易流程把控以及投后管理等的高效与规范上。同时，超过 56% 的理财顾问对平台的佣金水平给予肯定，这反映出 TAMP 作为轻资产模式的技术平台，能够凭借自身的高效和规模效应充分将上游资产端的市场开发和产品推广红利给予终端理财顾问群体。

在美国理财市场中，有超过 13 000 家在美国证监会（SEC）注册的独立投资顾问机构为各类居民家庭投资者提供丰富的资产配置服务。这些数量庞大的中小型独立运营的注册投资顾问公司需要高效的资源分配，成为 TAMP 服务的重要需求方。注册投资顾问在业务流程上相似度较高，TAMP 的标准化服务非常契合注册投资顾问的业务需求。美国 TAMP 理财市场呈现稳健快速增长趋势。预计 2019 年至 2022 年，适合 TAMP 的美国居民家庭可投资金融资产规模将以平均每年 5. 1% 的速度持续增长。其中，退休人群的壮大是促进此类资产规模不断扩张的主要原因。预计从 2016 年到 2022 年，新增退休人群带来的可投资资产规模增长将达到 4 万亿美元。预计从 2019 年至 2022 年，美国 TAMP 行业的资产管理规模将会以 20. 6% 的年复合增长率增长。

2. 美国 TAMP 平台型模式的成功案例：以 AssetMark 为例

AssetMark 成立于 1996 年，为独立投资顾问，为客户提供全面的财富管理和技术解决方案。AssetMark 实施的重要战略方针为购买并推出新的技术业务与平台服务。

AssetMark 资产规模发展迅猛，在 2014 年到 2019 年从 252 亿美元增长至 500 亿美元，年均复合增长率为 14. 69%；同时，平台上的财务顾问总收入从 2014 年的 15. 3 亿美元增长至 2018 年的 59. 2 亿美元，年均复合增长率为 40. 25%（见图 1 – 5 和图 1 – 6）。在目前美国 TAMP 中，资产规模进入前三。

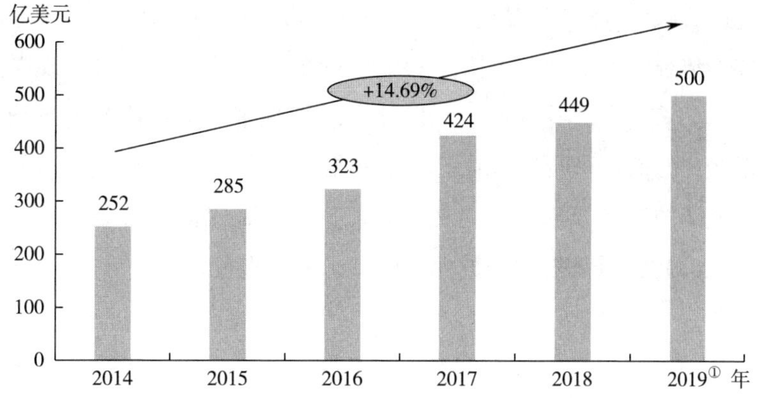

注：① 2019 年截至 2019 年 3 月。

图 1－5　AssetMarket 平台资产规模

（数据来源：AssetMark 招股书，2019 Best US TAMP 报告）

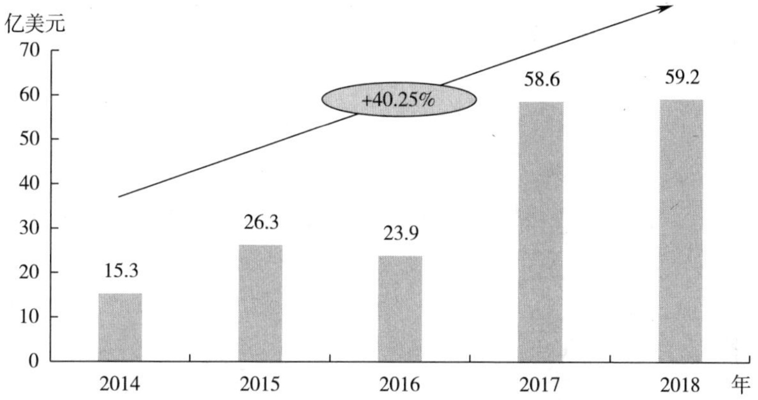

图 1－6　AssetMarket 为客户创收金额

（数据来源：AssetMark 招股书，2019 Best US TAMP 报告）

AssetMark 的盈利模式与传统的财富管理机构不同，其收入来源于两个方面：第一，综合资产管理服务收入（Asset－based Revenue）。包括平台技术服务费、交易佣金和资产管理策略、投后服务、增值培训服务等费用，以及一系列投前、投中、投后财务顾问使用 AssetMark 平台所产生的服务费与资产管理费。第二，资金池利息与理财收入（Spread－based Revenue）。平台积累的资金池通过 AssetMark 产生的诸如银行利息、第三方理财收入等。

相较于传统的财富管理机构，AssetMark 的核心竞争力具体体现在以下三个方面：(1) 多样化的产品摆脱了以往主观“推销”某些产品的影响，能够充分根据客户的需求进行定制化的分析和推荐；(2) 服务专业、高效、标准化，平台上架的产品介绍、合同文本处理、交易流程把控以及投后管理等高效与规范；(3) 给予理财顾问的佣金较高，平台收费合理。

第二章　信托起源文化制度与财富管理的关系

本章问题思考

◎ 财富传承过程中信托起到了怎样的作用，为什么称衡平法为信托之母？

◎ 为什么说在财富管理市场上信托扮演着天然承载者的角色？如何在财富管理业务中发挥其制度优势？

◎ 信托文化的核心内容有哪些？如何体现在财富管理业务过程中？

信托一词是指一种法律关系；在此关系中，一人拥有财产所有权，但同时负有受托人的义务，为另一人的利益而运用此项财产。

——《不列颠百科全书》第 14 版第 22 卷

一、信托起源与财富转移和传承

信托思想的萌芽起源于古代私有财产的继承。公元前 2000 年，古埃及人通过设立遗嘱，让妻子继承自己的遗产，让儿女享有实际的受益权，还设立了遗嘱的监护人，保证遗嘱的执行。这种以遗嘱方式委托他人处理财产，并使继承人受益的行为被认为是一种最早的信托行为，其目的是按照自己的愿望，实现财富的转移和传承。

信托概念的雏形形成于《罗马法》中的“信托遗赠”制度，这种制度是从处理罗马市民以外人的继承问题开始的。在早期《罗马法》中，只有罗马市民才能成为遗嘱指定的遗产继承人，而罗马市民以外的人没有收受遗赠的资格。随着社会发展、家庭结构及私有制度多元化，一些遗嘱人为了规避这种财富传承的限制，形成了一种不用既定格式处分遗产的财产遗赠制度，即信托遗赠。具体操作是：财产所有人订立遗嘱指定一个具有《罗马法》法律效力资格的继承人接受遗嘱指定的信托财产；之后，再由这个指定的罗马市民把遗产赠与遗嘱订立者希望的最终获取财产的人，这样那些本来无权按照《罗马法》合法获得财产的非罗马市民通过间接遗赠方式，合法地获取遗产，实现了按照财产所有人意愿将财产进行转移和传承。到了罗马帝国末期，国王奥格斯德士顺应历史潮流，在《罗马法》中明确创立了这种遗产信托。古罗马的“信托遗赠”已形成了一个比较完整的信托概念，并且首次以法律的形式加以确定。

公元5世纪，古日耳曼法一项制度在萨利克法典中出现，该制度是指委托人使法定继承人（作为受托人）依法取得遗产的所有权，同时指示受托人将遗产转交给第三人。美国现代实用主义法学的创始人霍姆斯认为古日耳曼法中的受托人和英格兰的封地受托人一样，他们接受委托人让与的土地，然后按委托人的意愿将该土地再转移给真正的受益人。

伊斯兰的瓦克夫（Waqf）制度始于早期哈里发统治时期（公元7世纪前后），瓦克夫在阿拉伯语中有用益、宗教公产的含义，具体是指不得转让、抵押和买卖，但保留取得收益权利的契约。瓦克夫专指委托人将财产献给神祇来确定受益人或者公益的行为。据有限史料推测，伊斯兰法中的瓦克夫制度在十字军东征时期由修士带到英国，并基于此形成了英国的Use制（用益制）。

古埃及的遗嘱托孤、古罗马的信托遗赠、古日耳曼的受托人与伊斯兰的瓦克夫都植根于两个前提：（1）财产私有，所有人对财产具有完整权利；（2）自然人可以按自身意愿确定继承人资格。

现代信托制度目前公认起源于英国的Use制（用益制）。13世纪，英国盛行向天主教会遗赠土地，为了防止教会财产过度扩张对国家税收的挤压，亨利三世颁布了《没收条例》，规定土地赠与教会要得到国王许可，擅自赠与则没收其土地。民间为避免英国法律对教会遗赠行为的干预，创设了 Use 制，将土地所有权、经营权、受益权等权利分离，绕开《没收条例》的限制。具体操作流程为：教徒（委托人）生前立下遗嘱，将土地转让给教会以外的可信赖的第三方（受托人），由第三方替教会管理土地，收益交给教会，教会拥有土地的用益权。由于名义上的土地所有权归第三方，王室不得没收土地，从而实现了教徒为宗教作贡献的心愿。后来，Use 制在英国广泛应用于规避遗赠限制、财产没收、遗产税、长子继承等方面。

Use 制出现后的相当一段时间里，仅在衡平法层面得到承认，始终没有获得普通法上的合法性。如果用益制度中的委托人和受益人的权利得不到法律的保护，用益制度就不可能发展成为现代成熟的信托制度。霍兹沃斯指出，将用益制度中受托人的义务从道德义务转换为法律义务应当完全归功于大法官的衡平管辖权。“衡平”源自希腊语，是指公平合理，“衡平”是基于公平正义的立场，是与法律共存的标准，具有调节和补充法律的功能。15 世纪初，英国使用用益制度转让土地的习惯已经非常普遍，然而当时普通法拒绝承认用益制度，于是用益权人向大法官提出请求。大法官并未否认受托人是土地的法定所有者，只是通过发布一项命令，强迫受托人按照委托人的指示或嘱托利用土地及土地收益，为了受益人的利益行事。由此，衡平法一方面虽然不否认受托人在普通法上对受托管理的财产所拥有的权利（Legal Title），但另一方面，衡平法认定受托人必须承担其对受益人和委托人的一定义务，由此确立了受益人对该财产的衡平法上的权利（Equitable Title）。普通法院和衡平法院二元对立的司法体制以及普通法和衡平法并存的局面造就了用益制度的双重财产权特质，普通法所有权意味着享有者有权管理和处分财产，衡平法所有权则代表享有者有权获得财产的管理收益，这使用益制度具有区分财产权的管理功能和收益功能的制度价值。

1535 年，英国国王颁布《Use 条例》，承认了 Use 制的合法性。1857 年，英国颁布《司法条例》，“信托”一词正式出现在法律中并取代 Use 制则是在 1893 年，英国政府颁布《受托人条例》（也称《受托人法》）。

信托产生的最初目的是按照遗嘱订立者的意愿，确保将生前财产转移给自身意愿的财产继承人，即通过信托实现委托人的财富转移和传承功能，这也是信托的重要功能和财富管理的重要内容（见图 2－1）。

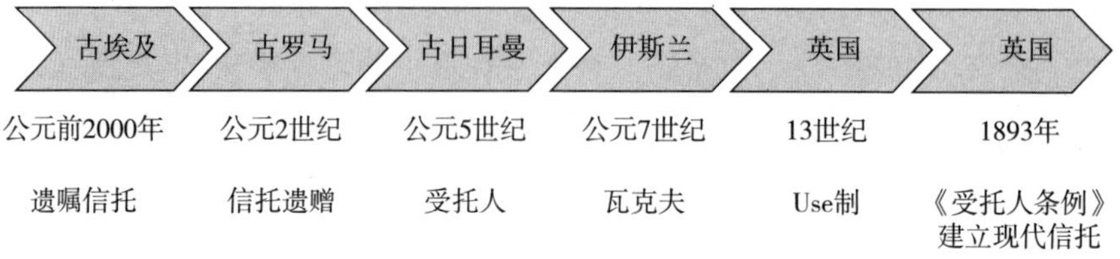

图 2－1　信托起源与财富传承

二、信托制度特征与财富管理优势

信托是一种法律契约，信托制度架构中信托财产权益分离的独立性、信托财产有限的清偿责任、信托管理连续性等特点使其在财富管理过程中具有特有的优势。财富管理需求的多层次和综合性主要体现为财产转移需求、财富积累保障需求，财富传承需求和慈善需求等，将信托独有的制度优势应用于财富管理，能够有效实现财富管理过程中的灵活性、稳定性以及安全性。

现代信托的核心理念就是“受人之托，代人理财”，信托与财富管理的内涵更加契合。回归“理财本源”是契合信托业核心理念的重要表现，也是发挥信托业特有优势的重要选择。“受人之托，代人理财”的信托制度成为财富管理的天然承载者，主要体现在以下几个方面。

第一，信托财产独立性是实现财富安全性的制度保障。信托制度优势首先体现在财产的独立性上。信托财产在法律上具有独立性，信托一旦设立，信托财产就从委托人、受托人和受益人的固有财产中分离出来，成为独立的财产。信托财产不受清算影响，能够有效地进行风险隔离。信托的风险隔离等制度安排成为实现财产安全性的制度保障。

第二，信托灵活性有利于满足复杂的财富管理需求。信托的灵活性体现在信托财产、信托目的以及信托投资方向上。从信托财产的内容来看，凡是具有金钱价值的均可以作为信托财产设立信托；从信托的设立目的来看，只要不违背法律强制性规定和公共秩序，委托人可以为各种目的而设立信托；从投资领域来看，信托可投资于资本、货币和实业三大市场。信托的灵活性能够满足财富管理服务的个性化与定制化需求，信托的多元化投资提供了丰富的资产配置选择，有利于实现财富的保值增值。

第三，信托权利主体与利益主体分离有利于受托人独立管理信托财产。信托财产所有权的性质十分特殊，它表现为信托财产所有权在受托人和受益人之间进行分离，权利主体与利益主体相互分离。受托人享有名义上和法律上的信托财产所有权，对信托财产进行管理和处分，受益人享有实质和最终的信托财产所有权，有利于受托人发挥专业优势，独立管理信托财产。

第四，信托管理具有连续性特点，有利于财富管理的长期规划和传承。财富管理是一个长期规划甚至代际传承的过程。由于信托不会因为受托人的死亡、破产、辞任或其他情形而终止，具有较高的稳定性和长期性，适合于长期规划的财富管理与传承，这也满足了财富管理的持续性与稳定性要求（见表 2 –1）。

表 2 –1　　　　信托制度在财富管理中的优势

信托制度特征	信托制度特征具体表现	在财富管理中的优势
信托财产独立性	信托财产从委托人、受托人和受益人的固有财产中分离出来	有利于风险隔离及实现财产的安全性
信托目的自由性	信托计划设计灵活，有利于实现委托人的信托目的	有利于满足个性化的财富管理需求，如传承需求、慈善需求等
所有权、受益权分离	信托财产所有权在受托人和受益人之间分离	有利于受托人独立管理，发挥管理人专业优势，实现财富保值增值
信托存在连续性	不因委托人和受托人本身的意外变化而结束	有利于长期连续的财富管理，有利于保障及传承需求

三、信托文化与财富管理

受托人在信托关系中居于核心地位，英美信托法要求受托人履行忠实义务和谨慎义务这两项重要的衡平法义务。忠实义务是英美信托法处理受托人和受益人利益关系最为直接的规则，受托人应履行为受益人利益或信托目的管理信托财产的义务，不能使自己处于可能导致受托人地位与自己利益相冲突的境况。谨慎义务要求受托人在管理信托财产过程中，像普通谨慎的人处理自己的财产一样履行注意义务和技能，如因受托人称其拥有超过普通谨慎人更高的技能而被指定为受托人，则负有履行更高技能的义务。大陆法系信托法往往采用债法上的善良管理人注意义务来约束受托人。善良管理人注意义务是以行为人对其行为所尽到的注意是否符合谨慎人应尽的注意为标准，判断行为人是否具有过失以及是否承担责任。大陆法系善良管理人注意义务也可理解为英美信托法的谨慎义务和忠实义务。

“受托人责任”是信托文化的核心；而财富管理的本质是建立“信任”的客户关系，信托文化的忠实义务、谨慎义务与投资义务是从事财富管理业务过程中建立长期信任的客户关系的根基。信托文化包含的内容包括：与委托人利益一致，在潜在利益冲突问题中受托人要尽到“忠实义务”；保障委托人和受益人的合法利益最大化，在处理信托业务时要尽到“勤勉义务”；同时，还要肩负起为他人利益从事投资的“投资义务”。履行受托人义务的信托文化是保障信托在财富管理中发挥作用的重要基础。

信托文化中所包含价值理念的核心在于约束受托人行为，帮助受托人自由、安全和高效地处理财产转移和财产管理事务，同时，明确受托人应享有的权利和所负担的义务，权衡委托人自由意志的延展和限制尺度，界定受益人受保护的范围和深度。

（一）“信任关系”——客户关系的基础

信托“受人之托，代人理财”的核心要义是建立信任关系。这种信任关系最早是在英美的衡平法中得以确立。在信任关系中有委托人和受托人，受托人对委托人负有的义务称为“信任义务”，其中“忠实义务”就是信任义务的中心内容。

在信任关系基础上，委托人基于对受托人的信任，将信托财产转交给受托人，受托人根据委托人设定的信托目的，为受益人的最大利益管理或处分信托财产。在信托过程中，由于委托人和受托人之间存在着“信息的非对称性”和“信息处理能力的差异”，事先也很难在合同中注明怎样的行为才能实现受益人利益的最大化。在这种“不完整契约性”的信任关系下，为了让受托人发挥其专业技能，为受益人的最大利益管理或处分信托财产，受托人被赋予了一定的裁量权。该裁量权的大小就取决于委托人对受托人的信任度高低。

另外，由于受托人被赋予了一定裁量权，委托人事先就不能完全掌握信息，从而很难判断受托人的行为是否违反了忠实义务。因此，委托人对受托人的信任是基于受托人的自身信用，这种信托关系需要建立一个长期的信任关系，一旦受托人信用缺失，这种信托架构就有可能随之崩塌。

在实践中，亚洲和欧美委托人的文化理念往往不同，希望设立权利保留型信托，或者设立保护人来增加对信托的控制，但如果信托成立时过度保留权利有可能会对信托结构产生根本性影响，最终导致信托目的无法实现。因此，信任关系是信托发挥有效作用的基础。

（二）信托忠实义务与财富管理长期目标

忠实义务是受托人最根本的义务，是其他义务的基础。忠实义务在信托财富管理业务中体现如下：第一，必须为受益人的最大利益进行财富规划，实现财富传承；第二，不能因受托人的报酬而损害受益人的利益，即信托利益不能与受托人利益冲突。

忠实义务的目的是为了让受托人“为受益人最大利益行事”。忠实义务实践中有两个关键原则，即禁止秘密获利原则和禁止自我交易原则。禁止秘密获利原则要求受托人按照信托文件的约定取得一定的报酬，不得利用信托财产为自己或其他第三人牟取利益。如果受托人利用信托财产为自己牟取利益，势必忽视甚至损害受益人的利益，有悖于委托人设立信托的初始目的和意义。禁止自我交易原则是指受托人不得将其固有财产和信托财产进行交易，或将信托财产转为固有财产，除非经委托人或受益人同意，并以公平的市场价格进行相互交易。

实现委托人的利益最大化是信托的目标。如果信托机构过度追求自身规模与效益，违背了对委托人的忠实义务，短期虽然也会创造可观收益，但长期来看，最终会侵害委托人的利益，也会造成受托管理人的声誉风险。履行信托受托人忠实义务是实现客户财富管理长期目标的基本要求，也是受托人持续经营的基础。

（三）信托谨慎义务与财富保值和传承

谨慎义务也称注意义务，是对受托人的一项基本要求，体现为受托人勤勉、谨慎、尽职尽责。信托成立后信托财产系于受托人名下，由受托人实际控制，但并非受托人的固有财产。受托人对信托财产的管理或者处分是为了受益人的最大利益，要以最大勤勉精神和格外谨慎的态度，履行作为管理人的谨慎勤勉义务。

这种义务的履行不仅依赖于法定合同的约定，更重要的是受托人的自觉。另外，作为职业的受托人须具有专业知识和相关经验，同时受托人管理信托财产须恪尽职守，履行诚实、信用、谨慎、有效管理的义务，忠实履行受托人责任和经营管理职责，体现信托业的职业操守。

谨慎义务在英美信托法主要通过判例法确立，在大陆法系被称为善良管理人注意义务。当受托人被信托文件赋予一定的投资裁量权后，如果受托人处理信托事务行为产生争议，难以依照信托文件的明确规定进行衡量，则可以依据“谨慎义务”来确定受托人行为是否正当。

传统信托法中的谨慎义务主要适用于信托财产的管理，现代信托法将其发展为谨慎投资规则，成为判断受托人是否对信托财产损失承担责任的关键，履行谨慎义务的受托人不承担责任，否则应当对受益人承担责任。英国《受托人投资法案》对受托人的投资项目和投资范围专门加以规范，在美国则要求受托人遵守“谨慎投资人规则”。在投资过程中，专业受托人应当具有专业的素质和谨慎要求，应全面考虑投资面临的潜在风险、信托财产投资的多样化需要，通过平衡风险与收益，最终实现财产保值和传承目的。另外，还应当考虑委托人自身的风险偏好及信托目的，判断投资类型的适当性。同时，受托人必须检查审视信托投资，按照标准和投资准则，选择是否改变投资。这也是财富管理的核心业务资产配置与再平衡的重要内容。在对信托财产进行管理时，受托人应谨慎地按照信托的目的、条款、分配要求及其他条件投资管理信托资产。受托人唯有遵循谨慎义务才能使委托人财产在长期管理中得以保值和传承。

（四）投资义务与财富保值和增值

受托人要肩负投资义务，即为受托人利益从事投资。投资义务是实现财富保值增值的具体义务，作为受托人应避免危险性的投资，但不是规避一切带有风险的投资。要实现财富的保值增值，应积极管理财产，避免通货膨胀造成的财产损失。受托人不能仅为了规避投资风险而“临事而惧”，而应运用专业知识对信托财产进行管理和运用，要“好谋而成”。

除了以上主要义务，受托人同时还应履行信息披露义务、公平对待义务、分别管理义务、亲自管理义务等。

随着信托主营业务从风险型债权融资类业务向资产管理业务、财富管理业务过渡，信托制度、信托文化将发挥更大的作用。我国信托业要实现持续健康发展，信托机构及其管理人员和员工尤须以高于普通金融机构的价值标准要求自己，继承弘扬信托本源文化，致力于培育包括信义文化、传承文化和创新文化在内的良好受托文化，正确发挥信托制度优势，塑造信托行业的文化“灵魂”。

专栏2－1

大陆法系与英美法系下的信托文化约束

信托是一种法律契约，不同法律体系下信托文化及应用有所不同。

1. 信托财产的双重所有权

从历史来看，信托的前身Use制的具体操作模式是：甲将自己的财产转移给乙，为了丙的利益设立用益物权，乙享有普通法上的所有权，丙享有受益权。通过这种方式，甲可以逃避税负、突破财产赠与和遗赠的限制等，但同时甲也必须承担失去财产的风险，因为乙已合法取得该财产的所有权。Use制设计中的甲、乙、丙就是后来的信托制度中委托人、受托人和受益人的原型。

信托制度的所有权表现为受益人对信托财产的受益权，受益人分割了所有权权能中的受益权能而不享有占有、使用、处分权能；承认受托人对信托财产的所有权同时也对其赋予了为受益人利益所必须履行的义务，赋予了受益人对受托人以及对信托财产的权利。

英美法系下信托财产的“双重所有权”理论：受托人享有名义上和法律上的信托财产所有权，对信托财产进行管理和处分，以所有权人身份与第三人进行交易。受益人享有实质和最终的信托财产所有权，依据信托文件享受信托收益。信托财产的所有权与利益相分离、权利主体和利益主体相分离的基本原则充分体现了英美信托制度及信托财产的本质特征。

大陆法系“一物一权”是指同一物上不能存在两个以上所有权。因此，两大法系的理论冲突使得大陆法系国家引进信托制度面临巨大的理念冲击及制度设计难题。我国《信托法》起草初稿明确规定委托人须将信托财产“转移给”受托人，但信托既然是“受人之托，代人理财”的财产管理工具，如果移转信托财产所有权，将使受托人成为所有人，这不符合中国老百姓的一般心理。于是，最终公布实施的《信托法》将“转移给”修改成了“委托给”，模糊处理信托财产是否转移，回避所有权的归属问题。“委托给”这三个字对信托本质的理解和实务运用造成了影响。

2. 判例法与成文法对受托人义务的界定

在以主观结合客观的判例为主的英美法系下，受托人在处理信托业务时要尽到“勤勉义务”，做到“善良管理”，当发生潜在利益冲突问题时受托人要尽到“忠实义务”，保障委托人和受益人的合法利益最大化。如有违反，则从受托人行为过程与历史判例判断受托人是否尽职履行受托人义务。而大陆法系主要以客观法为主。基于英美法系的信托“勤勉、忠实、善良”义务在移植于大陆法系时，如何对受托人义务进行内化规范，并保留其内涵上的丰富性成为了难点。

3. 谨慎义务的判定

在谨慎义务的判定中，如果发生纠纷，英美法院可以代表受益人的利益作出裁决。而在要求或允许信托登记的地区，信托登记的部门也大多是当地法院，因此由法院行使监督职责相对比较合理。英美国家私人信托并不需要指定管理人或监察人。

在大陆法系国家一般要求信托设立管理人或监察人，监督信托受托人的管理和执行行为，并代表受益人的利益提起诉讼。中国《信托法》目前要求公益信托要有信托监察人，这符合世界其他国家的做法。

第三章　信托业历史演化与财富管理特征

本章问题思考

◎ 不同国家的文化背景与历史发展对信托业的发展有哪些影响？信托财富管理业务体现出哪些不同特色？

◎ 各国的监管体系有哪些不同？我国监管体系对财富管理业务发展有哪些影响？

◎ 我国信托财富管理业务的发展背景是什么？目前面临的问题和挑战有哪些？如何结合自身资源禀赋和发展战略制定具体实施策略？

信托一词在英美法律生活中的用处同茶在英国人日常生活中的用处一样大。

——勒内·罗迪埃尔

一、英国信托业的发展演化与财富管理特征

（一）英国信托法律制度体系演化

英国是近现代信托的起源，英国信托制度对世界法律体系的贡献举世认同。

近代信托起源于英国的 Use 制（用益制），13 世纪教徒盛行教会遗赠行为，为避免英国国王对教会遗赠行为的限制，创设了 Use 制。Use 制将财产所

有权、经营权、受益权等权利分离，绕开《没收条例》对教徒向教会捐赠土地的限制。Use 制在英国社会其他领域也被迅速运用，如绕开遗赠限制、避免财产没收、逃避遗产税、避开长子继承制等。

1. 衡平法“正义、良心和公正”的原则

信托法是衡平法的产儿，始终坚持衡平法“正义、良心和公正”的原则。15 世纪初，Use 制下相关权利人的权益保护由衡平法院支持。英国长期存在的“二重裁判制”，即在普通法院之外，长期存在以“公理与良心”为裁判标准的衡平法院以及基于判例形成的被称为衡平法的不成文法律。衡平法院和衡平法为英国历史上 Use 制的发展提供了法律保障。

2. Use 制是信托制度的开端

尽管 Use 制获得了衡平法院和衡平法的支持，但在普通法上的合法性直至 16 世纪《Use 条例》颁布才得以间接认可。1535 年，英国国王颁布《Use 条例》，目的是对 Use 制实施限制，却间接承认了 Use 制的合法性。《Use 条例》存在的漏洞导致英国 Use 制创新活跃，并推动条例约束之外的财产信托行为和信托方式的迅速发展，奠定了现代信托的雏形。Use 制下相关权利人的权益保护均可由衡平法院予以裁判。

3. 以法律文件规范投资行为

19 世纪 60 年代，英国产业革命的巨大成功刺激了国民财富的增长，英国国内民众储蓄颇丰，向海外分散投资的需求也逐步增加。英国推出了具有信托投资功能的“单位信托”（Unit Trust）等诸多信托类型，相应地调整受托人投资行为的一系列规范性法律文件随之制定和颁布。

1888 年，伦敦法律保证信托协会成立，英国信托由个人信托发展到法人信托。1893 年，英国颁布《受托人条例》，开始对个人充当受托人承办信托业务进行管理，建立了以司法为基础的信托法律。1908 年，英国成立公共受托人办公室，依靠国家经费受理信托业务。1925 年，英国颁布《法人受托人法》，对受托人的投资行为、受托人的一般权利和部分具体权利、受托人的委任和解任权、法院的权力、信托关系的定义和法律适用等方面作了较为明确的规定。1957 年，英国颁布《受托人报酬法》，确定了受托人报酬收取的合法性。1961 年，英国颁布《受托人投资法》，对受托人的权利及义务进行相关的修正和补充。2000 年，英国颁布《受托人法》，对与受托人有关的权利、义务做了系统的修改。英国信托法律还在公益信托方面进行了探索。1954 年，英国颁布了《公益信托确认法》。1972 年，英国颁布了《公益受托人社团法》。

英国信托受托人投资行为规范既规定了受托人投资的一般原则，也规定了具体投资权限，尤其强调了信托受托人履行忠实义务和谨慎义务。随着英美法系和大陆法系之间的交流和融合，英国认识到大陆法系成文法的长处，并加以借鉴。

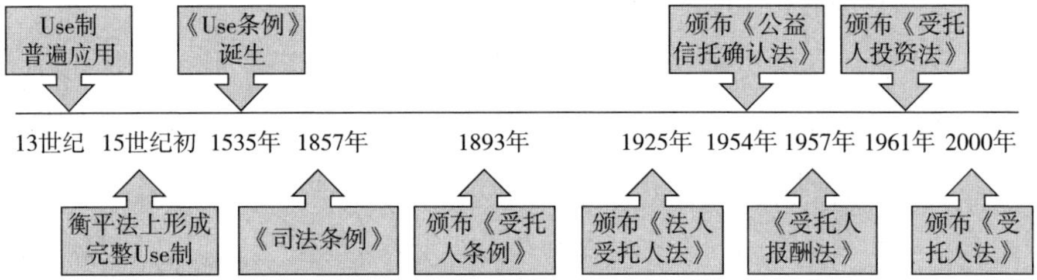

图 3－1　英国信托法律制度演化过程

（二）英国信托业的财富管理特征及发展变化

英国信托业发展历史悠久，目前仍然保持着历史传统和文化特色。英国是信托制度的发源地，起初信托业以个人民事信托和公益信托为主，个人信托占到信托业务总量的 80%，主要集中在财产管理、执行遗嘱、管理遗产、财务咨询等方面。英国的绅士文化视受托为社会荣誉，使无偿信托在英国得以长期存在。英国信托发展初期，土地是最主要的生产资料，也是最重要的信托财产，土地信托成为英国最普遍的信托类型，一直延续到现代。随着经济的发展，英国信托逐渐以单位信托和投资信托为主，其证券投资信托已成为伦敦证券交易所商事类信托的最大板块之一，信托投资机构也是英国证券市场的最主要投资者之一。目前，信托成为财产管理的主要方式，运用领域包括家庭财产和共有财产的管理，以及各种慈善基金会、养老基金、共同基金等。

英国信托业的财富管理特征及发展变化体现在以下几方面。

1. 信托财产从以土地不动产为主逐步向以动产为主转变

由于历史的原因，英国的信托标的物以房屋、土地等不动产为主，这是传统习惯的延续，也是英国的信托业务与其他西方国家相比最为显著的特点。

13 世纪到 19 世纪，信托在英国的产生和流行与当时的土地制度密不可分。土地是人们最基本的生产资料和赖以生存的重要财富。然而，由于土地附着了复杂多样的封建权利，限制了人们对土地的自由移转和传承，人们希望运用信托来规避封建制度的约束，因此，这一时期土地成为最主要的信托财产。土地信托是近代早期英国存在的最普遍的信托类型。受托人仅拥有信托财产名义上的所有权，不具有任何积极管理信托财产的义务。受益人不仅享有信托财产的收益，而且拥有实际上的财产管理权。初期阶段，英国信托财产以房屋、土地等不动产为主。

随着工业社会来临，限制土地等财产自由流动的制度被取消，财富的主要形态从原来的土地等不动产转换为货币、股票、债券等动产。通过专业的受托人来管理和运用金融资产、设立动产信托、实现财富的保值增值成为英国信托的重要功能。

2. 受托主体从以个人为主逐步向以法人机构为主转变

从受托主体来看，英国信托业的发展经历了“个人—官选个人—法人”的过程。英国最早的信托是个人承办的，主要处理私人财产事务和公益事务，随着信托制度的不断完善，英国开始出现信托机构。第一家私营信托机构是成立于 1886 年的伦敦信托执行和证券保险公司，1888 年另一家办理信托业务的机构——伦敦法律保证信托协会成立，这标志着英国的信托由个人信托发展到了法人信托。

1908 年，英国成立了公共受托人办公室，实行以法人身份依靠国家经费来受理信托业务，包括管理小额信托财产、保管有价证券及重要文件、办理遗嘱或契约委托事项等。

在信托财产为不动产时期，受托人的作用较为有限，因此值得托付的自然人即可成为受托人；信托财产从土地转向金融资产后，要求受托人承担起管理、运用和处分信托财产的职责，这要求受托人在法律、金融方面具有一定的专业性，法人信托应运而生。1925 年《法人受托人法》和 2000 年《受托人法》赋予了受托人更广泛的投资权利，受托人可以运用信托财产从事任何投资，更好地管理信托财产，使之保值增值。英国从法律上明确了受托人的职责，并对个人信托与法人信托进行区分，为信托财富管理中财产的独立管理权提供制度基础，也为信托制度在全世界的发展做了铺垫。

3. 从以民事信托财产转移为主向专业主动财产管理转变

在英国，信托主要是用于家庭领域或转移财产，因此信托的类型多是民事信托和公益信托。英国民事信托以个人信托为主，个人信托占到信托业务总量的 80%，具体包括土地信托、遗嘱信托、不动产信托和动产信托四个类别，主要集中在财产管理、执行遗嘱、管理遗产、财务咨询四个方面。其中，执行遗嘱与管理遗产是英国个人信托业务最集中的两个方面。在信托业监管方面，由于个人信托构成了英国信托业的主体，个人信托业务须接受法院的监管。19 世纪 60 年代，为适应中小投资者的需要，英国在全球首创了投资信托业务，现已成为资本市场的重要工具。1961 年，英国颁布《受托人投资法》使信托投资业务得以快速发展。目前英国信托业的投资范围除了英国本土外，已发展到海外属地和其他国家。

二、美国信托业的发展演化与财富管理特征

美国信托业是从英国引进，但由于美国经济高度发展以及民众投资意识强，信托业在美国得到了充分的发展，并逐渐形成了自己的特色。美国信托业率先开展金融信托。随后，美国信托机构将其金融服务推广到纳税、保险、租赁、会计、经纪人及投资咨询服务领域，充分发挥其金融职能，并将信托投资业务的触角伸展到全球各个金融市场。在美国，个人信托与法人信托并重，有价证券信托和证券投资信托业务发展尤其成功。同时，各类信托投资基金大量涌现，成为个人理财的重要类型。美国信托业在经营模式和产品上不断创新，目前美国已发展成世界信托业最为发达的国家。

（一）美国信托业的发展及制度演化

1. 从个人信托向法人信托转变

17 世纪中期，信托从英国传到美国，期初主要以个人信托为主。传入不久，个人信托逐渐向法人信托转变。19 世纪前期，美国股份公司的创立使股票、债券在市场上大量发行，有价证券逐步代替传统实物成为信托的主要标的物，有价证券的发行管理、买卖等商业性信托业务也逐步成为美国信托公司的主营业务。这使信托公司逐渐具备了金融机构的性质，从而使美国信托业完成了由个人信托向法人信托、由民事信托向金融信托的转变。

在美国，信托业务最初是由保险公司进行运营管理，这也是美国早期信托业的一大特点。1853 年，美国纽约成立了美国第一家专业的信托公司——美国联邦信托公司。到 1890 年美国的信托公司已经多达 149 家，这一时期是美国信托业的真正发展期，信托公司涉足银行业务，银行也同时兼营信托业务。1897 年，美国全国性信托协会的成立标志着美国信托业逐渐超越了英国。1913 年，《联邦储备银行法》的颁布使得银行获准经营信托业务，同时国内铁路基建投资有大量资金需求，信托筹集资金的功能得到充分发挥，信托业蓬勃发展。

美国以法人信托为主。法人信托是指信托机构接受法人团体的委托，以法人团体的受托人或代理人身份为其提供服务。这种服务对象主要是企业或非营利性机构，如教堂、工会、公益团体、学校等。最主要的受托业务是发行公司债券信托和商务管理信托。在美国，个人和法人兼有的信托产品主要包括公益信托、年金信托及职工持股信托等。

2. 银行兼营信托业务，业务集中度高

随着美国经济的崛起，信托的形式层出不穷，公司债券信托、职工持股信托、企业偿付性利润分配信托等推动信托资产规模迅速扩大。20 世纪末，信托业大规模发展，信托投资的规模也迅速扩大。1980 年，信托资产占商业银行总资产的比重达到 57%。

美国是世界上实行信托业务由银行兼营的典型国家，其突出的经营特点之一就是广泛开展银行信托。金融信托业务大部分集中在银行的信托业务部

门，不过专业的信托公司也具有相当的竞争力。在银行，信托业务与银行业务实行的是两套管理体系。大部分银行都设立了自己的信托部门来从事信托业务，美国的信托业务基本上由大银行设立的信托部门所垄断。

3. 美国信托业的法律制度体系演化

美国为了管理与发展信托业，颁布了相关法律，并对其进行不断的修改。美国最早的信托立法是 1887 年纽约州发布的，其后于 1939 年制定了《信托契约法》，于 1940 年制定了《投资公司法》，对信托投资业务进行了规范。在第二次世界大战到 21 世纪之前，《信托法重述》分别颁布了第二版和第三版。这一法律对之前的信托立法经验进行了总结。1994 年，美国颁布了《统一谨慎投资人法》。

由于美国联邦立法体制的特点，美国信托业的相关法律体系呈现出“双层”特征，即存在联邦和州的双层法律体制，立法可以分为联邦立法与州立法两个层次，1960 年以后，各州都制定了与信托相关的法律草案（如《统一信托法》等一系列法律）。

（二）美国信托业的财富管理特征及发展

美国是财富管理行业发达的国家，作为全球个人财富最集中的地区，美国个人资产在百万美元以上的人数和高净值人群的资产总排名均为全球第一。信托在美国财富管理业务中也发挥着重要作用，并具有鲜明特点。

1. 以现代财产管理的商事信托为主导

美国信托业务中 90% 以上都属于商事信托。商事信托以资产为核心，以信用为基础，是以权利主体与利益主体相分离为特点的现代财产管理手段，通过财产移转及管理的巧妙设计，具有风险隔离、权利重置的功能作用以及高度灵活的运作空间，在财产管理中具有很强的适应性。

2. 信托财产以有价证券为主

美国有价证券业务开展普遍，这与美国高度发达的证券市场关系密切。1990 年，全美信托财产中仅普通股票投资所占的比重就达 48%，企业债券所占比重为 21%，国债和地方政府债券所占比重为 18%，其他信托财产的比重为 13%。美国商业银行为了避开监管部门不允许商业银行从事投行业务的限制，通过设立信托部门来办理证券业务。几乎各种信托业务机构都办理证券信托业务，既为证券发行人服务，也为证券购买人或持有人服务。

3. 聚焦高端财富市场的专业化发展

美国信托公司的最大优势是高端客户的服务能力，这促使信托公司逐渐走向客户服务的专业化道路。美国最先提出客户专业化服务，通过对客户进行细分，为其设计相应的产品，为不同客户提供个性化服务。同时，美国信托公司对高端客户的服务也从金融服务向非金融服务延伸。例如，为高端客户提供金融服务以外的生活服务，如健康咨询、子女教育等，增加客户黏性，最终形成自身的核心竞争力。

家族信托是美国信托业的重要特色之一。美国法律制度的不断完善为家族信托在美国的发展提供了一个灵活的制度环境，促进了家族信托在美国的运营发展。越来越多的富豪选择利用家族信托的方式管理和经营家族资产，例如，赫赫有名的洛克菲勒家族、肯尼迪家族。富豪不直接将家族财产分配给继承人，而是将家族资产并入家族信托，由专业的机构来管理经营家族资产。一方面，这使家族企业股东和运营者的角色分开，避免财产继承问题影响家族企业运营；另一方面，继承人通过分配资产运营收益的方式继承财产，实现财富的永续传承。

4. 实行客户账户分类管理及资产配置服务

美国信托业还开展了账户管理业务，在了解客户需求并将其转化为具体可执行的投资目标之后，对客户进行分级、分类管理。在美国的信托账户管理过程中，对不同资金量级、不同职业客户进行分级、分类，如个人信托账户、公司信托账户、雇员福利相关账户、慈善捐赠账户等，并分别建立标准化的管理流程，重视客户管理系统的开发与建设，全面提升客户体验。

账户管理的基础是强大的投研平台供给，包括专业的研究人员和投资经理、丰富多元的策略模型和产品标的，最终形成合理、可执行的投资组合；核心是通过个性化的资产配置提供满足客户目标的一揽子解决方案。由账户管理业务架构可以看出，财富服务团队在账户管理中承担着非常重要的角色，贯穿整个账户管理的全过程。

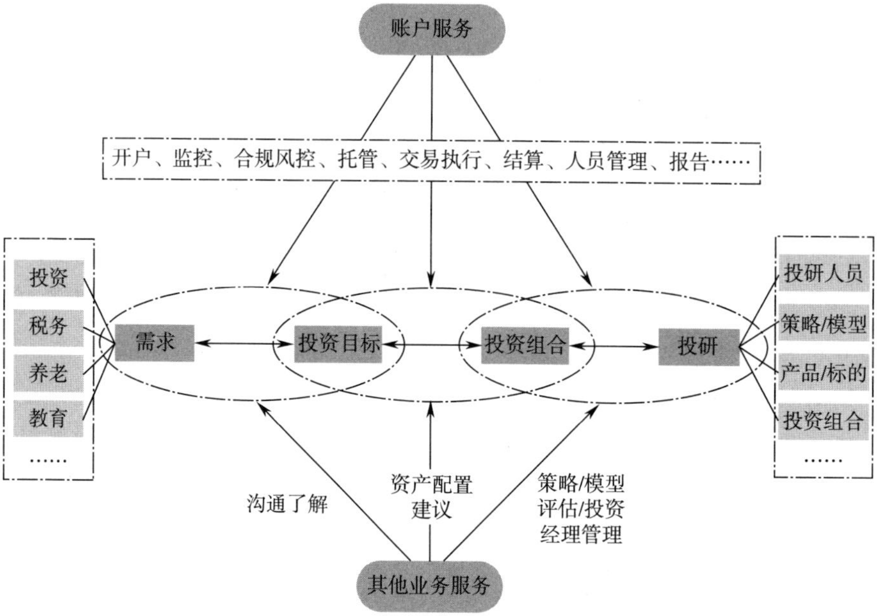

图 3-2 信托账户管理框架

根据财富服务团队在账户管理过程中实际参与决策的情况，账户管理的模式可分为全权委托的管理型信托账户和非全权委托的非管理型信托账户。管理型信托账户中，受托机构被客户授权进行投资决策，对该账户的资产具有投资自由裁量权，有确定信托账户购买或出售某项证券及其他资产的权利；非管理型信托账户中，受托机构仅制订资产配置建议与方案，是否以及如何来执行具体的资产配置方案完全由客户决定。美国多数信托公司都选择独立账户管理的客户专业化道路，包括美国信托业知名的美国北方信托公司。美国银行的信托业务也以账户管理功能为主，以纽约梅隆银行 2018 年末的信托账户为例，非管理型信托业务占据绝对支配性地位（见表 3-1）。

表 3-1 2018 年纽约梅隆银行管理型与非管理型信托账户信息统计

信托及相关账户	信托资产余额（百万美元）		信托账户数量（千个）	
	管理型	非管理型	管理型	非管理型
个人信托及代理账户	2	34	12	12
雇员福利固定缴费账户	176	122 997	7	79

续表

信托及相关账户	信托资产余额（百万美元）		信托账户数量（千个）	
	管理型	非管理型	管理型	非管理型
雇员福利固定受益账户	10 225	449 249	78	418
其他雇员福利与退休相关账户	63 797	153 233	76	368
公司信托及代理账户	329	1 329 756	75	28 637
投资管理及投资顾问代理账户	3 407	3 407	44	162
基金会与捐赠信托及代理账户	772	2 794	16	10
其他受托账户	32 357	462 250	75	975
信托账户合计	107 893	2 523 720	383	30 661
托管和保管账户	—	23 868 150	—	32 477

数据来源：中国信托业协会 . 2019 年信托业专题研究报告［R］. 2019.

5. 开发具有创新性和领先性的信托财富管理业务产品

美国在信托的运用上有许多创新之处。房地产投资信托、证券投资信托、企业年金信托、员工持股信托、人寿保险信托、子女信托、隔代转让税信托、激励信托、人生保全信托、个人住宅信托、自由裁量信托及离岸信托等都原创于美国，美国信托业走在了世界的前列。在美国，信托公司通过为高端客户提供以客户定制服务为导向的专业化理财管理服务，实现高端财富管理，最终形成自身的核心竞争力。

三、日本信托业的发展演化及财富管理特征

日本信托业源自美国，以金钱信托（资金信托）为重点发展对象，相继开发了年金信托、员工持股信托等新型信托品种，发展非常迅速和稳定。日本信托业以金钱信托为主与日本的国情有关。日本居民风险意识较强，财产也以货币形态为主，证券及其他资产较少，加之没有把其他财产交由他人管理的习惯，信托机构经营的业务只能以金钱信托为主；金钱信托的收益比商业银行的利息要高，对委托人很有吸引力；这种以长期形式存在的金钱信托又通过贷款信托的形式将资金运用于国家的基础产业项目，适应了日本国民经济发展的需要。

（一）日本信托业的发展及制度演化

日本的信托制度主要是在美国的信托制度上发展起来的。日本政府建立了完备的法律体系及监管体系，对信托业的发展起到重要作用；监管机构鼓励信托业务创新，这又使日本信托业被誉为“金融百货公司”。日本信托业的发展历史可大体分为四个阶段。

1. 早期发展阶段

日本明治维新运动后，日本生产力得到释放，同时开始面向世界，实施开放政策，从美国引入信托制度。1900 年，日本颁布《日本兴业银行法》，允许银行经营地方债券、公司债券、股票与信托业务。这时的信托主要是“保管”的意思，信托开始在日本落地。1905 年，日本出台《附担保公司债信托法》，正式引入信托制度，日本信托业进入早期发展阶段。该法规定只有银行才能兼营这种业务。债券发行公司将抵押权转让信托公司持有，也就是说，信托公司为了所有第三方债权人的利益持有抵押权，这样就不用每次发行时都转让抵押权。

最初，日本信托业务由银行兼营，1906 年以后全国各地设立了多家信托公司，公司收益是贷款利息和不动产的管理费。第一次世界大战爆发后，信托数量大量增加，经营过程中出现放高利贷等不规范情况。

2. 整顿阶段

为保护、培育新兴的信托业，日本于 1922 年出台《信托法》《信托业法》，规定信托业的经营实施审批制，大幅提高行业准入门槛，规定信托公司不得兼营银行业务，对信托公司进行清理整顿。为进一步强化信托经营主体的实力，日本于 1943 年颁布《金融机构兼营信托业务法》，允许银行兼营信托业务，这成为迄今为止信托银行等信托兼营金融机构从事信托业务的法律依据。日本的信托业经历了 1922 年和 1943 年的两次重大调整后，呈现出垄断格局。这期间金钱信托占据主导地位，为日本经济发展提供长期稳定的资金。

3. 高速成长阶段

在 20 世纪 50 年代至 80 年代，日本经历了长达 30 年的经济高速增长期。

日本信托业也进入高速成长阶段。日本信托业在此阶段的快速发展得益于贷款信托成为信托银行的主力产品，将资金主要投向支柱型基础产业，切实发挥了长期融资功能，并借此推动了信托产品在全社会的普及，这一阶段被日本业界称为“贷款信托时代”。1951 年，日本颁布《证券信托法》，证券投资信托开始推广。1952 年，日本颁布《贷款信托法》，制造业、非制造业及房地产成为信托银行的资金主要用途。这一阶段日本政府将信托公司定位为长期融资的金融机构，1954 年，信托业务与银行业务开始分离，信托银行以信托业务为主，银行业务只能在与信托业务有关范围内进行。这一阶段，信托制度在日本进一步普及。

4. 调整与创新阶段

自 20 世纪 80 年代起，日本信托业进入调整与创新阶段。日本政府不断放宽信托业的市场准入，允许其他金融机构以设立信托子公司（信托银行）的形式经营信托业务，推动信托业由原来的分业经营走向混业经营。

为应对泡沫经济破灭后经济形势的变化，日本政府在 20 世纪 90 年代开展金融体制改革，通过“从储蓄到投资”的战略，鼓励国民更多地参与金融市场投资，推动了投资信托业务的高速增长。这一阶段也是年金信托、家族信托的蓬勃发展时期。信托业从此前的金融中介功能转向金融融资功能与财产管理功能并重。

2000 年以来，由于日本经济持续低迷，信托业的整合重组频繁发生，垄断的趋势日益明显。日本监管机构一直认为信托业只有实行规模化经营，才能得到充分发展。因此，监管机构对信托机构的准入实施更加严格的审批，第二次世界大战后至今，日本仍然仅有七家信托银行主营信托业务，垄断的趋势明显。日本信托银行主要有三大类业务，即信托业务、兼营业务和银行业务。日本信托银行的信托业务与银行业务分账管理，具有一定灵活性。按照日本信托业的相关法律，信托银行在经营过程中，通常情况下不可以动用信托准备金，只能在极特殊情况下，较少地将信托账户中的多余资金转入银行账户，进行必要的资金运作。

（二）日本信托业的财富管理特征及发展变化

与英美信托业的发展历程不同，日本信托业的发展源于经济增长过程中的企业融资需求。加之日本战争及自然环境原因，居民偏保守，其财富管理的风险偏好也偏保守，这些导致日本信托业财富管理形成与众不同的特征。

1. 从以金钱信托为主向非金钱信托转变

第二次世界大战以后日本经济飞速发展，居民部门储蓄率较高，财富主要以货币形式存在。金钱信托筹措的资金主要用于为企业提供长期贷款，通过拉长贷款期限的方式实现收益高于银行储蓄。2015 年以前，金钱信托一直是日本份额最大的信托类型，为投资者提供了稳定、安全、低风险的投资途径。金钱信托是以获得优厚的红利为目的的信托，有些类似于银行定期存款，所不同的是，金钱信托的委托人可以指定信托财产的运用方向和标的资产，而银行存款者不能指定金钱用途。金钱信托的信托财产为“金钱”，是对受益人以金钱作为给付标的的信托。在信托期间，信托银行可把受托的金钱运用于经营各种资产，如有价证券和不动产等。金钱信托每一次最低存入的金额为5 000 日元。存入时由信托银行发放金钱信托证书，本金由信托银行保证给付，证书不能转让，金钱信托的委托人大部分是个人。

20 世纪末之前，金钱信托一直在日本信托银行的业务构成中占主导地位，日本金钱信托的信托财产占全日本信托财产的 90% 以上，居于极其重要的地位。但进入 21 世纪后，随着日本居民财富的不断积累和投资理财意识的不断转变，金钱信托的比重呈现逐年下降趋势，非金钱信托比重不断攀升，超过金钱信托的整体比重，可以看出，日本信托业呈现出越来越重视资产管理的趋势。

表 3－2　　日本金钱信托与非金钱信托的规模变化情况　单位：万亿日元

年份	金钱信托	年金信托	财产形成给付信托	贷款信托	投资信托	金钱信托以外的现金类信托	有价证券信托	债权信托	动产信托	土地及附着物信托	包括信托①
1995	60	28	0.07	49	43	19	5	1	0.16	1.31	2
1996	68	30	0.07	42	45	20	9	3	0.14	1.27	2
1997	75	32	0.07	34	39	17	19	8	0.13	1.24	2

续表

年份	金钱信托	年金信托	财产形成给付信托	贷款信托	投资信托	金钱信托以外的现金类信托	有价证券信托	债权信托	动产信托	土地及附着物信托	包括信托①
1998	85	33	0.07	27	42	15	22	10	0.11	1.42	3
1999	94	35	0.06	23	56	16	22	8	0.13	1.57	4
2000	99	37	0.06	18	59	16	30	10	0.12	1.70	74
2001	99	38	0.06	12	49	16	35	12	0.15	1.99	130
2002	106	37	0.06	7	47	17	37	17	0.16	2.00	160
2003	103	37	0.06	5	52	18	41	19	0.12	2.26	214
2004	114	34	0.06	4	60	17	42	22	0.07	2.84	229
2005	162	35	0.05	3	74	17	43	29	0.03	2.54	288
2006	180	39	0.05	2	88	20	47	33	0.04	2.23	329
2007	179	36	0.04	1	101	16	51	34	0.04	2.21	374
2008	160	34	0.04	1	98	14	50	33	0.04	1.91	350
2009	162	32	0.04	1	103	13	52	32	0.04	1.77	364
2010	158	34	0.04	0.25	106	12	58	30	0.05	1.64	366
2011	156	33	0.04	0.14	103	13	64	31	0.06	1.45	358
2012	158	34	0.04	0.08	111	14	69	29	0.03	1.00	378
2013	161	38	0.04	0.03	125	17	60	28	0.03	0.95	420
2014	157	40	0.03	0.01	145	21	63	28	0.04	0.95	477
2015	164	38	0.03	0.01	167	23	58	28	0.06	1.06	508
2016	165	34	0.03	0.01	182	30	59	41	0.07	1.09	543
2017	167	31	0.03	0	202	37	58	51	0.07	1.15	592
2018	165	31	0.03	0	205	41	57	52	0.08	1.28	602

注：①包括信托是信托的一种，是指对《日本信托业法》第 4 条所列举的各类财产，将两个以上不同种类的财产，以一项信托行为而接受的信托。

数据来源：日本信托业协会网站。

2. 信托财产从以发放贷款为主转向投资有价证券

贷款信托为日本信托业的首创，根据 1952 年日本政府制定的《贷款信托法》设立了贷款信托，受托财产为金钱，属于特殊的金钱信托，委托人大部分是个人。贷款信托的期限为两年或五年，实际操作中贷款信托的盈利按照事先约定的分红率分配，每半年分配一次，比同期定期存款利息高。信托银行发给委托人的贷款信托受益证券可以转让，券面金额为1万日元的倍数，信托银行保证偿付本金。当初设立贷款信托的目的是向钢铁、电力、造船等大企业提供稳定、长期的设备资金。随着日本产业结构的变化，其他行业对资金的需求也有所增加，于是在1971年修改了《贷款信托法》，把资金运用的范围扩大到住宅、批发、零售等行业以及小企业和个人消费，并批准对证券的投资。

3. 推出以养老保障为特色的资产管理类信托产品

随着日本老龄化问题日益严峻，与养老相关的年金信托、养老金信托、特定赠与信托、家族信托开始蓬勃发展。信托逐步发挥资产管理功能。利用信托来实现养老金的投资分配、财富的代际传承成为社会公众的重要选择以及日本应对老龄化问题的重要手段。

日本推行的年金制度即为企业职工积累和发放退休金的制度。信托银行不仅受托管理和运用年金基金，而且负责管理年金制度的执行。年金信托有两种，即退休年金基金信托和厚生年金基金信托，分别根据1962年修改的《法人税法》和1965年修改的《厚生年金保险法》设立。根据日本1971年制定的《职工财产形成促进法》，为激发职工参加储蓄和购买私人住宅的积极性，于1972年设立财产形成给付信托，由职工与信托银行签订合同，从职工工资和奖金中分期扣存约定的金额。

4. 提供种类丰富的咨询服务代理类信托业务

日本信托业开展的兼营业务类型十分丰富，包括不动产买卖、租赁、鉴定、评估，证券代理、债券及股票募集、发放股息及红利，以及投资管理、咨询、保管和出租保险柜、遗嘱管理等。

5. 强化信托投资者教育

从日本信托业的发展过程来看，早期民众缺乏信托理论方面的知识，且缺乏参与意识。日本政府针对这一问题采取了很多积极方法，进行信托观念的推广和信托知识的普及。日本设有专门的信托业协会。协会的宗旨和任务主要是宣传普及信托业务知识，研究和完善信托业的理论与实践，促进信托业者之间的交流和合作。信托业协会通过创办《信托》杂志、举办各种讲习会等形式，大力宣传、普及和推广信托业务知识和信托观念。特别值得一提的是，日本目前的小学课本已有关于信托的一般知识。

四、各国信托业的监管体制比较分析

信托业的发展使监管机构对相关监管法规的内容和要求不断增加。国际性和国家性监管机构都在各自的监管领域发挥着关键作用。

不同的监管机构形成了自己独特的监管体制。

（一）英国的“单层多头”监管体制

英国是信托的发源地，也是形成信托制度最早的国家。早期英国信托业遵循自律监管，但随着自由经济发展的弊端显现，英国对信托业的监管进行了体制改革，确立了“单层多头”的监管体制。具体来说，“单层”是指由政府在职责范围内设立负责整个金融业宏观统筹的监管部门，“多头”是指根据不同的业务方向，设立专门机构进行监督管理。整个金融业的监管由财政部负责，具体信托业务的不同方面则是由四大机构（包括法院、英格兰银行、证券投资委员会和金融服务局）分别进行管理。四大机构各司其职，在各自权限范围内对信托业务各方面进行管理。英国法院主要负责与个人信托有关的监管，英格兰银行主要负责对国内吸储的法人信托机构进行监管，证券投资委员会则是负责监管主营投资业务的法人信托机构。金融服务局负责管理信托从业人员和单位，负责与信托相关的法律条文的制定以及监管具体投资业务。

英国的信托制度代表性很强，其风险监管特点鲜明，对其他国家的信托制度具有示范性和参考价值。英国信托业的监管以完善的法律法规为基础，以“单层多头”的组织架构对信托风险进行防范管理，侧重于信托业的行业自律。英国信托业的监管体制有如下特点。

第一，拥有专门完善的信托法律制度。英国拥有十分完善的信托法律法规，这为信托业的监管奠定了坚实基础。通过一系列信托法规的约束限制，信托业参与人的行为得到了很好的管控，各方利益得到了坚实保障。英国在信托业法律法规上的探索和发展引导其他国家信托业的发展，为各国信托业起到了很好的示范作用。

第二，各监管机构分工协作，提高监管效率。英国金融市场完善发达，专业化程度高，专业性人才充足。与不同金融子市场相匹配的监管部门具有很强的风险监管能力和丰富经验。英国法院、英格兰银行、证券投资委员会以及金融服务局分工协作，各自在所专长的领域对信托业加以监管，大幅提高了信托业风险监管的效率。

第三，具备强大的行业自律监管。英国信托业协会具有强大的行业自律功能。行业自律监管是英国实现对信托业风险管控的主要方式。

（二）美国的“双层多头”监管体制

美国是商事信托最发达的国家，现代意义上的信托业监管起源于美国。在美国，经营信托业务的金融机构的注册机关不同，加上美国联邦立法体制的特点，美国信托业的监管体制呈现“双层多头”的特点。

“双层”即存在联邦和州的双层领导，监管机关及其立法可以分为联邦监管机关及联邦立法、州监管机关及州立法两个层次。“多头”是指信托机构面临着多个监管主体。其中，联邦监管机关主要有金融管理局、联邦储备银行（FRB）、联邦存款保险公司（FDIC）和储蓄监察办公室（OTS）；州监管机关主要包括各州政府下设的专门的银行管理局、保险监管局与全美保险监管协会。这些监管机关依据联邦或州立法对所辖注册信托机构进行监管，形成了纵横交错的交叉管理关系。州监管机关的职权广泛，包括审核州立金融机构信托权及检查、发布建议要求通知、对违规机构进行罚款、对高级管理人员进行审核、接管撤销问题机构，等等。

在20世纪90年代前，美国对信托业实行分业监管。随着1999年出台《金融服务现代化法案》，美国金融业开始进入全面混业经营阶段。混业经营的监管模式从机构性监管向功能性监管过渡。

美国主要信托业监管机构及其职责如下。

1. 金融管理局

金融管理局的目标主要是保持稳健和竞争的银行体系，支持银行开发新产品和服务，培养竞争力。就信托业的监管而言，金融管理局的主要职责包括信托营业许可、信托营业管理、信托账户检查、交易记录管理及跨州营业活动管理等。

2. 联邦储备银行（FRB）

FRB 作为综合管理的上级机构对金融控股公司进行集中监管。具体负责信托事务监管的是 FRB 设立的信托投资部。其主要监管加入 FRB 体系的州立银行的受托人责任，特别是保管人信托义务的履行。除管理所辖机构的信托营业许可执照外，FRB 还对信托机构遵守信托法律和履行受托人职责，对机构资产和账户的管理、风险管理和内控程序审核进行检查。

3. 联邦存款保险公司（FDIC）

FDIC 通过检查来判断一个机构的政策或账户管理方式是否会导致或有债务、资产估值的降低是否侵蚀了该机构的资本。FDIC 制定了内容详尽的信托检查指南，包括内部控制管理、审计、资产管理、各类信托工具的使用以及相关信托法规等，依据指南，对被监管机构进行监督管理与指导。

4. 储蓄监察办公室（OTS）

OTS 制定的信托监管目标是，促进被监管机构的信托资产管理符合标准，确保机构履行信托义务符合相关法律及受托人原则和政策，检查机构受托人的活动以确定其是否以谨慎方式提升机构管理水平，促进机构资产管理、账户管理和内部风险管理水平的提高，通过监管发现需要纠正的政策、程序和营运中的缺陷，以及时与合适的方式对需要改进的行为进行劝告指导。

美国信托业的行业自律作用较弱。美国信托机构的评级体系是美国信托业监管的一大特色，联邦金融机构检查委员会制定了信托监管统一评级体系，并统一了监管标准，评价内容包括管理能力、运作控制和审计的充分性、收益水平、合规经营程度、信托财产管理等。

（三）日本的“统一型”监管体制

日本信托业的监管职权高度统一。根据日本 2004 年的《信托业法》，经营信托业的机构类型主要有银行、信托契约代理机构和信托受益权发售机构。日本信托业的监管机构为金融厅监督局，信托公司归属于下辖的银行一部，与城市银行、长期信用银行以及外资银行同属一类。而非银行金融公司的监管权划分在银行二部。日本的信托业自律组织没有监管职能，日本信托业协会的功能定位是普及信托观念、增进公共利益、加强信托研究、促进业界交流，属于民间交流机构。

（四）中国信托业的监管体制及其影响

1. 中国信托业监管框架

中华人民共和国成立后一直到1978年，中国社会经济实行了高度集中的计划经济体制。当时，中国人民银行既从事信贷业务，又有金融监管的职能。1978年实行改革开放后，中国金融监管制度开始了探索阶段。中国形成了四大专业银行体系，中国人民银行则专注于中央银行的职能。1993年12月，国务院下发了《关于金融体制改革的决定》，建立了政策性金融与商业性金融分离，以国有商业银行为主体、多种金融机构并存的金融组织体系。1997年末，第一次全国金融工作会议召开，中国金融监管改革开始，形成了“一行三会”的分业监管格局。2017年国务院金融稳定发展委员会的设立和2018年中国银监会与中国保监会的合并，重塑了中国金融监管框架，形成了“一委一行两会”分业监管的新格局。

经历多轮整顿与发展后，信托业逐渐形成了“一体三翼”的监管架构。信托公司受中国银保监会信托部直接监管，此为“一体”；“三翼”是指中国信托业协会、中国信托登记公司和中国信托业保障基金。中国信托业协会成立于2005年5月，是中国信托行业的自律组织，在发挥内部沟通协调作用的同时，对我国信托业理念重塑承担重要责任。中国信托登记公司于2016年12月26日正式成立，业务范围包括：信托产品、受益权信息及其变动情况登记，信托受益权账户设立和管理，信托产品发行、交易、清算、结算、估值、信息披露、查询、咨询和培训等服务以及部分监管职能。中国信托业保障基金于2014年12月12日成立，保障基金主要由信托业市场参与者共同筹集，是用于化解和处置信托业风险的行业互助资金。

2. 中国目前的监管体制对财富管理业务发展的影响

各类金融机构在“分业监管、分业经营”的环境下，持有不同牌照、隶属不同监管主体，开展财富管理业务。尽管“分业经营、分业监管”的初衷是为了隔离不同业务之间的风险，避免金融机构的道德风险与利益冲突，但是这也削弱了金融业务的多样性、综合性和竞争力，造成了包括信托公司在内的金融机构的财富管理功能长期弱化，也影响了监管的有效性。

首先，客户的财富管理需求是全面的，单一机构对不同领域的财富管理需求不能实现无缝对接，财富管理的真正核心能力，即向客户提供全面专业的财富咨询服务、制定全方位的财富管理计划的能力较为有限。

近年来，监管层以“资管新规”为核心，推行了一系列市场化的改革措施，金融业进入了相互交叉、跨界竞争、创新合作、混业经营的“大资管时代”。对于信托公司而言，在分业经营时代的牌照优势被逐步弱化，与银行理财部门、券商子公司、保险公司、基金公司等各类资产管理机构之间的竞争壁垒逐步被打破。未来，符合“大资管时代”的信托业应注重发挥自身“受人之托，代人理财”的本源功能，在财富管理过程中更为主动地拓宽自身的业务领域。随着金融行业竞争的加剧，为了提高对客户的吸引力，信托公司财富管理从业者不仅需要销售本公司的产品，更需要了解各类产品，并寻找市场中表现最好、与客户需求最为匹配的多元化产品，为客户提供定制化的财富管理综合服务。

五、中国信托业财富管理业务的发展及思考

（一）中国信托业财富管理业务的演化发展

信托业在中国始于20世纪20年代，信托公司的经营范围包括信托存款、信托投资、证券信托、遗产信托、代理信托等。新中国成立后对旧中国的金融信托进行接管改造，直到改革开放后，信托业才逐步发展起来。

1979年到2000年，信托业也经历了从膨胀性增长到整顿的过程。这一时期信托业肩负着为改革开放、经济发展筹集社会资金和提供多样化金融服务的使命。这一阶段，信托公司如雨后春笋，纷纷成立，利用各种渠道的闲置资金弥补银行信贷的不足。众多的信托公司扮演着金融大超市的角色，其本源业务并没有发展。信托公司数量从高峰时的1 000多家减少到整顿后的几十家。

2001 年到 2007 年是信托业的重新起步期。在第五次清理整顿基本结束、《信托法》、《信托投资公司管理办法》、《信托投资公司资金信托管理暂行办法》出台的背景下，信托业重新起步。

2007 年至今是信托业的高速发展期。2007 年信托行业开始实行“一法三规”，信托业务开始明确。伴随中国经济高速增长，基础设施建设、房地产成为信托核心业务的基础。2013 年信托业管理资产规模突破 10 万亿元大关，2017 年突破 20 万亿元大关，成为仅次于银行的第二大金融子行业。

第一阶段：财富管理业务萌芽阶段。改革开放初期，中国经济体制由计划经济向市场经济转变，在资金匮乏和资金融通不畅的背景下，信托公司充当了资金融通主体以及市场经济实践者的角色。1979 年中国信托业恢复，第一家信托机构——中国国际信托投资公司成立。1980 年 6 月，中国人民银行根据国务院关于银行要试办信托投资公司的指示，正式开办信托业务。信托投资公司从最早从事同业拆借、信贷业务、储蓄业务、买卖国库券逐渐发展成兼营银行业务、证券业务、投资经营业务的“金融百货公司”，最多时有 1 000多家。中国人民银行等部门通过颁发业务许可证等方式，不断调整对信托投资公司的业务指导。信托业经历了五次行业大整顿，直到 2001 年《信托法》颁布之前，有 210 多家信托机构退出市场，59 家获准重新登记，13 家拟保留未重新登记。在此发展过程中信托机构也积累了一部分客户，但财富管理业务没有真正开展，处于萌芽阶段。

第二阶段：财富管理业务起步阶段。进入 21 世纪，投资推动经济持续高速增长，社会融资需求巨大。而传统的信贷融资实行额度控制，公开金融市场机制还不完善有局限性。融资需求与资金供给不匹配，资金缺口巨大。与此同时，由于市场利率管制，经济发展累积的居民财富急需稳定的保值增值渠道。信托业利用自身的制度优势，抓住有利机遇，充分利用投资者理财偏好固定收益投资的有利时机，积极拓展业务。

2001 年《信托法》的推出奠定了中国信托业的制度基础；2002 年《信托投资公司管理办法》《信托投资公司资金信托管理暂行办法》（简称“旧两规”）颁布，首次明确信托公司“受人之托，代人理财”的职责，将其定位于高端理财私募机构。这段时期信托公司以产品创设为核心，资金端主要集中于机构资金和代销渠道。相关办法规定集合资金信托计划不得超过200份信托合同，每份合同金额不得低于人民币5万元，信托公司难以依靠自身力量解决大规模信托项目的资金募集问题，因此，信托公司主要通过银行渠道与机构募集资金。

2007年《信托公司管理办法》和《信托公司集合资金信托计划管理办法》（简称“新两规”）正式颁布，信托业逐步打开多元化资金渠道，推动信托业迈入快速发展期。2009年中国银监会修订了《信托公司集合资金信托计划管理办法》，进一步放开合格投资者人数限制，规定“单个信托计划的自然人人数不得超过50人，但单笔委托金额在300万元以上的自然人投资者和合格的机构投资者数量不受限制”。这个变化对信托财富管理业务的发展至关重要，信托公司高净值个人客户逐步积累。这一时期第三方理财市场发展较快，成为信托公司重要的销售渠道之一，信托公司的财富管理业务处于起步阶段。

第三阶段：财富管理业务初步发展阶段。2011年可以说是信托公司财富管理业务发展的元年。由于第三方理财的不规范销售问题逐步显现，促发了监管部门的严格限制。2011年《关于规范信托产品营销有关问题的通知》出台，鼓励信托公司发展直销业务，各家信托公司纷纷建立客户服务中心、财富管理中心发展财富管理业务。

第四阶段：财富管理转型发展阶段。2018年4月27日，《关于规范金融机构资产管理业务的指导意见》（以下简称“资管新规”）正式印发，财富管理业务成为信托公司回归本源的重要业务之一。2018年9月中国银保监会信托监督管理部的《关于加强规范资产管理业务过渡期内信托监管工作的通知》明确指出，公益（慈善）信托、家族信托不适用“资管新规”相关规定，一些信托公司将开始从传统的房地产信托、基础产业信托等转型进入资产证券化业务、家族信托、慈善信托等领域，培育新的利润增长点。

在此阶段，信托公司、银行、证券公司、第三方财富管理机构、基金子公司在财富管理行业展开激烈竞争。

信托公司为集“融资”与“融物”业务于一体的金融机构，与以吸收存款和发放贷款为主的银行相比，融资方式多样，融资范围较广，收益较高且相对稳定。但由于其认购起点较高，且不允许公开宣传，项目与销售渠道受限，客户累积量较小。相比之下，银行通过存款业务以及种类丰富的金融产品积累了庞大的客户群体，但在管理模式以及投资渠道方面存在局限性。证券公司的资金来源稳定，客户规模大，具有投资研究优势，但其发展定位不清楚，影响力不足，通道业务占比较大。第三方财富管理机构的制度相比其他机构更加灵活，且产品丰富，但是整体风控体系较弱，政策限制多。银行理财子公司刚刚起步，虽然可以做私募与公募的理财产品，但是不能做信托公司的相关业务。

（二）财富管理业务发展面临的主要问题及发展思路

中国信托公司财富管理业务相较于银行理财、保险资管等处于初级阶段，在信托公司以私募投行业务为主的背景下，财富管理业务的战略定位以产品销售为导向，财富管理业务的内部组织架构、运营模式、考核激励机制、业务流程、信息技术系统等建设也处于较为初级的阶段，未来围绕公司战略定位的转变，财富管理业务也将发生巨大变化。

1. 战略问题是面临的首要问题

信托公司在财富管理业务转型发展的过程中，面临的首要问题是战略问题，目前信托公司的战略问题主要体现在以下三个方面。

第一，公司战略是否清晰，财富管理业务战略是否与其匹配。财富管理业务发展首先要解决的问题是结合公司文化、资源禀赋特征与战略目标确定公司层战略及与之匹配的财富管理业务战略。根据国际先进金融机构公司层战略，可选择投资银行战略、全能型战略、财富管理核心战略与平台型战略。与之相应的财富管理业务战略可选择产品导向战略、客户导向战略与平台导向战略，清晰的公司战略和财富管理业务战略是指导财富管理业务落地与运作的根本纲领。

第二，财富管理业务战略执行中是否能够制定有效的机制和策略。战略制定后，只有相应的机制和资源匹配，才能保障战略的落地与执行。在执行的过程中，需要从盈利模式、运营模式、考核激励、产品管理、客户管理、风险管理与信息建设等层面进行匹配。

第三，制定的战略与实施策略是否能够持续。财富管理业务具有前期投入高、周期长的特点，信托公司财富管理业务战略与短期目标不清晰、不一致往往会导致实施过程无法持续。

2. 从产品导向的成本中心逐步向客户导向的利润中心转变

理念转变是信托财富管理业务转型升级的前提，财富管理业务的本质是以客户为中心，但目前中国信托公司的财富管理业务大多采取产品导向战略。信托公司财富管理业务以产品销售为目标，并主要以销售本公司产品为主。信托公司财富管理业务的主要收入来源是公司产品的销售佣金或内部发行费转移。财富管理部门或中心初期也以成本中心运营，财富管理中心的权限相对较小。由此，大部分以产品销售为导向的财富管理中心对员工的激励考核方式也以销售业绩为主。

未来，以客户为中心的财富管理业务需要开放产品线，收入来源包括客户资产管理费、咨询费、内外部产品的佣金、利差收入，最终能够实现以利润为中心的运营模式。对于客户导向的财富管理中心，在人员、产品、考核管理方面具有独立自主权。

3. 财富管理产品从以固定收益债权为主向多元化产品及服务体系转变

目前中国信托公司的财富管理产品相对单一，服务缺乏特色。信托公司财富管理领域的投资品种以非标债权类产品为主，同质化明显。同时，从公司本身产品销售需求、监管限制和声誉风险考量，信托公司销售的产品一般来源于公司内部。单一同质化的内部产品供给难以满足客户财富管理的综合复杂需求，无法实现客户的资产配置。

财富管理业务涉及多种领域，未来以客户为中心的财富管理业务产品体系将逐步开放，需更注重客户的需求，在充分了解资金端产品偏好、风险偏好等基础上进行产品的创设，增加产品的多元化和开放程度。一些信托公司已经开始前瞻性战略布局，进行全权委托、家族信托的实践，并积极获取 QDII 牌照，建立海外投研团队，布局全球资产配置，为客户提供风险隔离、财富传承及财产多元化配置的综合服务。

4. 客户服务从销售导向向长期客户关系管理转变

由于长期的“刚性兑付”，选择信托产品的客户倾向于低风险的固定收益类产品，风险识别能力较弱。单一的产品类型同时也限制了财富管理服务的特色化和定制化。信托公司对理财师的考核主要以产品销售为导向，客户服务也忽略了客户关系的长期维护，缺乏长期服务及专业化服务。投资者进行财富管理投资决策时更多注重的是产品收益率，品牌效应的内涵不够丰富。

回归信托本源的财富管理业务的战略定位将逐步以客户为中心，对不同客户的需求进行分层分析，形成差异化服务体系；同时，更加注重客户关系的维护，不断挖掘客户的内在需求，从而提高客户的稳定性与满意度。注重运用多样化产品满足客户需求，为客户提供个性化的财富管理规划；注重自身品牌的建设，以良好的业内口碑吸引客户。

5. 从以注重信用风险管理为主向全面风险管理转变

在产品导向战略下，信托公司财富管理中心注重的是产品的信用风险与市场风险，以及产品销售过程中业务人员可能会产生的道德风险。回归信托本源后，随着业务不断发展，信托公司的风险管理意识应不断增强，需逐步建立起全面的风险管理理念。信托公司不仅要注重业务人员在产品销售中面临的风险，也要关注整套业务流程中的风险管控，从事前、事中、事后进行全面风险管理。另外，随着业务规模的不断增长，业务涉诉的可能性会不断增加，此时的财富管理中心会更加关注法律风险与声誉风险。同时，业务的规范性会逐渐增强，操作风险与合规风险也是各财富管理中心关注的重点。当然，随着信息化的不断发展，信息技术不断嵌入业务流程，信息科技风险也是财富管理中心应该防范的重要风险点。

6. 从简单信息系统建设管理向数字化、科技化平台转变

对于产品导向的财富管理中心，信息系统主要围绕产品业务搭建，强调流程及风险管控。财富管理方面的信息系统建设较为简单，主要体现在销售渠道建设上，如通过 App、微信公众号等提高销售效率。

未来客户导向的财富管理中心更加注重客户需求，需依托大数据等科技实现业务创新和优化客户服务，通过建立以客户为中心、以资产配置服务为核心

的财富管理的数据化、科技化信息平台，提升核心竞争能力（见表3-3）。

表3-3 财富管理业务三种战略实施策略比较

对比	产品导向战略	客户导向战略	平台导向战略
盈利模式	公司产品的销售佣金（内部发行费转移）	客户资产管理费、咨询费、内外部产品的佣金、利差收入	平台交易费用、产品推介费用
运营模式	强调理财师销售能力，重点推介公司内部产品，客户处于被动地位	理财师专业素养高，以客户需求为主进行产品设计与资产配置，强调品牌建设	产品超市，客户拥有较大自主选择权，强调平台自身的产品销售能力与运营能力
考核激励	以销售业绩为主要指标	多维度考核，如客户管理规模、客户数、利润等	以代销业绩为主要指标
产品管理	业务端进行产品创设，增加产品特点与种类，吸引客户	以客户需求为中心进行产品创设，并进行资产配置、受托服务	增加平台上的产品创设，尽可能多地满足目标人群需求，并根据客户画像进行精确的产品推荐
客户管理	对信托公司内部客户进行划分，重视销售服务，忽视客户后续综合维护	以品牌建设吸引客户，对客户内在需求进行分析，划分客户类别，提供多元化服务，关注客户关系维护	运用多样化产品吸引客户，按照客户购买历史推荐产品
风险管理	注重信用风险、市场风险、道德风险	采取全面的风险管理（包含法律风险、声誉风险、操作风险、合规风险及信息科技风险等）	注重销售风险、合规风险和法律风险
信息建设	信息化程度较低	功能全面，信息化贯穿业务全流程	对信息化要求极高，平台客户界面更便于操作，平台管理系统采用大数据进行账户分析管理

第二部分

信托公司财富中心运营管理研究

木受绳则直，金就砺则利。

第四章　财富管理中心运营模式

本章问题思考

◎ 如何选择财富管理中心的运营模式？选择成本中心、人为利润中心或自然利润中心的依据是什么？实施过程中的要点有哪些？

◎ 财富管理中心发行费收取的方式有哪些？如何实现人为利润中心运营模式下内部收入的合理确定？

◎ 为什么现阶段信托公司财富管理中心难以实现自然利润中心运营模式？未来实现自然利润中心运营模式需具备哪些前提条件？

企业内部只有成本中心，没有利润中心。

——彼得·德鲁克

信托公司财富管理中心运营体系包含了三个层面，即公司层战略定位、财富管理业务战略定位、财富管理中心运营模式。信托公司财富管理中心的运营模式是对公司组织结构、资源配置与实现目标的制度性安排，也是决定公司及财富管理业务战略目标能否实现的关键因素。因此，建立财富管理中心面临的第一个问题就是运营模式的选择，是选择以成本中心运营，还是以人为利润中心或自然利润中心运营，需要根据企业的发展战略，并结合财富管理业务的发展阶段来确定财富管理中心的运营模式。

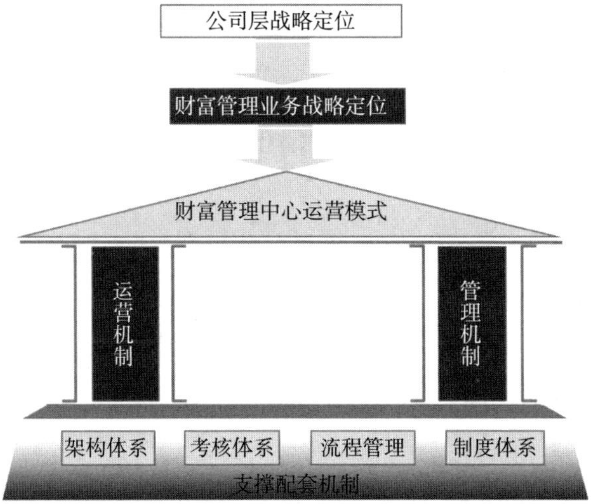

图 4－1　财富管理中心运营体系

一、信托公司财富管理中心运营模式选择

（一）运营模式比较分析

财富管理业务在不同阶段会选择不同的运营模式，包括成本中心、人为利润中心、自然利润中心运营模式，随着公司财富管理业务规模的扩大、产品线的丰富、团队的成长以及企业战略目标的调整，运营模式会发生变化。不同运营模式有不同的特点。

1. 成本中心运营模式

通过公司集中管控，统一管理收入与费用，财富管理中心的发行管理费（认购费）、中心运营成本采取统收统支管理。该模式的主要优点是规范化管理、控制度较高，适合处于发展初期或战略稳定的财富管理中心。

2. 人为利润中心运营模式

人为利润中心也称准事业部，是内部市场化机制的体现。虽然产品依然主要来自公司内部，但公司内部产品可进行市场化选择，可与项目部门切分财富管理业务收入。财富管理中心核算相对独立，具有一定的管理自主权。人为利润中心适合发展期的公司。

3. 自然利润中心运营模式

真正的利润中心也称自然利润中心，以开放的产品线为前提，使公司能够从体系之外的市场获得产品和收入，中心具有独立的产品选择权、定价权、人事权等权利。财富管理业务收入来源多样，不仅包括公司内部转移收入，还包括外部销售收入、咨询收入等。该模式适合已经发展成熟的财富管理中心或部门，它们独立核算、自负盈亏。

表 4 – 1　　信托财富管理中心运营模式要点比较

财富管理中心	成本中心	人为利润中心	自然利润中心
产品选择权	以公司产品为主，不直接外采产品	内部可市场化选择产品，由公司审批准入，可少量引入外部或 FOF 产品	独立选择产品，引入外部丰富的产品线
收入来源	内部发行费收入（公司统筹）	内部转移收入（公司内部的部门间通过谈判方式确定利润分配比例）	内部、外部产品服务收入（顾问费、管理费、佣金等）
目标考核	统收统支，实行费用预算制	独立成本核算，费用按固定比例提成	独立考核，自负盈亏
管理权限	公司集中管控，缺乏独立核算权及决策权	具有一定的独立核算权和决策权	独立核算权、独立决策权、自主配置资源
优劣势	规范化，总部管制程度高，授权程度低，缺乏灵活性	一定授权，具有一定灵活性，适度规范化，适度控制	授权更大，灵活度高，规范化，总部放松管制

（二）运营模式现状

目前，国内大多数信托公司将财富管理业务定位为产品导向，以解决本公司的产品销售为主要目标，多数财富管理中心作为公司内部的成本中心或人为利润中心运作，主要原因如下。

第一，大部分信托公司以资产管理业务为公司主要业务，以产品销售为导向，财富管理业务的开展主要是满足资产管理产品的销售。虽然少数引入其他金融产品，但占比较小。目前信托公司缺乏销售外部产品的代销资质，财富管理中心的收入来源主要是销售内部产品的收入。

第二，客户数量、质量、销售规模无法形成稳定的盈利模式。大部分信托公司的财富管理业务刚刚起步，客户数量、销售规模有限。基于客户多元化需求的服务还未形成，以资产配置为核心的财富管理业务并未真正有效展开，信托公司财富管理中心没能在市场上形成稳定的盈利模式。

第三，信托公司财富管理业务起步不久，还不具备自主完成产品采集、产品定价、人员管理、相关软硬件投资等的独立能力。

因此，信托公司财富管理中心大部分采用成本中心运营模式，部分信托公司财富管理中心过渡到人为利润中心运营模式，即准事业部制。通过人为规定的内部结算价格独立核算，发挥利润中心的激励机制，其本质还是成本中心。只有当产品线丰富、客户充分积累、团队专业化能力提升时，才能具备真正转为市场化的自然利润中心运营模式的条件。

二、成本中心运营模式管理及运营要点

成本中心一般是对成本或费用负责的责任中心，根据总部下达的指标要求完成任务。成本中心实际是“费用中心”，财富管理中心的发行费收入上缴公司，并与费用成本一起由公司总部统收统支。

（一）成本中心运营管理

成本中心也称费用中心，采用成本中心运营的信托公司会从项目部门收取发行费。发行费由公司根据财富管理中心发行管理的信托项目，按照一定比例计提，主要用于财富管理中心的发行管理、人员绩效等。发行费通常由公司统收统支，公司对财富管理中心实行根据预算管理支出的方法。成本中心的运营关键是目标管理和预算管理。

1. 目标管理

通常发展初期的财富管理中心主要解决产品销售和客户问题。另外，由于团队建设是销售的关键因素，因此团队建设也会成为考核的重要目标。

当财富管理中心发展到一定阶段时，公司会对财富管理中心的考核指标进行进一步的完善，引导财富管理中心及其团队关注新增客户数、新增销售规模、客户满意度及各类产品销售。团队建设目标也开始转向团队优化发展，重点从销售型向专业型转化。

表 4－2　　财富管理中心主要考核指标体系

成本中心考核指标		发展初期	稳定发展期
业绩指标	销售指标	产品销售总规模、重点产品销售	新增销售规模、各类产品销售
	客户指标	存量客户数、有效客户数	新增客户数、客户满意度、家族信托客户数等
	收入指标	发行费收入、代销费	发行费收入、其他收入
管理指标	运营管理指标	团队建设及培训、品牌宣传、客户管理、信息管理等	
	合规管理指标	合规操作管理、客户投诉、反洗钱、消费者保护	

2. 预算管理

财富管理中心根据公司的目标任务进行预算管理，财富管理中心运营支出可分为固定成本支出和变动成本支出。其中，固定成本支出通常包括固定人力成本、固定网点费用、固定运营费用、品牌宣传费用等，变动成本支出主要包括变动人力成本和变动营销费用。

销售费用额度控制是成本中心预算管理的重点内容，销售费用可以划分为固定费用与变动费用两类，固定费用如房租和水电费、员工基本工资、日常运营基本费用等，变动费用是随业绩增长的费用，如销售奖励提成、业务招待费、客户活动费用等。固定费用可依据全年预算计划核算支出金额，随业绩增长的变动费用可按照收支配比原则，根据发行目标规模或收入计提一定比例。

表 4－3　　财富管理中心的成本支出

类别	内容	预算
固定人力成本	员工基本工资、员工福利、五险一金等	年度预算
固定网点费用	装修、房租、水电费等	
固定运营费用	培训费、会议费、办公用具、日常运营基本费用等	
品牌宣传费用	品牌宣传、大型会议活动等	
变动人力成本	销售奖励提成、管理津贴、中后台绩效等	比例计提
变动营销费用	营销活动及客户活动等营销费用等	
	差旅、招待费等日常运营费用等	预算＋比例计提

（二）成本中心运营要点

1. 前瞻性预算及责任目标制定

建立成本中心实际上是对公司整体目标的一种责任分割。目标责任可通过编制成本目标责任预算来实现。对于发展初期的财富管理中心，可以根据公司战略及经营目标对预算进行前瞻性预估；对于发展稳定的财富管理中心，可以上年度各项实际发生费用、市场情况为参考。

在成本中心运营模式下，首先要建立一套完整的责任成本目标体系。财富管理中心根据公司制定的目标由上而下地逐级分解并确定目标。同时在确定目标时应根据实际情况，结合内外部环境进行充分沟通。目标若太高，则容易使团队失去信心；若太低，则不利于挖掘潜力。

发展初期的考核指标主要集中在产品销售规模、新客户开发、团队建设三个维度。经过一定时间发展后，考核指标可更加丰富，包括但不限于客户服务指标（客户数量、客户满意度、客户流失度等）、运营管理指标及合规指标等。

2. 对成本进行战略性控制

财富管理业务是一项前期投入较大、发展周期较长的业务。因此，要对财富管理业务的成本进行战略性控制，并不是成本越低越好。对于能给业务发展带来长期效益的成本，如家族信托业务投入、团队培训投入、科技投入，应予以保证和支持。

三、人为利润中心运营模式及运营要点

为了激发内部活力，提高效益，财富管理中心可逐步从成本中心运营模式向人为利润中心运营模式转化。通过引入内部市场化机制，按照“独立经营，模拟利润中心”的事业部制思路来进行调整，也就是准事业部制。人为利润中心也可称为模拟利润中心，其实质还是成本中心，主要销售公司内部产品，需按内部转移价格进行内部结算。建立人为利润中心的主要目的是明确划分经济责任，正确评价中心的业绩。

人为利润中心的财富管理业务目标逐渐由追求规模效应转向提升经营效

应，由以产品为中心逐步转向以客户为中心，期望通过调动各层面的积极性、主动性，提高经营决策效率和市场反应速度。因此，需要结合公司实际情况，树立公司内部市场化运作理念，把市场机制引入管理中，科学合理地确定公司内部转移价格、资源占用费用、经营绩效等，尽可能将成本中心模拟为利润中心，并将经营绩效与团队个人收入挂钩，构建一个较为完整的公司内部市场，逐步建立起财富管理中心及公司遵循市场规则的经营运作机制。

（一）人为利润中心内部收入模式

相对于成本中心，人为利润中心是独立核算的，不仅能够参与发行费收入的分配制度制定，并且有权使用和分配这部分收入，进行内部市场化管理。财富管理中心内部利润计算公式如下：

内部利润 = 内部发行费收入 − 财富管理中心成本

人为利润中心类似信托公司业务部门的包干制（俗称小包干）。信托公司从发行费收入中计提相应的人员工资、绩效、运营管理费用等。为了鼓励新市场的拓展，对于新设立的营销部门营业网点来说，前期成本通常由公司总部承担。

与成本中心相比，人为利润中心运营模式的财富管理中心及二级中心在费用与奖金的分配上权限相对较大。

内部收入确认，即内部转移价格确认是人为利润中心最核心的内容。目前财富管理中心主要发行公司内部产品，因此发行费收入是财富管理中心的模拟收入。

在人为利润中心运营模式下，财富管理中心与公司其他部门存在较强的协同效应，必须确定合理的收入分成机制。一般信托公司采用发行规模固定费率计提、收入固定比例切分以及收入协商分成三种模式。

1. 发行规模固定费率计提模式：全部成本转移价格

这种模式也称全部成本转移价格模式，内部测算以全部成本或以全部成本加上一定利润作为内部转移价格。实践中根据产品发行规模计提一定比例作为发行费收入。具体公式如下：

发行费收入 = 产品发行规模 × 发行费率 × 产品系数

发行费率通常为固定比例，产品系数可以根据不同产品类型、期限进行调整；发行费率根据全部成本或一定利润测算。

这种方法计算简单明了，管理成本较低，常常在财富管理业务发展初期运用，但该方法并不能很好地评价财富管理中心业绩，并且与项目收入的相关性不高。

2. 收入固定比例切分模式：市场价格

随着财富管理业务的逐步发展，为了更加紧密地将项目收入与财富管理中心的收入挂钩，财富管理中心可以与业务部门进行收入比例切分。该模式由市场供求情况决定，分成比例可参照公司自身情况与信托公司平均水平，根据不同产品类型设定分成比例。发行费收入计算公式如下：

$$发行费收入 = 信托产品收入 \times 分成比例$$

这种模式存在一定弊端，由于发行费设定主要与产品的销售难易程度相关，而项目收入更多地体现在资产管理能力上，收入固定比例切分有时会导致过高或过低的发行费收入。因此，公司内部为了体现公平及各自的责、权、利，可通过设定上下限来限制发行费收入。

3. 收入协商分成模式：内部协商价格

采用此模式的公司或财富管理中心并不用制定统一的收入分成比例，项目收入可以协商确定。财富管理中心与业务部门通常以内部谈判等方式来确定分成比例。分成比例可以是固定比例，也可以是浮动比例。

该模式的优点是分成比例有协商空间，具有一定弹性，可以兼顾双方利益，并得到双方认可。缺点是协商的过程会耗费大量的时间和精力，还可能引发部门之间的矛盾、内部利益输送等问题。这种模式更适合市场化程度高、处于完全竞争市场，并且管理能力强的公司。

表 4－4　　三种模式对比分析

模式	运作方式	优点	缺点
发行规模固定费率计提	全部成本转移价格	简单明了，管理成本较低，适合财富管理业务发展初期	不能很好地评价财富管理中心业绩，且与项目收入的相关性不高

续表

模式	运作方式	优点	缺点
收入 固定比例切分	市场价格	与项目收入挂钩，业务部门与财富管理中心利益一致	存在不合理性，需要设定上下限来限制发行费收入
收入 协商分成	内部协商价格	价格有弹性，可以兼顾双方的利益，形成竞争市场效应	耗费时间与精力，容易引发部门间的内部矛盾等

（二）人为利润中心运营要点

1. 合理制定内部转移价格

内部转移价格是否合理是人为利润中心运营成功与否的关键因素之一，因此内部转移价格的制定必须遵循公平、科学、合理的原则。如果内部转移价格制定不好，不仅不利于竞争机制的形成，反而会损害人员积极性或公司的利益。科学制定内部转移价格，并建立动态、及时的调整机制，是人为利润中心运营的要点。

要实现公司总部、业务部门、财富管理中心等各利益相关主体之间的利益平衡。比如，制定转移价格需要区分不同类型产品，对创新产品进行鼓励，合理划分新增客户和存量客户，鼓励发展新客户。

2. 将市场化激励与公司战略结合

相对于成本中心的考核激励制度，人为利润中心更加市场化。人为利润中心可将模拟利润及发行规模作为主要考核指标，按完成利润实行比例奖励。财富管理中心可以每年以固定比例向公司总部上缴发行费，剩余部分减去财富管理中心的成本即可分配的绩效。或公司总部对财富管理中心进行绩效考核后，核算其绩效费用额度，以此为基础，确定销售人员的营销绩效奖励。

考核目标设定既要激励中心发展，也要考虑综合成本、公司战略目标。有效的分配机制既可保护财富管理中心的合理利益，又能促进其与业务部门之间的配合，提高公司整体利益。

3. 客观评价经营业绩，合理考核绩效

通过平衡计分卡对财富管理中心及各个团队绩效进行修正；同时，对于创新性产品及公司的重要产品，可以采取不定期单项竞赛奖罚的形式进行绩效调整，使其与公司目标匹配。

人为利润中心重点考核模拟利润、销售规模，同时要兼顾信托公司整体产品体系建设、客户开发维护等。人为利润中心实行以利润为核心、以价值创造为导向的分配机制。例如，可根据每年增量价值的固定比率确定总激励费用，确保员工薪酬水平与绩效贡献相匹配，充分激发利润中心的经营活力。同时，设定考核结果调节系数，对激励费用进行适当调节，结合市场情况、同业对标业绩进行修正，避免市场环境变化对考核结果的影响。

人为利润中心的管理更加灵活，在公司的薪酬体系下，根据实际情况对绩效奖励的发放频率、兑现机制等自行制定细则。财富管理中心及二级分部在公司考核的大框架下建立部门绩效考核细则，将中心各项指标分解，体现在对员工行为的引导中。

4. 成本适度管控与统筹规划

为兼顾财富管理业务的长远发展，人为利润中心需要总部进行适度的成本管控，包括人力成本管控、营销费用管控。对于人力成本管控，总部可设定人力成本约占中心收入总额的比例。对于营销费用管控，可按照收支发生情况管控，也可设置上下限比例管控销售提成奖励、管理奖励、中后台绩效奖励。为了鼓励新市场开发，改善客户服务品质，对于新的网点租金、大型活动、品牌宣传等，公司可给予一定支持。

人为利润中心的统筹规划是一个系统工程，需要与财富管理战略、全面预算管理及目标管理相结合，公司应有一定的管理权限及管理机制。公司对人为利润中心的管理主要包括三个方面：第一，确定人为利润中心的目标责任。根据内外部环境分析并结合公司总体战略目标，运用平衡计分卡进行目标分解，运用全面预算管理将既定目标量化。第二，对人为利润中心的运营情况进行定期分析，及时发现人为利润中心运行中存在的问题，纠正偏差。第三，对人为利润中心有关管理制度执行情况进行监督、检查及审计，包括业绩目标完成情况、完成方式是否合理，数据是否真实可靠，等等。

四、自然利润中心运营模式及运营要点

自然利润中心也称事业部，事业部是国际先进机构财富管理部门普遍采取的管理模式。事业部具有独立的经营决策权，是对收入、成本和利润负责的责任中心。这种利润中心虽然是企业内部的一个责任单位，但它既可选择公司内部其他部门的产品，又可直接选择外部的产品，获得收入并赚取利润，是相对独立的经营单位。利润中心单独核算，形成完整独立的资产负债表和损益表，准确计量利润中心的价值贡献，并进行独立的考核管理。重点对利润中心自身经营业绩进行考核，并兼顾客户关系管理等。

财富管理中心采用自然利润中心运营模式较人为利润中心运营模式更为市场化，更能够实现自负盈亏、自主经营。收入及各项支出由财富管理中心进行统筹规划。从长远来看，自然利润中心能够在成本边际之内最大限度发挥主观能动性，在人员招聘、定价机制、激励考核等方面有较高的自由度。

（一）建立自然利润中心的前提条件

1. 拥有多元化、开放的产品线

采用自然利润中心运营模式，需要多元化的产品线，打造开放性的平台。除了内部产品线，还要从市场上筛选比较优秀的产品及投资顾问，增加股权及权益类等产品的多样性。目前大部分信托公司并未打开对外产品线，也就难以实现自然利润中心运营模式。

2. 拥有独立的经营决策权

在信托公司整体发展战略的领导下，拥有业务控制范围内的独立经营决策权。产品的选择及定价、销售规模与方式、人员管理、费用使用等都由财富管理中心决定。

3. 拥有独立的经营和盈利能力

利润中心的权责是明确界定的。财富管理中心必须拥有一定独立的收入与支出，并能独立核算、自负盈亏。这样的财富管理中心才具有独立的经营能力和盈利能力，且产生的利润能够覆盖运营过程中的各项支出。

4. 拥有完整的组织制度流程及较强的风险管理能力

公司内部的业务流程应相对完整，通过一体化、标准化的组织体系设计，明确职能角色，加强前中后台之间的分工合作。具备科学的制度设计和考核体系，合理授权，具备较强的风险管理能力。

（二）自然利润中心运营要点

1. 明确盈利模式及收入来源

成熟的财富管理中心的收入不仅包括内部发行费收入，还包括外部的认购费收入、咨询费收入、管理费收入等。另外，一定规模的销售业绩和充分的客户积累是保证收入长期稳定的基础。目前，我国现有大部分信托公司主要销售内部产品，财富管理中心在人员、产品、客户数量三方面还没有足够条件支持市场化的自然利润中心运营模式。

2. 经营决策与公司战略匹配

从资源配置和组织管理的视角来看，在公司战略目标下，采取自然利润中心运营模式的财富管理中心运用公司提供的资源执行经营战略，尽管具有较强的独立性，但仍需考虑公司战略与经营战略的关系，既要保证公司总部的重要资源配置与控制权，又要落实相应的资源使用权。通过考核利润能力以及对公司战略的支撑作用，评价其对公司价值的整体贡献度。

自然利润中心运营模式也存在一些缺点：一是总部对利润中心的授权程度较难把握；二是不同利润中心之间既有合作，也有竞争，关系复杂，协调困难，甚至可能影响公司战略的落实；三是为维持正常的运作，利润中心需要在内部建立一整套职能机构，由此造成与总部职能部门的重叠，导致管理费用上升。

目前国内信托公司相较国外成熟的财富管理机构，一方面，金融产品相对单一，结构性产品、衍生金融产品、全权委托账户等产品和服务还不成熟，难以提供财富管理业务灵活多样的配置选择；另一方面，我国分业监管下各类机构的监管规则不同，财富管理业务发展也受到限制。加之，信托公司现阶段还是以产品为导向，采取以资产管理为主的模式，尚未形成成熟的财富管理业态，难以实现自然利润中心的运营模式。

第五章　财富管理中心布局及组织架构

本章问题思考

◎ 信托公司财富管理中心组织架构的总部直管垂直型、平行职能型、事业部制以及合伙人制有哪些不同？如何根据公司战略及发展时期进行选择？

◎ 不同发展时期的财富管理中心设置了哪些不同的部门和岗位？未来重点进行哪些组织变革？

◎ 信托公司家族信托选择怎样的发展模式？是选择以独立事业部运营还是作为财富管理中心运营？如何解决家族信托长期战略与短期目标的矛盾问题？

企业只有一项真正的资源——人！

——彼得·德鲁克

一、信托公司财富管理中心发展现状

信托公司财富管理业务经历了从以渠道销售为主到搭建直销团队、从总部属地展业到全国市场化展业的发展路径。在 2007 年“新两规”颁布以前，信托公司在展业过程中受到“经营范围局限在注册地内”的限制，财富管理业务也主要在注册地开展。“新两规”颁布后，信托公司开始设立异地部门拓展业务，然而这一时期财富管理直销业务主要还是在注册地开展，信托资金的来源也主要是机构资金和代销渠道。

2011 年，《关于规范信托产品营销有关问题的通知》鼓励直销业务发展，信托公司纷纷开始筹建自己的销售渠道，并设立了产品营销、客户服务和财富管理相应的职能部门。2014 年，随着《关于信托公司风险监管的指导意见》的实施，信托公司加快了异地财富管理中心的建设，一些信托公司开始布局财富管理的全国市场。从 2016 年开始，随着第三方理财市场整顿，各家信托公司纷纷加强在全国布局，增加高端客户市场占有率，提高资金端主动权。

据统计，2017 年有 35 家信托公司成立了财富管理中心，不同地区财富管理中心数量合计 204 个，仅 2017 年成立的财富管理中心数量就超过 20 个。2018 年有 59 家信托公司设立财富管理中心，不同地区财富管理中心数量合计 362 个，其中，25 家信托公司下设二级部门。截至 2018 年末，有 14 家信托公司财富管理人员超过 200 人，信托公司财富管理人员也在逐步扩大。

从总体来看，信托公司财富管理中心的地域分布特点与银行、证券和保险等金融行业是一致的。具体如下：

（1）主要以一二线城市为主，高净值人群主要集中在大城市，客户对各类理财产品的认知程度更高，有利于拓展客户。

（2）信托公司更加关注高净值人群、金融机构和工商企业集聚程度高的地区，尤其是广东、上海、北京、江苏和浙江地区。

（3）南方城市集中在长三角地区，以上海为核心辐射苏州、无锡、常州、杭州、嘉兴、湖州；北方以北京为主；西部集中在西安、成都、重庆。

二、财富管理中心组织架构

各信托公司依托自身资源禀赋，选择不同的组织架构，发展财富管理业务。同时，组织架构也会根据所处外部环境的变化以及自身发展的需要进行优化调整。

（一）财富管理中心组织架构及职责

目前，信托公司财富管理中心的组织架构根据运营内容可以分为前台、中后台和特定业务部门。前台主要负责客户营销、产品销售，可根据业务发展设置二级部门；中后台包括发行管理部门、客户管理部门、运营管理部门。另外，随着财富管理业务的发展，有些信托公司设置了机构业务部和产品研发部，以及家族信托办公室。

目前，信托公司财富管理中心的职责主要包含以下内容。

表5－1　　财富管理中心职责

类别	具体职责
战略规划及制度建设	负责拟定公司营销战略和策略，负责拟定公司信托产品营销及内部机构相关管理制度
营销管理	负责统筹协调省内外营销部门，做好信托产品营销工作；统一负责信托产品销售合同的全程管理工作；负责培育挖掘潜在的客户群体，特别是高端客户群；负责掌握客户动态情况
客户开发维护与产品销售	负责客户营销与客户关系的维护，负责通过客户管理系统集中管理客户信息等，负责公司信托资金的募集、兑付工作，提供全方位的支持服务，负责信托项目资金端信息管理，具体负责客户账户开户、信托合同管理，以及信托成立、分配、兑付、期间交易录入及复核工作
运营操作	负责制订信托募集、兑付等方面的方案，负责相关的业务分析和业务资料的收集、相关档案的保管，负责完成信托产品募集和兑付期间的运营工作，负责办理客户受益权转让及客户信息变更事宜
客户服务	负责客户活动及品牌宣传；负责处理客户投诉、合同纠纷等问题，定期回访客户搜集相关信息，并及时反馈客户意见及建议
培训及品牌宣传	负责组织部门内部、客户的信托业务培训以及品牌宣传及推广工作，负责信托产品反洗钱合规管理、打击非法集资宣传教育等工作，负责日常消费者权益保护宣传、投资者教育等有关工作
产品管理	负责产品发行管理、定价管理等工作；负责产品培训、投资研究等，为理财师提供专业服务；负责产品研究、产品引入、资产管理、投资顾问选择；负责产品创新，根据市场需求开发新的产品和服务
家族信托	负责牵头公司财富端家族信托业务发展，为全国各财富管理中心发展家族信托业务提供支持和服务，为公司培养专业化财富管理团队，推动公司财富管理业务转型

（二）财富管理中心组织架构选择

财富管理中心的组织架构分为总部直管垂直型、平行职能型、事业部制及合伙人制。

1. 总部直管垂直型

总部直管垂直型结构简单，主要特点是前中后台及异地财富管理中心由财富管理中心总部直接管理。这种组织架构一般适用于发展初期、规模较小的财富管理中心。财富管理中心的主要目标是产品销售，产品线及类型相对单一，经营简单。

该组织架构的优势在于，财富管理中心集中管理，信息传递速度快，内部需要的协作机制较少，较容易贯彻落实公司发展理念，执行力强，且管理成本较低。

2. 平行职能型

财富管理中心发展成熟后，前台部门和中后台部门的协同性增强，对所在市场的掌握度提高。在市场份额、客户基础、团队建设都非常稳定的情况下，其自主性较强，有能力自负盈亏，组织架构进一步扁平化。

平行职能型也称职能层级型，按一定的职能进行专业分工，前中后台相对独立，属于公司一级部门。该组织架构的优点在于，分工细致、任务明确，职能部门界限清晰，有较高的独立决策和运作效率。但这种架构也存在自身的不足，例如，职能部门之间交流不够顺畅，目标难以统一，容易积累矛盾，组织架构缺乏灵活度，不易根据新情况迅速作出调整。

可根据业务发展规模，在各大区财富管理中心设置相应的前中后台部门，各财富管理中心都具备独立的发行部门和职能部门。这种架构有利于更加独立地进行决策和专业化管理，但管理成本和沟通成本较高。

3. 事业部制

随着财富管理中心的进一步发展和公司财富管理业务的战略转型，组织架构也可采用事业部制，实现自主经营和自负盈亏。

事业部制主要有以下几种：

（1）产品事业部制。例如，家族信托事业部。主要是以产品为基础，将某一产品有关的活动完全置于同一产品部门内，再在产品部门内细分职能部门，开展工作。

(2) 区域事业部制。对于发展较快、规模较大的财富管理中心，可按地区划分部门。这种组织架构在设计上往往设有中后台，向各区域提供专业性的服务。

(3) 客户（市场）事业部制。根据目标客户的不同需求来划分业务活动。在激烈的市场竞争中，客户的需求导向越来越明显，在满足客户需求的同时，努力创造客户的未来需求，从而建立持久的竞争优势。客户（市场）事业部制顺应了市场需求发展的趋势。

事业部作为公司内相对独立的经营单元能够根据市场需求进行独立、快速的决策，减少协调和沟通时间与成本，建立竞争优势。另外，总部把基本运营权力下放给事业部，可以专注于公司战略制定、投融资管理、商业模式研究等职能，提升公司整体运营能力和水平。

专栏5－1

平安信托的财富管理业务组织架构变化

平安信托成立于1996年4月9日，是中国平安保险（集团）股份有限公司的控股子公司，是中国平安资产管理模块的重要组成部分。

平安信托在公司发展初期将整个前台业务体系按照资金端和资产端分成了财富管理和非资本市场投资两大板块。财富管理板块下设7个部门，针对机构客户和私人客户分类经营，并设置产品研发部，负责将客户的需求与产品形式进行匹配，并设置了信托业务核算部作为运营的中台部门。

2014—2015年，平安信托的组织架构和激励机制发生重大转变。一改“小前台，大后台”的架构，筹建多个事业部。财富管理部门下设私人财富事业部、机构销售部及陆金所金融部。

2016—2017年，通过业务类型的不断演化，逐步转向更专业的发展方向，平安信托建立了按专业领域区分的事业部制管理模式，财富管理业务的整体组织架构向事业部制转型。

2018 年，按照集团战略布局，平安信托财富事业部并入私人银行部，平安集团再次进行资源整合，将平安银行作为集团高净值客户的主要经营阵地。此次整合凭借集团的综合金融优势，财富管理业务实现了资源整合。

4. 合伙人制

信托公司财富管理人员流动性过大是信托公司在管理上面临的重要难题，也是财富管理行业面临的难题。财富管理市场呈现碎片化，可探索合伙人制的组织架构。

在此架构下，信托公司可搭建产品及服务平台，前台团队采用合伙人制，即通过“财富合伙人”让长期服务的绩优员工深度分享公司通过财富管理获得的利润，鼓励员工与公司共同发展。

（三）财富管理中心岗位体系设计

目前，大部分信托公司财富管理中心的职能部门划分为前台部门和中后台部门，前台部门包括了异地财富管理中心，下设营销岗（理财师）负责公司信托产品的推介、销售和签约。中后台部门一般分为发行管理部门、运营管理部门及客户管理部门。此外，还可根据业务发展设立特定业务部门，如产品研发部、家族信托办公室等。其中，发行管理部门负责项目发行、发行支持、发行培训等并设立相关岗位。运营管理部门负责数据统计、收益分配复核、反洗钱、档案管理等，以及人力、财务、行政管理等工作。客户管理部门主要负责客户关系维护、组织活动等。

1. 业务与管理的双通道岗位设置

通过职责分析厘清横向和垂直专业化序列的相关要求。横向专业化主要是指具体工作的细分，如所从事的领域是理财销售、客户服务、中后台行政等。垂直专业化主要是指对本领域的熟知程度，需要考虑未来优化方向等。

2. 前台部门岗位职责

根据财富管理中心的岗位设置情况，为理财师提供良好的职业发展规制，设置双通道职级发展体系，即业务通道和管理通道，并匹配任职资格要求。

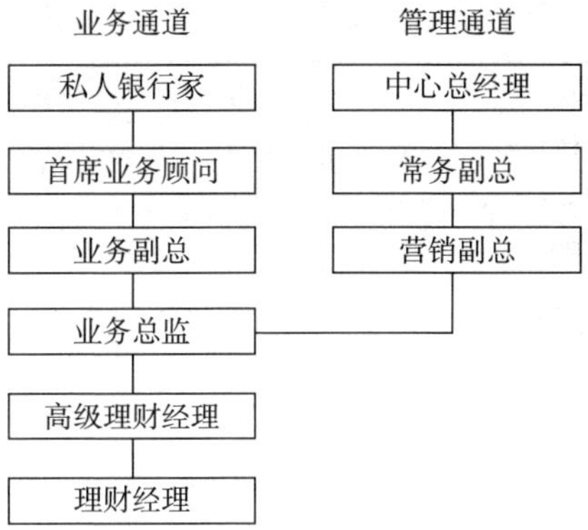

图 5－1　双通道职级发展体系

理财师通过任职资格及业绩指标进行业务定级。任职资格可从从业年限、从业资格以及认证资质等进行要求，业绩指标则包括管理客户资产规模、客户数量、收入完成情况、产品资产配置完成情况以及客户管理维护等。

3. 发行管理部门岗位职责

发行管理部门岗位包括发行管理岗、产品研发岗、发行培训岗等。

表 5－2　　发行管理部门岗位职责

岗位名称	主要职责
发行管理岗	项目发行前管理、同业市场项目价格对比与分析、项目预约发行、发行项目的客户关系管理（机构客户管理、客户归属管理等）
产品研发岗	产品研发及投资研究
发行培训岗	各项培训与产品舆情管理

4. 运营管理部门岗位职责

运营管理部门可根据财富管理中心的发展规模设定不同岗位，具体包括运营管理岗、数据统计岗、收益分配/复核岗、反洗钱监测岗、档案管理岗、综合管理岗、部门财务岗等。

表 5－3　　运营管理部门岗位职责

岗位名称	主要职责
运营管理岗	TA 系统受益权的设置、日常发行受理、资金录入及复核、中信登信息报送、确认书的制作、营销费核算

续表

岗位名称	主要职责
数据统计岗	公司市场舆情监测、各类发售报表的制作、部门收支核算及统计、财富管理全条线理财师业绩考核工作（月度、半年、全年）等
收益分配/复核岗	项目兑付/付息明细表制作；负责与各个相关业务部门对接，核对兑付、付息项目数据；利用TA系统制作/复核需兑付、付息项目的分配方案；对系统数据进行预分配；负责在项目分配数据出现特殊情况时联系信息技术部、制作手工台账等工作；复核兑付、付息客户明细表；负责止付原因查询及后续的处理工作；负责兑付、付息金额的划出；根据项目的发行情况更新项目信息进度表；负责制作收益清单、网银日结单；制作逾期项目明细表；利用OA系统发布兑付、付息公告通知等
反洗钱监测岗	根据人民银行每年下发的文件，完善公司现有反洗钱相关制度及操作细则；负责使用公司反洗钱系统的日常操作；反洗钱报送；反洗钱培训
档案管理岗	合同的录入与复核、合同的印刷与管理、合同号的领用、代销合同的发放与回收、确认书的发送、合同费用的报销
综合管理岗	负责财富管理部门全条线报销审核工作、部门考勤工作、财富管理部门整体的员工业绩考核工作，以及财富管理部门人事管理，包括入职、离职、职级调整相关手续的办理及资料维护
部门财务岗	负责部门费用收支核算，与业务部门及公司财务部门沟通发行费等事项

5. 客户管理部门岗位职责

客户管理部门常见岗位包括客户关系管理岗、公共客户营销管理岗、全员推荐管理岗等。

表5-4　　客户管理部门岗位职责

岗位名称	主要职责
客户关系管理岗	组织管理全国范围内的客户活动；处理客户建议，定期回访客户，搜集相关建议，并及时反馈；负责电话财富端的日常管理
公共客户营销管理岗	负责前台上门客户、全员营销客户以及微信客户的日常营销维护，定期组织以公共客户为主体的客户活动，协助异地部门的客户相关事宜
全员推荐管理岗	负责全员推荐客户的预约签约及信息反馈的全流程管理

专栏5-2

家族信托业务布局及组织架构

家族信托是真正的事务管理型信托业务，是信托公司的本源业务。近年来，家族信托开始崭露头角，自2012年中国设立首单家族信托以来，经过近十年的发展，家族信托存续规模已经突破1 000亿元，各家信托公司已纷纷开始将家族信托作为战略转型的重点工作之一。

（一）家族信托战略定位

信托公司家族信托的战略定位决定了家族信托的发展。战略定位要以全局为重并放眼长远，不能仅关注短期效益。虽然大部分信托公司意识到家族信托业务是长期战略，但对这项业务的价值诉求、自身资源特征以及资源投入是否匹配需要更深入的思考和决策。

1. 家族信托业务面临的主要问题

家族信托的效益具有长期性和综合性，但前期成本投入相对较高，家族信托实现中短期盈利是比较困难的。第一，家族信托时间成本较高，一单业务通常落地需要1~2个月。第二，家族信托财务支出成本高，短期收入难以覆盖支出。做一单家族信托的当期成本（差旅费、律师费等）多则高达数万元甚至数十万元，其他成本还包括人员培养、系统建设、后期管理等。家族信托管理费率通常为0.4%左右，具体取决于家族信托的服务内容。起步阶段因为服务内容有限，客户对价格比较敏感，一些公司给出了前期价格优惠，导致短期的收入难以覆盖支出。

2. 家族信托业务对信托公司的战略意义

家族信托对信托公司具有重要的战略意义，主要体现在以下几个方面。

第一，回归本源，带动财富管理业务转型，提升资产管理能力。目前信托公司财富管理业务以产品销售为主，但家族信托的重点是资产的传承、隔离和保值，是财富管理能力的综合体现。家族信托业务发展不仅能够带动公司从单一销售向真正的财富管理转型，还能够体现和提高信托公司的资产管理能力。

第二，开发和维护高净值客户。一方面，信托公司通过与银行、保险和第三方渠道合作可以获取高端客户资源，长期来看对扩大客户群体和提升信托公司市场品牌价值意义重大。另一方面，以高净值客户需求为导向开展家族信托业务，既能提高公司的客户服务品质，更能有效吸引市场中新的高净值客户，是开拓和维护客户、优化信托公司客户结构的重要手段。

第三，培养专业人才，稳定财富管理团队。一是通过家族信托业务过程中的架构设计、资产管理、法律税务规划等，能够培养和提高财富管理人员的综合能力；二是通过家族信托业务带动财富管理团队的培训，给理财师提供学习和晋升途径，这样不仅可以在竞争激烈的市场中提升理财师团队的竞争力，而且也有利于增加公司对财富管理人才的吸引力。

（二）家族信托业务发展模式选择

家族信托业务战略定位决定了其业务发展模式。每家信托公司根据不同的资源禀赋、特点及战略布局，选择的家族信托发展模式也不同。目前，信托公司家族信托发展模式大概有三类。

1. 渠道主导的事务管理型家族信托

这是信托公司最早探索的模式之一，也是目前占据较大规模的家族信托业务。这类业务中客户的主要来源是银行等渠道，投资顾问的角色也是以银行渠道为主，信托公司开展这类家族信托业务的重点是渠道服务能力和信息系统能力。

2. 资产传承型家族信托

随着信托公司自有客户群体的建设，信托公司开始更多关注以传承为主要目的的家族信托。这类家族信托主要是根据委托人意愿进行传承类的事务管理，甚至还涉及股权、受益权、古董字画、不动产等的管理。信托公司从资产传承型家族信托入手，可以发挥信托公司的牌照和专业优势，培养长期持久的综合服务能力。

3. 主动投顾财富管理型家族信托

在发展前期，一些信托公司发挥资产管理能力，开展主动投顾财富管理型家族信托。这类家族信托通常起点比前两类更高，而且除了本公司的资产项目，也会引入外部产品进行资产配置，并建立相应的资产配置授权分层机制和管理流程。但目前各家公司出于风险考虑，对引入外部产品都比较谨慎，但未来随着信托公司财富管理和资产管理能力的提高，全球化的配置可以更好地满足家族信托财产的长期保值需求。

（三）家族信托组织架构及岗位设置

家族信托业务开展中首先会涉及组织架构设置问题，一些信托公司将家族信托放在财富管理中心总部进行培育发展，也有部分信托公司以事业部制独立运行。依托总部发展有利于人员调配、费用支持，并且利润考核压力较小；依托事业部运行有利于独立运行、高效决策，将来的发展更快，但事业部制成本更高，利润考核压力更大。然而从已经开展了几年业务的信托公司来看，普遍存在的问题是中短期实现盈利目标的压力非常大，尤其是在以利润为主要考核目标的信托公司文化下，家族信托一线人员面临较大的考核压力。

发展初期家族信托可采取准事业部制，由家族信托办公室牵头，通过财富管理中心总部及异地财富管理中心进行家族信托产品的全面推广。服务业务范围涵盖高净值个人客户、银行、律师事务所、第三方理财、保险公司等，通过制订切实可行、有吸引力的营销激励方案及有效的品牌宣传方案，确保业务目标达成。

根据业务发展目标，家族信托设置的岗位包括产品研发岗、综合管理岗、运营管理岗、法律合规岗、营销支持岗，也可根据业务发展情况，设置二级部门。

表5－5　　家族信托岗位职责

岗位名称	主要职责
营销支持岗	家族信托客户服务支持（支持理财师），家族信托客户拓展，客户投资咨询与资产配置，客户资产提升与权益服务
产品研发岗	产品引入及产品管理，家族信托产品架构设计，产品创新，家族信托全流程管理，家族信托后期服务
运营管理岗	家族信托产品全流程管理，流程优化及完善，相关业务资料保管，合规督导
综合管理岗	家族信托品牌包装策划，活动组织，客户权益体系搭建，全国家族信托推广，家族信托营销政策制定
法律合规岗	家族信托日常法律咨询，外部引入产品评审，家族信托合规管理，家族信托业务审核

第六章　财富管理中心绩效考核案例分析

本章问题思考

◎ 财富管理业务有哪些不同的绩效考核机制？具体的实施要点是什么？

◎ 如何根据不同时期财富管理中心的考核重点制定相应的理财师及管理者考核政策？根据市场及同业变化可以进行哪些调整？

◎ 瑞银集团如何设置其薪酬激励体制？对目前财富管理业务绩效考核有哪些借鉴作用？

管理是一种实践，其本质不在于“知”而在于“行”，其检验不在于逻辑，而在于成果。

——彼得·德鲁克

企业管理的核心是战略，战略管理的核心是人力资源管理，而人力资源管理的核心是绩效管理。绩效管理是人力资源管理的重要环节，制定有效的考核激励机制能够提高员工工作的有效性并激发其未来工作的潜能，同时对公司财富管理业务的客户管理能力、品牌影响力、公司战略目标实现等方面都有重大的影响。根据不同的公司战略、企业文化及发展阶段需采取不同的绩效考核方式。本部分选取国内三家信托公司财富管理中心及瑞银集团的绩效考核管理进行案例剖析。

一、发展初期成本中心目标管理（MBO）考核案例分析

（一）公司战略导向及组织架构

某信托公司处于财富管理中心发展初期，财富管理战略以产品销售为导向，财富管理主要解决公司销售问题，因此财富管理中心的重点是完成销售目标。采取目标管理考核主要在于考核目标的量化与目标的达成，根据总目标确定上、下级的责任和分目标，并把这些目标作为经营、评价和奖励每个部门和个人贡献的标准。

信托公司完成了业务部门的全国布局，然而产品发行成为制约公司发展的瓶颈。公司战略以资产管理为核心，财富管理战略以产品销售为导向。财富管理团队从原先的区域性财富管理中心向全国迅速扩张。由于公司产品主要以固定收益产品为主，财富管理业务处于迅速扩张初期，采取成本中心运营模式。

财富管理中心采取垂直统一管理，设有财富管理中心总部、异地财富管理中心、产品发行管理部、客户关系管理部、后台运营管理部。总部下设市场部、二级财富管理部门，市场部主要开展机构业务。由于异地财富管理中心刚刚起步，财富管理部门内部机构业务与直销业务联动，并未设置机构部与机构客户岗。

（二）成本预算管理及目标管理考核

财富管理中心发展初期的目标以销售规模为主，销售任务完成率是主要考核指标。财富管理中心采取成本中心运营模式，统一管理总部的发行费收入与支出。发行费收入主要用于财富管理业务人员薪酬、考核激励、日常运营。营业场所固定支出、品牌宣传等费用，由公司单独作预算。

1. 成本预算管理

成本管理分为固定成本管理和变动成本管理。公司统一制定产品的发行费，依据销售规模计提一定的比例。考虑到财富管理中心发展初期投入较高，计提一定比例发行费并不能覆盖成本，不足部分由公司进行总体预算管理。

固定成本管理：（1）人员基本薪酬。根据年度目标进行全国财富管理中

心布局，根据年度人员扩充目标进行预算管理，基本薪酬标准依据市场中等水平。(2) 网点固定成本。根据年度财富管理中心建设数目进行预算管理。

变动成本管理：(1) 人员奖励薪酬。采用市场化激励措施，根据销售规模计提一定比例。(2) 营销费用。依据市场标准，根据销售规模计提一定比例。

表 6－1　　成本预算管理

成本预算管理		控制比例
人员基本薪酬	固定薪酬＋岗位薪酬	人员及目标预算
人员奖励薪酬	销售提成奖励	基数奖励标准×销售总规模×计提系数
	管理奖励	依据发行工作制定
营销费用	日常运营费	按销售比例计提
	业务宣传费	按销售比例计提，比例控制
	业务招待费	按销售比例计提，比例控制（上限管理）
	差旅费	预算管理
品牌宣传费	大型会议活动及宣传	根据公司预算单独列支
网点固定成本	租金、装修、水电等	根据公司预算单独列支

2. 考核体系

(1) 财富管理中心考核。信托财富管理中心主要解决公司销售问题，财富管理中心目标管理考核的目标主要是销售规模，首先确定年度规模目标，再对各个中心及团队进行目标分解。同时，团队建设也是重要的辅助目标。因此，销售规模与团队建设是财富管理中心的考核评价依据。

(2) 理财师绩效奖励。发展初期，绩效奖励是理财师重要的激励措施，绩效奖励根据销售规模计提一定的比例。

$$绩效奖励 = 销售规模 \times 计提比例基数 \times 系数调整$$

销售规模是指产品发行规模，不同类型及期限产品会根据最终系数调整。计提比例基数是在销售规模基础上计提一定的奖励比例，该比例可根据市场设定固定值。系数调整是指根据产品期限、产品类别、客户类别以及新老客户进行调整。

通过系数调整可体现新老客户、本异地客户的差异化处理。公司本年度财富管理业务的主要目标是拓展本地新客户以及异地客户，因此对异地财富管理中心计提比例做了差异化激励，如异地激励为本地新增奖励的 1.5 倍，本地存量客户为新增客户的 0.5 倍。

表 6－2　　系数调整

系数类别	计提系数	
期限系数	1 年	1.0
	1 年 < 产品期限 <2 年	1.2
	2 年	1.5
产品系数	现金管理类产品	0.3
	固定收益类产品	1.0
	权益类产品	2.0
客户系数	金融机构和准金融机构客户	0.3
	企事业单位	0.7
	自然人客户	1.0
	代销客户	0.2
增量系数	新增客户	1.0
	存量客户	0.5
	异地中心客户	1.5

注：计提系数可根据市场情况按季度进行调整（依据某信托公司财富管理中心 2019 年营销政策整理）。

为了及时有效进行激励，绩效采取每月发放 70%，剩余 30% 年末发放，并根据合规性及目标任务完成率进行考核。

（3）团队长绩效考核。公司财富管理业务发展初期，营销团队规模不大，团队长考核要同时考虑个人业绩及团队管理。

财富管理中心总部以销售规模人均目标完成率作为考核目标，主要原因是总部理财师团队及客户相对稳定，但不同理财师业绩差距较大，团队协作较弱，通过人均目标完成率考核有利于团队整体业绩的完成以及团队间的合作。

由于该信托公司的异地团队刚刚成立，因而主要考核销售规模的增长及团队建设情况。

团队长绩效奖励 = 个人业绩绩效奖励 + 团队长管理津贴

（三）考核要点分析

公司虽然在本地具有较强的品牌影响力和稳定的客户群体，但在异地新市场的拓展难度较大，同时面对异地较强的市场竞争，因此，应采取本异地差异化的考核，重点支持异地团队建设及发展，区分本地和异地理财师与团队的考核激励制度。

同时，在基本考核政策稳定的基础上，通过每个季度的系数调整，完成公司阶段性工作并适应市场的变化。

二、稳定期成本中心关键绩效指标（KPI）考核案例分析

（一）公司战略导向及组织架构

某该信托公司以投资银行、资产配置、家族信托为公司战略方向，公司长期以来稳健发展，具有非常强的区域品牌和稳定的区域客户群体。财富管理业务的产品销售向客户导向转变。信托公司财富管理业务发展稳定，团队及客户有一定积累，绩效考核采取 KPI 考核，更加强调组织高效及其他目标结果的达成。

财富管理中心采用总部直管垂直型组织架构，设置私人财富部、机构客户部及家族信托办公室，采用成本中心运营模式，主要以 KPI 考核，注重产品体系及客户的开发和维护。

（二）KPI 考核

将绩效考核简化为对几个关键指标的考核。家族信托作为该公司的战略方向也体现在部门及个人的考核中。

1. 财富中心考核

KPI 考核得分 = ∑（考核指标的目标完成率 × 指标权重）

表 6－3　私人财富部、机构客户部及家族信托办公室考核指标体系

指标类别	具体指标	权重	目标值
收入类	直销及代销产品收入	—	—
	家族信托管理费收入（家族信托办公室考核）	—	—
	现金管理类产品收入	—	—
规模类	存量个人客户资产净增量	—	—
	个人新客户资产增量	—	—
	日均个人资产净增量	—	—
客户类	新增个人客户数	—	—
	新增线上个人客户数	—	—
	新增机构客户数	—	—
	新增代销机构数	—	—
	睡眠客户唤醒数	—	—

注：不同部门指标设置重点不同（依据某信托公司财富管理中心 2019 年营销政策管理）。

考核指标权重设置。根据公司业务战略设定权重。该公司本地区域优势明显，异地业务开展较晚，为了保持考核的公平性，指标权重设置要求本异地差异化。

考核指标目标设置。KPI 考核的关键是指标目标值的设定，对每个考核指标都设定目标值及目标任务，这是 KPI 考核的难点。目标任务根据公司战略、过往数据及市场发展设定。例如，团队收入指标根据上一年收入以及职级设定。

为了适应市场变化，除了设置年度考核指标，每个季度还可根据市场情况、销售重点开展季度专项营销竞赛。竞赛制定积分体系，根据不同目标设定积分标准、奖励标准。

2. 理财师绩效考核

理财师薪酬 = 固定职级薪酬 + 岗位奖励薪酬基数 × KPI 考核系数

理财师 KPI 考核指标的设定可根据公司给财富管理中心下达的目标任务进行部门和个人的分解。

表 6－4　　理财师绩效考核

指标类别	具体指标	权重	目标值
收入类	权益类产品销售收入	—	—
	现金管理类产品销售收入	—	—
	固定收益类产品销售收入	—	—
	基金化产品销售收入	—	—
	代销类产品收入	—	—
	家族信托管理费收入（家族信托办公室考核）	—	—
规模类	存量个人客户资产净增量	—	—
	个人新客户资产增量	—	—
	日均个人资产净增量	—	—
客户类	新增个人客户数	—	—
	新增线上个人客户数	—	—
	新增机构客户数	—	—
	新增代销机构数	—	—
	睡眠客户唤醒数	—	—
战略发展类	家族信托产品成立单数	—	—
	重点产品销售规模	—	—
合规类（扣分项）	合规内控及行为管理	—	—

注：每年根据不同目标进行指标调整及权重调整。

3. 团队长考核

团队长职责主要是团队管理及个人业务拓展，可设定团队考核及个人考核权重。

$$\text{KPI 考核得分} = \text{团队 KPI 考核得分} \times \text{团队考核权重} + \text{个人 KPI 考核得分} \times \text{个人考核权重}$$

（三）考核要点分析

该公司以 KPI 考核为主，指标体系相对复杂，权重分配是考核难点，需要较强的管理能力和数据支持能力。如果目标值设定不合理，考核分值将不能体现业务结果。

根据公司差异化发展战略，单独对家族信托进行重点考核，同时其他考核目标根据历史指标设置一定浮动比例。另外，在考核指标上设定上下限，防止某类指标过高对整体考核影响过大。另外，通过季度竞赛进行阶段性专项奖励可以根据市场适度调整。因为该公司长期以来稳健经营，可通过历史数据进行设定。

三、发展期人为利润中心平衡计分卡（BSC）考核案例

（一）公司战略导向及组织架构

某信托公司在行业内居于领先地位，其战略定位也是成为国内具有领先竞争优势的金融整合服务商。公司高度重视财富管理业务，较早完成了财富管理团队的全国布局，团队相对稳定，形成了该公司的重要竞争力。公司财富管理战略领先，通过向产品多元化、资产配置及数字信息化转型形成了公司的领先竞争优势。

采取以平衡计分卡（BSC）考核为基础的绩效考核，从财务、客户、内部流程、学习与创新四个方面对财富管理中心进行全面的测评，从而为落实企业的发展战略创造条件。

公司财富管理中心采取人为利润中心运营模式，以平衡计分卡作为考核工具，引导财富管理中心各岗位员工围绕公司战略，履行岗位职责，达成岗位绩效目标。

财富管理业务将前台和中后台分离，前台下设多个财富管理中心及机构财富管理中心。中后台由财富管理中心总部直管，下设服务支持板块和资产配置板块。服务支持板块包括服务与合规小组、数据应用小组、综合管理小组。资产配置板块包括同业服务小组、投资顾问小组、产品发行小组。家族财富事业部独立编制，下设运营管理团队、投融资配置团队、业务开发团队。

（二）平衡计分卡考核体系

1. 财富管理中心考核

根据发行费收入进行内部费用核算，并采用平衡计分卡进行调整。结合公司发展战略，公司每年下达财富管理中心目标，财富管理中心根据年度目标，制定各级人员年销售目标。根据目标制定平衡计分卡，财富管理中心对平衡计分卡考核结果和绩效奖金进行汇算，根据员工考核指标完成情况发放绩效奖金。

表 6－5　　财富管理中心平衡计分卡

指标类别	具体指标	权重	目标值
财务	总销售额	—	—
	个人客户折标销售额	—	—
	家族信托净增资产规模	—	—
	企业客户折标销售规模	—	—
	资管产品净值日均规模	—	—
	浮动收益类产品销售额	—	—
客户	净增家族客户数	—	—
	新增高净值客户数	—	—
内部流程	消费者权益保护	—	消费者权益保护工作要求
	反洗钱	—	反洗钱工作要求
学习与创新	员工凝聚力培养	—	—
	团队学习与创新文化建设		团队建设
加分项	业务协同	—	—
	外部奖励		团队文化建设
减分项	合规管理	—	违反法律规章制度等
	质量管理		服务工作投诉、迟到、缺勤等

2. 理财师绩效考核

根据市场情况设定基础奖励标准。根据产品类别、期限、客户、特定产品设定系数。为了鼓励销售，对超额完成业绩者给予超额奖励，设定了超额业绩系数。家族信托是公司重点战略方向，针对家族信托单独制定了考核激励政策。

表 6－6　　理财师绩效奖励

	项目		系数
产品类型系数	固定收益类	<1 年	1
		>1 年	1.5
	浮动收益类		2.5
	资管类		—
期限系数	固定期限类		产品期限/12 个月

续表

	项目		系数
客户系数	个人		1
	企业		0.4
	同业		0.15
超额业绩系数	一线中心人员个人客户销量 >2 亿元		达到超额业绩标准，员工个人客户销售绩效奖励基准 ×1.2
	二线中心人员个人客户销量 >1 亿元		
特定产品调节系数	由总部根据实际情况对特定产品进行设定		
家族信托	主动管理类	新增规模	1.5
		存量规模	1.0

注：根据市场情况进行指标调整（依据某信托公司财富管理中心 2019 年营销政策整理）。

理财师平衡计分卡考核指标主要依据财富管理中心平衡计分卡体系进行设定，分为财务指标、客户指标、内部流程及加减分项。

3. 管理岗绩效考核

财富管理中心管理岗绩效奖励是在中心整体业绩基础上计提。奖励范围包括直销私募产品、资管产品及家族信托。

绩效奖励 = 私募销量管理绩效 + 资管销量管理绩效 + 家族信托管理绩效

表 6－7　管理岗绩效奖励

管理绩效奖励	奖励标准
私募销量管理绩效	私募产品销售管理奖提成标准 × 系数调整 × 团队折标销量 × 平衡计分卡考核系数
资管销量管理绩效	资管产品销售管理奖提成标准 × 团队折标销量 × 客户系数 × 平衡计分卡考核系数
家族信托管理绩效	新增系数为 1.5（参考私募和资管考核）

表 6－8　管理岗平衡计分卡考核指标体系

指标类别	具体指标	权重	考核标准
团队	总销售额	—	—
	团队非标产品销售额	—	—
	团队家族信托净增资产规模	—	—
	团队资管产品净值日均规模	—	—
	团队浮动收益类产品销售额	—	—
	团队净增家族信托客户数	—	—
	团队高净值客户净增数	—	—

续表

指标类别	具体指标	权重	考核标准
个人	非标产品销售额	—	—
	资管产品净值日均规模	—	—
内部流程	消费者权益保护	—	消费者权益保护工作要求
	反洗钱	—	反洗钱工作要求
	流程执行顺畅	—	—
学习成长	员工凝聚力培养	—	—
	团队学习与创新文化建设	—	团队建设
加分项	业务协同	—	客户转化项目推介
	外部奖励、重大突破、业务交流	—	部门外部获奖、公司品牌推动等
减分项	合规管理	—	违反法律、公司规章制度等
	质量管理	—	服务工作投诉、迟到、缺勤等

4. 综合业务支持岗绩效考核

综合业务支持岗绩效奖励以中心为单位核算绩效奖励总额。中心设有多个综合业务支持岗的，由中心负责人根据各岗位绩效考核结果在总额内合理分配。

综合业务支持岗绩效奖励包括岗位奖金和业务支持绩效奖励。岗位奖金基数为固定值，根据中心级别调整，并依据个人平衡计分卡考核。业务支持绩效奖励与中心客户销售额及中心考核挂钩。

表 6－9　　　　综合业务支持岗绩效考核

项目	奖励标准
岗位奖金	岗位奖金基数 × 中心级别系数 × 平衡计分卡考核系数（个人）
业务支持绩效奖励	业务支持计提奖励标准 × 产品折标规模 × 客户系数 × 平衡计分卡考核系数（中心）

表 6－10　　　　综合业务支持岗个人绩效考核

指标类别	具体指标	权重	考核标准
管理类	质量管理	—	公司及部门相关制度完整、有效、准确
	综合管理	—	营业场所的管理

续表

指标类别	具体指标	权重	考核标准
管理类	营销服务支持	—	市场营销活动、客户服务活动
	培训、会议、考勤管理	—	培训组织、会议组织、考勤等
	消费者权益保护		落实消费者权益保护相关工作
	反洗钱		落实反洗钱相关工作
客户类	内部客户满意度	—	专业能力、工作态度（理财师评价）
	流程执行顺畅	—	工作执行情况（上级评价）
加分项	业务协同	—	客户转化项目推介
	外部奖励、重大突破		外部获奖、行业交流好评等
减分项	合规管理	—	违反法律、公司规章制度等
	质量管理		服务质量、工作质量、培训、考勤等处罚

（三）考核要点、难点分析

市场激励与综合考评并重。绩效考核重视市场化激励，通过销售业绩提成奖励销售绩效，同时也重视综合发展。

人为利润中心与成本控制并重。通过发行费收取计提整体绩效，但同时通过具体考核办法控制相应成本，包括费用上限设置。

考核难点是细分考核体系、考核目标设定及评价。考核指标体系相对复杂，细分各种产品考核，对考核指标设置要求较高。市场发生变化需要及时调整，对财富管理中心管理能力提出较高要求。公司的整体考核体系体现了产品多元化、资产配置、家族信托及数字化战略转型方向。

四、国际先进成熟财富管理机构——瑞银集团绩效考核案例分析

瑞银集团的薪酬理念是使员工利益与股东和客户的利益保持一致，体现可持续的绩效文化。

具体薪酬体系包括三个部分：（1）固定薪酬（基本工资和基于角色的津贴）；（2）浮动薪酬，即绩效奖励（包括现金奖励、长期激励计划及股权计划）；（3）退休金与福利。通过固定薪酬与浮动薪酬适当平衡，全面评估个人绩效，并且通过有效沟通，确保业务目标与薪酬建立直接联系。瑞银集团在薪酬政策中嵌入了对支付公平的承诺，定期进行内部审查和独立的外部审查，

确保所有员工得到公平的报酬。

（一）稳定且具有竞争力的固定薪酬

为了吸引并留住优秀人才，瑞银集团提供在市场上具有竞争力的固定薪酬，每月或每两周支付。固定薪酬（如基本工资及岗位津贴）反映了职位角色、职位技能和经验水平，以及所在区域的市场惯例。固定薪酬的调整通常考虑技能、绩效和整体责任感等因素。岗位津贴反映了特定角色的市场价值，包括现金部分和瑞银集团股票奖励。

（二）与股东、客户利益一致的绩效奖

在瑞银集团大多数员工都有资格获得年度绩效奖。绩效奖通常取决于公司整体绩效，并且反映团队和个人对公司业绩的贡献。绩效奖考核是基于集团和业务部门的绩效，包括一系列财务和非财务绩效指标考核，也综合考虑市场有关的目标、其他公司或可比较的业绩基准，以及公司的短期和长期战略目标、单个目标等。

为了留住优秀的员工，规避奖励波动过大的风险，对绩效与风险进行平衡。例如，在绩效提高的年份，降低整体绩效奖励资金的百分比；在绩效下降的年份，绩效奖虽然会减少，但绩效奖励资金的百分比可能会提高。

表6－11　　　　瑞银集团首席执行官绩效考核（2019年）

指标类别	权重	具体指标
金融指标	30%	CET1资本回报率
	20%	调整后集团税前利润
	10%	调整后的成本/收入比率
资本管理	10%	CET1资本及杠杆比率、压力后的CET1资本比率
支柱和原则	15%	战略文化、客户至上、风险管理、可持续表现等
行为举止	15%	廉正、合作、表现

资料来源：瑞银集团2019年公司年报。

对每个部门进行定量和定性评估，评估服务质量、风险管理和财务绩效。薪酬委员会平衡考虑财务业绩与一系列定性因素，将绩效奖与风险调整后的利润挂钩，并根据投资者资本回报、风险状况、与上年度比较情况以及战略计划等进行调整。在过去的几年中薪酬委员会调整的比例在－6%与2%之间。

（三）长期可持续薪酬框架：强制性延期制度及递延或有资本奖励

对于绩效薪酬，为了确保公司战略执行、财务绩效的长期增长，瑞银集团采取可持续薪酬框架。可持续薪酬框架的基础是强制性延期制度和递延或有资本（DCCP）奖励。

1. 强制性延期制度

瑞银集团具有业内最严格的延期制度，延长期根据不同员工从三年到七年不等。瑞银集团员工总薪酬超过 30 万美元/瑞士法郎的员工会受到强制性延期制度的限制，也就是说，员工绩效奖励以部分现金和延期组合、股权奖励的形式体现。例如，对于高级管理层（集团执行委员会），绩效奖只有 20% 是现金奖励，80% 为股权的长期激励计划和递延或有资本。对于集团主要风险承担者，强制性延迟率至少为 50%。如果员工作出对公司有害的行为，递延部分也将被减少或没收。重大风险承担者的绩效奖励还受到回拨条款的约束，即如果发现个人对公司造成重大财务损失或显著声誉损害，公司有权要求偿还任何绩效奖励的直接和既定递延部分。

高层领导的很大一部分薪酬与瑞银集团的股价挂钩。符合条件的员工可以购买瑞银集团的股票，在市场价格基础上获得一个额外的份额。

2. 长期激励计划

长期激励计划是一个强制性的延期计划，适用于高级管理人员，反映了瑞银集团薪酬框架的长期性，重点关注可持续绩效和适当冒险，并不鼓励过度冒险。

3. 股权计划奖励

股权计划奖励适用于其他所有员工，通过建立最低绩效水平来促进可持续绩效。如果考核低于最低水平则可能没收全部或部分该奖项。业务部门的业绩是根据其平均权益回报率进行衡量。

4. 延迟或有资本计划

延迟或有资本计划是为了支持竞争性薪酬，该奖励会在五年至七年内全额发放，除非发生触发事件。这不仅提供了吸收损失的缓冲，也保护了公司的资本。

5. 新员工的补偿奖励和离职员工的扣罚

按照行业惯例，瑞银集团薪酬体系框架包括一些条款，如对离职员工，尤其是违反同业限制性条款的员工，对递延奖励进行扣罚。同时，为了吸引资深优秀人才，对新加入员工也提供某些补偿奖励，以抵消因加入瑞银集团而被没收的原公司的奖励。

6. 特许经营奖励计划

瑞银集团通过特许经营奖励计划鼓励员工执行公司文化和理念、建立和保护公司声誉。例如，通过特许经营奖励计划鼓励员工在不同地区之间建立桥梁将整个公司的产品及服务提供给客户。另外，通过特许经营奖励计划让员工培养强大的风险文化理念与促进可持续发展。

五、绩效考核实施思考

（一）绩效考核应围绕公司战略

绩效考核指标应该能够对战略目标的影响因素进行衡量和评价。公司战略可分为公司层战略与业务层战略，绩效考核指标体系也应从这两个层面进行考虑，使公司战略、财富管理业务战略与财富管理中心绩效考核指标体系之间建立紧密的联系，以实现公司目标。

（二）绩效考核体现企业文化

企业文化是企业在长期的生存和发展中所形成的，为企业多数成员所共同遵循的最高目标、基本信念、价值标准和行为规范。尽管经营战略和经营业务在不断地调整以适应外部世界的变化，但核心文化理念始终保持着稳定。

企业推行绩效考核需要有与之相一致的企业文化作为坚实基础。作为企业文化的载体之一，绩效管理的实施必须以企业的价值观为导向。绩效考核体系本身要体现企业所倡导的文化，需要把企业文化整合到绩效考核的全过程，让员工在绩效考核过程中深刻体会到核心价值观是公司作出每一个决策的基础。价值观的内化需要与企业具体的考核指标相结合，而具体的考核指标是绩效考核的重要组成部分。

（三）应对90后和00后的“激励失效”

近年来，90后员工逐步走向职场，成为财富管理人才队伍的重要力量。

相比70后、80后员工，90后和00后员工的激励需求也发生了明显变化。他们成长于物质条件相对优越的时代，普遍接受过良好教育，物质回报不再是工作的首要目标，相比之下，他们更看重工作本身的成就感和成长机会，重视自我价值的实现。面对90后和00后员工，传统激励手段正面临“激励失效”的困境，只有在更广义的层面上有效统筹各项激励措施，在组织文化、工作环境、工作设计、职业发展等方面作出切实转变，才能有效提升激励效果。

第七章　信托财富管理中心运营流程及制度

本章问题思考

◎ 如何通过梳理财富管理中心运营流程综合提高财富管理中心的运营效率，实现合规精细化管理？如何进行内部制度化建设及管理？

◎ 产品发行管理中如何根据不同情况进行定价及上架管理？如何实现资金端与资产端的联动？

◎ 以产品销售为导向的流程及制度与以客户需求为导向的流程及制度有哪些差异？如何借鉴国际先进财富管理机构的经验逐步实现流程制度再造？

与制度相结合的自由才是唯一的自由。

——伯克

财富管理中心运营流程及相关制度属于内部控制的范畴，贯穿财富管理中心整个业务的运营过程。财富管理中心的内部控制通过设计流程和相关制度来控制风险、提高效率并提升管理能力。

近年来，随着信托公司财富管理业务的发展，财富管理中心已经建立了相关的业务流程及制度，然而由于信托公司财富管理中心主要以产品销售为导向，制度流程建设主要围绕产品销售。另外，消费者权益保护工作及反洗钱工作也是信托财富管理中心的重要工作内容。

一、财富管理中心整体运营流程及制度体系

（一）财富管理中心整体运营流程

通过建立标准化的发行管理、期间管理流程、客户服务流程等，能够实现运营措施的有效执行，提高客户服务质量与降低运营成本，并加强风险控制。

（二）信托公司财富管理中心制度体系

信托公司财富管理中心根据信托公司及财富管理业务发展战略制定相关配套制度。财富管理中心制度体系包括公司层面制度、财富管理中心内部制度及相关业务指引。

公司层面制度主要确定公司财富管理业务的战略定位、发展规划、运营机制、组织架构及薪酬和考核激励等；财富管理中心内部制度主要解决具体管理问题，如发行上架管理、理财师内部管理、客户分配管理等；业务指引则是对管理制度的进一步细化指导。以某信托公司为例，列举了体系建设、发行管理、销售管理、运营管理、消费者权益保护及客户维护和反洗钱的相关制度（见表7－1）。

表7－1　　　　信托公司财富管理中心相关制度

项目	制度名称	主要内容
体系建设	《财富管理体系建设实施方案》（公司级）	确定财富管理业务发展战略定位、财富管理中心运营机制等总体方案
	《财富管理业务架构与职能实施细则》（公司级）	确定财富管理中心组织架构、管理及营销部门的职能定位等
	《财富管理中心建设指引》（公司级）	规定财富管理中心成立条件、选址要求、软硬件标准及异地资源配比等
	《财富管理中心岗位招聘管理办法》（公司级）	从价值观、专业能力、用户资源等方面全方位规定招聘的管理办法
	《财富管理中心员工管理实施细则》（内部制度）	介绍理财师、中后台岗位、管理岗位的设置，以及基本薪酬体系、工作职责等细则
	《财富管理中心绩效考核管理办法》（内部制度）	规定与营销相关的奖励办法、发放方式及奖惩细则等
	《财富管理中心营销费用使用实施细则》（内部制度）	规定财富管理中心及下设团队的费用使用、报销标准流程等细则

续表

项目	制度名称	主要内容
发行管理	《项目发行费管理办法》(公司级)	规定产品发行费(代销费)的计提比例、发行费收取模式及具体时间等
	《发行定价管理实施细则》(内部制度)	规定产品定价策略、产品价格基准等实施细则
	《财富管理中心发行上架管理实施细则》(内部制度)	规定产品发行上架原则、顺序、特殊事项处理流程等实施细则
	《财富管理中心客户关系管理实施细则》(内部制度)	规定客户归属调整、客户分配、客户移交等实施细则
	《信托计划小额分配管理实施细则》(内部制度)	规定信托产品小额分配制度及管控细则
	《财富管理中心预约管理实施细则》(内部制度)	规定内部产品预约管理实施细则
销售管理	《客户信息保密制度》(公司级)	规定客户信息的安全保护细则
	《CRM 等管理系统管理办法》(公司级)	在 CRM 系统运用中,对客户经理营销、信息管理及部门管理等进行规范、约束、指导
	《合同面签与合同原件管理实施细则》(公司级)	规范、约束、指导客户经理履行合同签约手续
	《一区双录工作管理实施细则》(公司级)	规范、约束、指导客户经理履行双录要求等
	《财富管理中心培训管理办法》(内部制度)	制定客户经理培训体系
	《客户营销及客户服务管理办法》(内部制度)	规范、约束、指导客户经理开展营销行为及客户服务行为
运营管理	《信托受益权账户变更、转让操作细则》(公司级)	规定客户受益权返还账户变更、受益权转让流程及相关要件要求
	《代销业务操作管理细则》(公司级)	代销机构接入、管理的指导流程及管理细则
	《舆情及应急管理办法》(公司级)	发生应急事件的处置机制及舆情管理
消费者权益保护及客户维护	《客户投诉处理管理办法》(公司级)	客户投诉流程、职责、具体要求
	《关于防范打击非法集资及消费者权益保护宣传实施方案》(公司级)	规定相关要求、职责等
	《宣传管理及客户活动实施细则》(内部制度)	规定品牌宣传、客户活动的具体要求、流程

续表

项目	制度名称	主要内容
消费者权益保护及客户维护	《财富管理会员俱乐部管理办法》（内部制度）	规定会员等级划分、权益兑换等
反洗钱	《客户身份识别和客户身份资料及交易记录保存管理办法》（公司级）	规定客户身份识别的具体要求，以及相关管理和检查要求
	《反洗钱客户风险等级划分标准及操作指引》（公司级）	要求识别客户风险等级，规定上报流程
	《关于信托发行反洗钱尽职调查义务事项的专项说明》（公司级）	规定客户尽职调查具体要求、流程

二、财富管理中心产品发行管理流程及实施要点

目前大部分信托公司财富管理中心的发行管理工作主要是对信托产品进行销售安排。事实上发行管理工作不仅局限于此，发行管理连接了信托公司的资产端与资金端，起到重要枢纽作用。尤其在信托业务的发展过程中，资产荒和资金荒总是交替出现，需要有前瞻性的管理和业务的总体布局。项目发行管理的具体内容包括项目定价管理、项目上架管理、项目信息管理、机构及个人客户营销管理、项目预约管理、项目培训管理、舆情监控等。

1. 发行方案的制订

发行方案包括发行模式的确定，如财富管理中心自销、机构代销或者混合销售；另外，还包括发行规模的确定、大小额配比（300 万元以下为小额）、产品额度分配等。这部分工作通常需要发行管理部门与业务部门共同完成。

2. 定价管理

目前信托公司的项目定价主要是对产品的销售价格进行管理，销售价格直接影响公司的收益，定价管理是发行管理的重点工作。

对于融资类固定收益产品，可以由公司及财富管理中心根据外部市场统一确定参考价格，也可以由财富管理中心与业务部门协商自主定价，确定打包价格。

通常，由公司定价小组统一参考价格，根据市场情况，对不同类型和期限的产品确定一个价格基准，业务部门和财富管理中心最终根据价格基准确定发行价格。统一参考价格的优点在于定价模式相对简单，内部沟通成本低，但也存在定价相对固定、无法体现不同产品风险与收益特征的缺点。

有时，业务部门可以针对产品的特性与财富管理中心协商确定一个合适的价格，协商自主定价具有高度的灵活性。这种灵活的定价方式更能适应未来信托公司不同产品的特征，但也存在沟通成本较高的问题。

3. 信息管理

信息管理属于数据化综合信息整合工作，是将业务部门发送的募集指令和预计发行项目情况建立台账进行统计及分析，便于及时总结阶段性发行数据，发现相关问题，进行反馈调整。

为了更好地帮助客户了解项目产品，需根据产品特点及客户需求准备相关推介材料。推介材料包括针对客户的材料，如信托合同、客户版 PPT、客户营销短信、客户营销微信、产品推介单页及其他辅助材料，还包括针对理财师的准备资料（如尽职调查报告、产品培训 PPT、客户问答等）。通常，针对机构客户需要提供产品的尽职调查报告。

4. 上架管理

上架管理分为两种模式：第一种按照一定顺序上架，顺序包括时间优先顺序、信托报酬优先顺序等。顺序上架模式适用于财富管理中心发展初期，或资金相对紧缺的情况，可根据公司阶段性的目标选择排序条件。第二种为充分竞争模式，全部产品上架由销售团队及客户自行选择，这是一种优化信托公司产品结构的较为市场化的上架模式。充分竞争模式适用于产品相对充足，并且销售团队达到一定规模的情况。

5. 培训管理

培训是提升理财师营销能力的重要环节，财富管理中心应当开展定期内部培训。内部培训能有效提升理财师综合素养，培养专业理财师团队。通过组织专门的产品培训、业务培训、员工培训等，财富管理中心员工可以不断增强专业技能。

6. 预约管理

为了防范产品募集失败导致部分客户退款等问题，可采取预约管理，即理财师在CRM系统进行产品预约，发行管理部门根据预约情况，达到成立条件后，通知确认缴款及合同领用等后续工作。信托公司根据产品排期情况、在架销售状态、客户资金预热情况，合理安排产品预约。预约过程中可能会出现客户个人意愿转变或项目停止募集等情况导致预约不成功，理财师还需与客户进一步沟通，做好客户维护以及客户安抚工作。

7. 机构客户营销管理

相对于自然人客户，机构客户具有开发难度大、周期长、资金金额较大，并且不确定性较多、容易产生内部营销冲突的问题。同时，机构客户营销的专业性较强，需要更为专业的营销支持，因此，财富管理中心对机构客户采取集中管理。记录机构客户的营销进度，并通过制定客户归属制度解决机构客户营销冲突问题。

8. 代销管理

目前信托产品的代销机构主要是金融机构，如银行、保险公司、证券公司、基金公司、同业信托公司等。信托公司内部一般需要完成代销机构的准入工作，按照代销机构需求对接产品，完成尽职调查等。项目确定后，待客户经公司内部审批及项目过会，与代销客户签订代销协议并完成与代销客户的系统对接，信托产品代销业务正式开始募集资金。当资金募集达到信托项目募集规模要求后，则由代销客户完成资金划转，信托项目最终确认成立，信托公司做好后续检查等相关工作。

信托公司与代销机构之间的职责划分是代销管理的重要内容。代销管理中对信托公司的职责要求包括：推介材料应由信托公司提供，并由信托公司对推介材料的真实性、准确性负责；信托公司应将信托产品推介的监管要求体现落实在与代销机构的合同中；在协议中明确约定双方权利和义务的划分及相关风险的责任承担和转移方式；明确对委托认购产品及签署文件的双录要求；对代销机构代理推介行为进行监控，及时纠正不当代理推介行为，并对代理推介中的违规行为承担责任；建立信托产品的委托推介授权管理体系。

对代销机构的职责要求主要包括：应充分审核投资人资格；明确对委托认购产品及签署文件的双录要求；充分揭示风险，应负责自然人投资者问卷调查、风险承担能力评估等相关事宜，并将最终的调查结果、评估结果及投资人完整、有效的联系方式提交给信托公司；不得有违规推介行为；推介产品时需向投资者明示信托产品类型。

三、销售管理

（一）客户准入

信托公司在信托产品推介、销售及受益权转让环节都要履行合格投资者确定程序要求。根据《关于规范金融机构资产管理业务的指导意见》（银发〔2018〕106号）对信托产品投资者风险识别能力和风险承担能力的规定，拟定了相关定量标准。直销客户分为自然人客户与机构客户，对不同类型客户设定不同准入标准。

自然人客户的准入条件包括但不限于财务状况、投资知识水平、投资经验等方面的要求。除此之外，信托公司可以根据产品类别对可参与的投资者设置其他准入条件。

（二）尽职调查

在客户正式购买信托产品时，需要进行尽职调查，深度挖掘客户的信息，主要包括客户资质、资金合法性、客户风险偏好。《信托公司集合资金信托计划管理办法》等明确规定了信托客户资质，信托公司理财师要充分认知相关制度，严格筛选符合购买条件的客户。资金合法性是最为关键的，若资金合法性出现问题，信托产品可能会受到追溯，由此造成信托项目不能正常运营。

（三）投资者适当性管理

投资者适当性管理也称合格投资者管理，适当性销售是信托公司履行适当性义务的具体内容，核心是将客户与产品、服务进行适当性匹配。信托公司合理确定信托产品风险等级，评估投资者风险承受能力，向投资者销售与其风险承受能力相适应的信托产品。

1. 投资者风险承受能力评估

信托公司应通过建立多层次投资者风险承受能力评估体系，帮助投资者正确、客观认识和评估自身风险承受能力。目前，信托公司主要通过调查问卷方式进行评估。主要将投资者资产负债状况、投资知识及经验、年龄及风险偏好等因素作为考量依据。例如，根据问卷调查的结果将投资者划分为保守型、谨慎型、稳健型、进取型、激进型等。另外，需要持续关注投资者风险承受能力，进行动态调整。随着信息技术等的不断应用，能够更加客观有效地评估投资者风险承受能力。

2. 产品风险等级评定

信托公司不仅要充分了解客户，还要真实、全面地了解拟对外推荐的产品或服务，即对产品、服务进行“尽职调查”。国外先进金融机构通常从设计结构、是否属于复杂金融产品、流动性、变现能力、本金损失风险、预期收益等多个维度，对产品或服务进行审慎性调查并实施分级管理。目前，信托产品的风险等级评定刚刚开始，相对简单易行。例如，根据信托类型、信托模式、交易对手、风控措施等多个维度进行综合评定，信托产品的风险等级由低到高依次为R1级（低风险）、R2级（中低风险）、R3级（中等风险）、R4级（中高风险）、R5级（高风险）五个等级。

3. 适当性匹配

在“了解客户”“了解产品”的基础上进行适当性匹配，信托公司履行适当性销售、服务义务，帮助投资者认真了解产品的结构、流动性、杠杆情况、投资方向等，结合自身状况及风险承受能力等，作出理性决策。根据投资者风险承受能力和产品风险等级进行适当性匹配。例如，保守型投资者匹配低风险的产品或服务；谨慎型投资者匹配低风险和中低风险的产品或服务。

（四）销售流程

1. 预约缴款

信托公司财富管理中心理财师在对合格投资者完成前期推介后，通过CRM系统预约，预约成功的客户通过现场刷卡或银行电汇的方式划转资金，完成预约缴款。

2. 合同签署

根据相关要求，与委托人签署合同，确保相关信息完整真实，并将合同及附件及时转移至客户服务中心业务受理岗。财富管理中心须审核合同填写是否齐全、附件是否完备；如不符合要求，则由理财师及时联系客户进行补充。

通过代销机构发行的信托计划，渠道负责人应就合同签署的相关要求提前对代销机构进行培训，保证相关工作流程合规、完整。

3. “双录”管理

为了帮助投资者正确认识产品及服务的风险，2017 年银监会发布《银行业金融机构销售专区录音录像管理暂行规定》，要求信托公司在产品销售过程中进行同步录音、录像，完整客观地记录营销推介、相关风险和关键信息提示、消费者确认和反馈等重点销售环节（见表 7－2）。

表 7－2　“双录”管理主要内容

录音、录像管理	流程内容	风险测评，收益和风险提示
	录制要求	销售人员与消费者同框，图像和声音同步，画面清晰
	保存期限	管理员控制
	干预度	销售人员不可更改、涂抹、删除，有权限控制
	安全性	对数据集中保存、加密，制定录音、录像调阅信息保密相关制度

4. 信托购买份额确认

信托计划成立后，大部分信托公司会出具《信托份额确认书》，通过邮寄、电子邮件等方式交送至客户。客户也可通过信托公司官方网站、400 电话确认所认购项目的运行情况。

四、运营管理

在产品成功发行成立后，信托计划需要完成一系列事务性期间管理工作，包括售后跟踪、分配信托收益、受益权转让和账户变更，以及信息发布、数据统计等工作。

1. 信托资金账户监管

信托项目从募集、成立到兑付，信托资金的流转通常涉及五个账户，分别是委托人资金账户、信托资金筹集账户、信托财产专用账户、融资人贷款接受账户和信托资金交付账户。

信托资金筹集账户、信托资金交付账户是信托公司为便利信托业务而设立的其他银行账户，一般视同于信托财产专用账户，在操作与监管上依照信托财产专用账户管理办法。

2. 合同管理

财富管理中心作为信托产品发行的主要部门，是信托合同的归口管理部门，具体工作包括合同印刷、合同领用、合同签署、合同用印、合同移交、空白及作废合同销毁六方面。随着信息化、电子化的发展，电子合同逐步替代纸质合同，线上合同的签署、用印、管理、存储等变得尤为重要。

3. 项目收益分配及兑付

信托项目结束，财富管理中心要协助完成信托计划中受益人信托收益的计算、分配及网银划款手续，并跟踪落实受益人的收益兑付情况。

财富管理中心按照信托文件约定，在收益分配日制作收益分配（兑付）方案，交项目经理填写。项目经理填写完成后通知财富管理中心收益分配的准备情况；若出现不能按期分配的情况，由项目经理及时向财富管理中心出具书面报告说明情况，以便财富管理中心向客户做好通知和解释说明工作。

财富管理中心根据信托文件中有关收益分配的条款系统核对，主要复核分配范围、分配标准、分配金额等，如发现分配方案内容有误或不准确，要及时退回项目经理做相应修改。

项目经理在收益分配日将兑付资金从保管户划入兑付专户，收益分配人员进入网银系统完成收益分配兑付的批处理操作。

财富管理中心负责收益分配人员跟踪落实收益分配到账情况，如发生银行退票或止付，及时与理财师联系并办理客户信息变更手续。

非正常兑付分为提前兑付以及延时兑付两种情况。提前兑付需根据信托合同相关约定决定是否召开受益人大会完成提前兑付工作。当项目现金流不足、政策影响等导致信托公司未能按时收到信托收入时，延时兑付的情况即会发生。非正常兑付需要按照信托合同约定进行相关操作及信息披露。由于延时兑付会对投资者收益以及信托公司产生较大的负面影响，信托公司在延时兑付发生后应及时发布公告，理财师应及时通知客户，做好客户安抚沟通相关工作，并持续跟进项目的兑付情况，防范公司声誉风险。

五、消费者权益保护和反洗钱工作

（一）消费者权益保护工作

保护消费者权益是信托业可持续发展的重要保障，信托公司需要提升信托业务规范性，注重保护投资者信息，完善投诉受理和解决机制，加大信托文化宣传教育力度等。

针对中国银保监会的要求，信托公司主要从四个方面加强对消费者权益的保护。

1. 完善内控制度建设

信托公司需不断完善内控制度建设，相关制度政策要覆盖消费者权益保护总体管理、内部考评、客户投诉、客户信息保护、业务信息披露等方面，实现对消费者权益保护工作流程的全覆盖。

2. 规范销售行为

信托公司要强化内部培训，加强销售行为的规范性，设立销售专区，落实录音、录像的“双录”要求，进行适当性管理，做好信托产品风险提示，及时进行产品销售资料的整理和归档。

3. 加强宣传教育

深入开展社会公众金融知识宣传教育是信托公司作为金融机构应履行的社会责任。信托公司举办形式多样的金融知识普及活动以及防范各类风险的宣传活动，如举办金融知识万里行、“3・15”宣传、防范非法集资和金融知识普及月等线下特色活动，以及金融知识答题、金融知识网络创意大赛等线上活动。

4. 建立完善投诉机制

信托公司要重视消费者的意见反馈和投诉，开通电话、邮件、微信公众服务平台等多种渠道，保障投诉渠道的畅通。同时，加强外部沟通协调，妥善处理好投诉，主动接受社会监督，营造保护消费者权益的良好氛围。

信托公司设立专人专线或者邮箱，及时解答客户疑问。同时采用首问负责制，统一管理，分级处理，专人负责，逐级上报；针对客户投诉，主要接受《客户维权意见处理单》，核实投诉情况，商议解决方案，及时联系客户反馈处理进度，做好全程处理记录并反馈总部，重大投诉向公司分管领导汇报，将投诉纳入考核并归档。

财富管理中心是信托公司投诉及建议管理的归口部门。在财富管理中心设立信托客户关系管理岗，负责受理并协调各部门处理客户投诉和建议、回访信托客户等。财富管理中心负责受理客户投诉及建议，及时交办相关部门，并核查处理结果；负责在规定时限内处理本部门职责范围内的客户投诉及建议事件；负责向信托客户反馈投诉及建议处理结果；负责信托客户投诉及建议的统计分析、报告、归档；负责对各部门投诉及建议处理工作进行监督。根据中国银监会印发的《关于完善银行业金融机构客户投诉处理机制　切实做好金融消费者保护工作的通知》，信托公司为规范客户投诉及建议的受理、处理工作，提升信托公司服务品质，提高客户满意度，制定了相关制度。财富管理中心的客户关系管理岗的主要职责及工作流程如表7－3所示。

表7－3　　客户关系管理岗的主要职责及工作流程

工作流程	主要职责
受理登记	填写信托客户来电、来信、来访处理单，详细记录信托客户信息、投诉内容、紧急程度、处理情况等，明确建议处理部门及处理期限
核实处理	财富管理中心信托客户管理负责人及时审核处理单，若处理单内容不能反映信托客户问题，或无法进行核实处理，须退回客户关系管理岗修改；对于无法自行解决、需要其他部门协助处理的，审核后转交建议处理部门负责人进行事件处理
重大事项上报	涉及重大、复杂投诉及建议事项，且受理主体无法明确的，财富管理中心应及时向分管领导报告，由分管领导判定责任部门，按照对口原则交办有权部门处理；各部门处理完成后，应立即翔实填写处理单，经部门负责人签字确认后上报财富管理中心

续表

工作流程	主要职责
督办检查	客户关系管理岗对于未按要求处理的事件可作驳回，要求各部门继续处理；对于未在规定期限内解决的事件应及时催办
客户反馈	严格按照各部门的处理意见回复客户，保证信息传递准确无误，并做好记录
总结报告	定期将信托客户投诉及建议处理情况进行统计分析，每半年形成工作总结，报送部门总经理及分管领导，并根据要求报送监管机构；对于信托客户反映较多的同类问题，应及时向有关业务部门通报，各部门应相应改进自身工作的不足，提高客户服务质量和效率

信托公司还应建立投诉及建议处理工作绩效考评体系和内控评价体系。因投诉处理不及时造成信托客户越级投诉或被监管机关通报，以及被新闻媒体等报道造成不良影响的，将视情况对有关责任人进行严肃处理。

（二）反洗钱工作

根据《反洗钱法》《金融机构反洗钱规定》《金融机构大额交易和可疑交易报告管理办法》《金融机构客户身份识别和客户身份资料及交易记录保存管理办法》等法律法规，各家信托公司财富管理中心高度重视反洗钱工作，相继制定、出台各类反洗钱管理办法、反洗钱操作规程。

一般情况下，财富管理中心按照全面风险管理的要求承担部分反洗钱工作，相关工作流程如下。

1. 抽取数据。在数据库 CRM 或 TA 系统，抽取客户的基本信息、收入信息、地域及职业等信息。当发生交易，即认购、付息、兑付、转让时，会根据反洗钱模型所设定的阈值和人民银行的要求对客户风险进行分级，分为高风险、中等风险、低风险，各信托公司也可进一步细分。

2. 系统识别可疑交易。对高风险客户直接判定为可疑，对中等风险客户则结合客户身份信息作进一步判断，低风险客户直接排除可疑。

3. 人工识别。对高风险客户进行进一步的人工识别。识别客户身份信息，通过理财师识别客户，强化客户尽职调查，通过排除，调回低风险。识别客户交易信息，通过理财师识别交易，通过可疑交易排查表分析，进行人工甄别，排除可疑。按相关监管机关要求执行。

4. 上报可疑交易报告，推送人民银行反洗钱检测分析中心。

5. 定期分析报告。对客户类型、客户职业、地域等数据及时维护和更新，对反洗钱阈值进行设定。

反洗钱工作的要点和难点：一是反洗钱模型的制定要科学有效、调整及时，要根据监管要求，并结合自身业务特点对客户风险进行划分，制定标准、具体的监控指标。二是确保客户信息的完整性。通常代销机构提供的客户信息不完整，影响反洗钱工作的开展。三是家族信托客户反洗钱标准的制定及尽职调查。家族信托客户是反洗钱的重点，反洗钱标准更加复杂，尽职调查要求更高，目前信托公司对家族信托客户的反洗钱标准设定和尽职调查存在一定难度。四是机构客户需要穿透识别受益人，要识别产品的最终投资者。

专栏 7－1

反洗钱客户风险等级

客户风险等级划分标准是指针对客户的特点或者账户的属性，同时考虑地域、业务、行业等因素，对客户洗钱风险等级进行划分的标准。

根据《反洗钱法》《金融机构反洗钱规定》《金融机构客户身份识别和客户身份资料及交易记录保存管理办法》《金融机构大额交易和可疑交易报告管理办法》等法律法规的有关规定，信托公司根据全面性、审慎性、动态性、分类监管及保密性原则，制定反洗钱客户风险等级划分管理办法。

在综合考虑洗钱和恐怖融资的各类风险因素影响下，客户风险等级划分标准包括但不限于客户身份、地域、业务、行业、交易等方面，客户风险等级至少应分为高、中、低三个等级。

1. 高风险等级客户

高风险等级客户主要包括：（1）国家有关部门及监管部门发布的制裁、禁运的国家或地区，或支持恐怖组织犯罪的国家、地区和组织；贩毒、腐败或其他严重犯罪活动猖獗的国家或地区；因涉嫌违法违规案件被国家金融监管部门通报的组织或个人；因涉嫌洗钱、恐怖融资等犯罪行为被国家有关部门要求协助调查的组织或个人。（2）未被监管的娱乐服务行业、典当与拍卖行业、废品收购行业，未被监管的慈善团体或非营利性组织，尤其是跨境性质的，以及其他风险程度较高的现金密集型行业；机构客户的股东、董事或实际控制人为外国政要的。（3）各类金融机构或监管部门认为应列为高风险等级的客户；证券类信托中，涉及产品的频繁转让、赎回；第三方存管银证转账以外的大额存取款业务；无正常解释的异常资金和交易，以及频繁跨区域的转移交易；其他金融机构或监管部门认为有高风险的情况。

2. 中风险等级客户

中风险等级客户主要包括：（1）客户身份的真实性和有效性存疑的，且客户资料的一致性存在明显问题的；办理业务时所使用的身份证明文件已经失效，未在期限内进行更新，且没有提出合理理由或解释的；个人客户的资产与客户年龄、职业等身份特征明显不符的；机构客户的资产或交易行为与其身份、财务状况、经营业务等明显不符的；（2）多个客户留存的通信地址、联系电话、回款账户、受益人等信息，或代理人信息相同的；（3）自然人、机构客户留存身份证件所在国家或地区的监管体制存在一定缺陷的；（4）无合理理由频繁变更客户个人信息的，如兑付账户、住所、联系方式、受益人信息等；办理业务时，要求以现金、信用卡、外币等信托业务非正常方式办理的；客户办理个人信息变更时，所提供的相关证件、文件等有伪造、编造嫌疑的；具有可疑交易特征交易行为的。

3. 低风险等级客户

低风险等级客户包括：（1）在办理业务时或信托产品存续期内，客户身份证明逾期，但能够及时提供相关部门所开具的证明或更新个人身份资料的；（2）业务到期兑付时如遇退票，对于账户注销、变更等，委托人能够携带本人有效身份证件前来办理业务变更手续的；（3）由异地银行、券商或合法的第三方理财机构等代销的业务中，由银行或券商等作为客户身份识别的主体，对信托业务受托人不能够提供完整客户资料的；（4）客户交易虽有一定异常行为，但能够提供合理的理由与合规的相关证明的；（5）各级党的机关、国家权力机关、行政机关、司法机关、军事机关、人民政协机关和人民解放军、武警部队，但不含其下属的各类企事业单位；（6）其他金融机构或监管部门认为有低风险的情况。

针对不同风险等级客户，在持续监控过程中应适时调整客户风险等级。如发现低风险等级客户频繁出现风险因素，或出现多次多种风险因素并存的情况时，应适时提高其风险等级，分析其变化的原因，并加强该客户资金账户的监控力度。

六、国际先进财富管理机构的流程与制度借鉴

金融市场已从卖方市场向买方市场演变，随着财富管理市场的竞争越来越激烈，信托公司借鉴国际先进财富管理机构的业务流程，不仅可以提高业务效率，还可从客户关系角度再造业务流程，提高行业及公司的竞争力。

1. 快速响应和满足内外部客户需求

国际先进财富管理机构按照满足客户的需求和为客户提供最方便与最优质服务的思路设计各项业务流程，建立内外部服务制度、提高服务水平和竞争力。建立能快速响应和满足客户不断变化的需求的运营流程和制度，降低管理费用和管理成本，提高市场竞争能力。

2. 建立基于客户需求的流程制度

国际先进机构的财富管理业务往往是以投资顾问及投资咨询业务为基础的业务，流程更加完善，包括客户需求分析、方案的定量与定性分析、方案评估、方案整理等，具备完善的流程机制与约束机制。

3. 完善的客户管理流程

国际先进财富管理机构的客户管理流程相对完善，按照客户的资产投资量、投资类型、财富管理不同需求等进行客户分类，设计差别化的服务流程。此外，业务流程主要基于客户管理建立。

4. 建立信息化的高效服务平台

国际先进财富管理机构非常重视信息化平台的建设，运用先进的互联网技术进行平台搭建工作，开发信息化管理软件，分析各个需求模块、资产配置模块，将客户的需求科学地植入平台之上。建立全方位的平台服务系统，

主要包括：（1）财富管理咨询和综合金融商品的财富管理咨询系统；（2）内部全方位的客户关系管理系统；（3）能够提供集中账户管理、提高资金效益、节约成本的账户管理系统；（4）能够提供综合金融商品、账户整合及交易执行的后台交易系统。

在平台的建设过程中不断完善平台的功能，提升客户的满意度、忠诚度，提高客户关系管理能力。同时，通过构建大型数据仓库对客户的信息进行深度挖掘，确定优质客户，客户可以在任何地方、任何时间享受到高效优质的产品和服务。

第三部分

信托财富核心业务体系建设

岁寒，然后知松柏之后凋也。

第八章　信托分类与产品体系及功能分析

本章问题思考

◎ 英美法系与大陆法系的信托分类有哪些不同？不同国家信托业务有哪些特征？

◎ 信托在财富管理中发挥的作用有哪些？家族信托、遗嘱信托、保险金信托、慈善信托的信托目的及交易结构有哪些不同？在实践中面临哪些问题？

◎ 我国的信托业务有哪些特征？美国北方信托的产品体系包括哪些？对信托转型有什么启示？

信托的应用范围可与人类的想象力相媲美。

——司考特

自13世纪英国“Use制”出现开始，信托这一制度安排已经发展了近9个世纪。在历史的长河中，信托在设立目的、受托人角色、业务服务范围等方面发生了诸多变化，其功能与产品类型也随着时间和市场需求的变化而不断推陈出新。

与信托发展比较成熟的国家和地区相比，中国信托产品的规模与类型有较大提升空间。从信托深度指标（信托资产/GDP）来看，美国、日本等国家的信托资产规模已超过该国的GDP，而中国信托资产规模占GDP的比例约

20%；从信托业务的类型来看，中国资金类信托占较大比重，其中，又以融资类信托为主，而发达国家信托业务类型多种多样，设立方式灵活，设立目的自由，财产种类多元，能够根据客户的个性化需求，提供产品和服务。作为一种财产管理的制度安排，信托已经在西方发达国家被广泛应用。未来，随着业务领域扩大及业务模式的转变，中国信托业有较大的发展空间。

一、信托分类与法律特征

对信托进行分类，有助于理解信托的本质、规范信托产品的管理，也有助于信托产品的创新开发。信托的分类比较复杂。不同分类标准下，其分类有所不同；不同国家、不同法律体系下，信托分类也不同。

（一）信托分类及法律特征

信托是一种法律制度安排，不同法系的国家对信托的定义不同。

从法律史的角度来看，信托制度源于英国衡平法，是衡平法中极为重要的内容。英美衡平法基础上的信托制度将信托财产的所有权分为两部分，即普通法所有权和衡平法所有权。受托人在普通法中享有的所有权只存在于名义上，可以管理或处分信托财产，但不能获得收益；受益人在衡平法中享有的所有权具有实质意义，可以获得收益。委托人并不享有所有权，建立信托关系以受托人和委托人之间信托财产的移转作为基本要求。《不列颠百科全书》对信托的定义是，“信托是一种法律关系，在此种关系中，一人拥有财产所有权，但同时负有受托人的义务，为另一人的利益而运用此项财产”。《美国信托法重述》中明确说明，信托关系是指当事人以信托财产为中心建立信赖关系，根据相关法律，受托人拥有所有权，其必须对受益人的利益负责，并合理管理处分信托财产。

由于大陆法系遵循传统的“一物一权”原则，《日本信托法》将信托定义为，“信托是指将财产权转移或进行其他处理，使他人依照一定目的的管理或处分财产”。从民法的观点来看，委托人向受托人转让财产权具有物权的效果，受托人为一定目的的管理或处分信托财产则产生债权的效果。

因此，各国在建立信托制度的过程中，针对信托财产的所有权产生了三种不同的看法：第一种是受托人在法律上享有财产所有权，第二种是受托人、委托人和受益人均不享有财产所有权，第三种是受益人享有财产所有权。

为了使两大法系在理念上的冲突得到调和，20 世纪 80 年代召开了第 15 次海牙国际私法大会，颁布了《关于信托的法律适用及其承认的公约》（*Convention on the Law Applicable to Trusts and on Their Recognition*）。该公约为信托确立了一个极具包容性的定义："信托是指委托人在其生前设定并于生前或死亡时发生效力的法律关系，在这样的法律关系下，委托人将财产交给受托人管理，以实现受益人的利益或其他特定目的"。该定义并没有涉及大陆法系国家传统物权和英美法系双重所有权之间的矛盾，而是将大陆法系向受托人转移信托财产的做法和衡平法基础下的信托制度融合在一起。

根据信托法律及业务实践，本部分将从委托人、受托人、受益人以及信托目的、信托财产等不同角度，对信托进行分类。

1. 不同法系下的信托分类

英美法系主要是目的导向和结果导向思维，通常不注重成立要件的分析，更多关注的是法律效果。大陆法系立法与司法分工明确，法院无权自创法律规则，大陆法系采用的是"要件导向"思维模式，有些信托如消极信托、宣言信托、拟制信托的效力就不被承认。而在英美法系下消极信托、宣言信托、默示信托、可撤回信托都属于信托的范畴。

（1）英美法系下的信托分类

按英美法系可将信托分为私益信托、公益信托和其他信托。

私益信托是以私人利益的实现为目的而设立的。可以为了委托人自身的利益，也可以为了第三人的利益，又可分为自益信托和他益信托。设立私益信托应当遵循"受益人原则"，受益人应特定或者可特定。无论为谁的利益，受益人、信托财产、信托目的都必须要确定。

私益信托是一种最主要的信托形式，这种信托有时被称为"家庭信托"，是委托人为自己、亲属、朋友或者其他特定个人的利益而设立的信托。委托人通常运用本金和收益分离的信托达到私益目的，即委托人将其财产分配于其家庭成员及朋友，信托条款通常规定收益归终生受益人或信托条款规定的受益人，保留信托本金，并最终将信托本金转让给其亲属、朋友，或用于公益目的。

公益信托是为了公共利益，受益人一定为不特定的多数，属于他益信托，但信托目的具有确定性，如教育、环保、扶贫等。设立公益信托需要公益事业管理机构的批准或许可。

公益信托可进一步细分如下：公共基金信托，包括社会公众信托、专项基金信托、公共机构信托。在英国法中，公益信托中能强制执行信托的人最初是检察总长，目前是由慈善委员会这种公设机构来监管公益信托。

其他信托包括年金信托和目的信托。年金信托不是公益信托，但也很难说是私益信托。年金信托包括企业年金信托、其他单位年金（事业单位年金和机关单位年金）信托、基本养老金信托。年金信托能享有一定的税收优待政策。目的信托，既不是为了公共利益，也不是为了特定的私人利益。

（2）大陆法系下的信托分类

大陆法系国家多引进、借鉴英美法系信托制度中的商事信托，凡涉及商事法的信托事项，均称为商事信托。大陆法系将信托分为三大类即民事信托、商事信托（营业信托）和慈善信托（公益信托）。民事信托与商事信托均为私益信托。中国《信托法》对营业性的商事信托做了专门规定。

商事信托是以商法为依据建立的信托，这类信托事项与调整商业活动的法律规范关系密切，通常包括公司法、票据法、保险法和海商法等方面的法律规范。商事信托中受托人以营业为目的，受益人有偿获得受益权。商事信托大多用于企业等经济组织的各种经营业务，包括以投融资为目的的信托，如投资信托、代收代付款项信托等。商事信托通过发挥财产转移与财产管理、资金融通、资本积聚和社会福利等方面的功能，实现财产增值的目的。商事信托又可分为贷款类信托、证券投资基金信托、资管信托和特殊事业信托等。

民事信托是以民法为依据建立的信托，民事法律范围主要包括民法、继承法、婚姻法、劳动法等。例如，在法律允许的范围内，涉及个人财产的管理、抵押、变卖，以及遗产的继承和管理等事项的信托。受托人的职责限于对财产进行消极被动管理或处分，民事信托以家庭内部的财产传承和分配等为目的，大多是与个人财产有关的各种事务。民事信托通常不以盈利为目的。

慈善信托（公益信托）。慈善信托是以开展社会慈善事业为目的，并以全社会或部分社会公众为受益人的信托。

2. 从信托设立角度分类

（1）按信托设立法律依据分类

以信托关系建立的法律依据为标准，信托可分为任意信托和法定信托。英美信托法承认法定信托，即依法院的推定或拟制设立的信托。英美法中的衡平法从特定的事实、当事人的行为等推断出隐含的信托，解决制度缺失情形下的利益归复与衡平问题。在中国，《信托法》原则上不承认法定信托，只承认任意信托，即明示信托，绝大多数信托都是经由委托人的意思行为设立的明示信托。

任意信托是以信托当事人（委托人、受托人、受益人）的意思表示为依据，通过明示方法设定的信托，如通过盖印文书、书面契约、遗嘱、宣言等形式明确设定，也称为明示信托。这种信托的设立完全以各方当事人的自由意思表示为依据，不受外力干预，故又称“自由信托”。信托一般要求有确定的用语、标的物和目的，包括合同信托、遗嘱信托和宣言信托等。

法定信托也称默示信托，是指由法律强制性规定，或根据法律对当事人意思的解释、推定而强制设立的信托，与委托人自己的意愿无关，由司法机关确定其法律效力，是由推定意思产生的信托（复归信托）或因衡平法原则产生的信托（构成信托）。复归信托是当事人虽未明示要设定信托，但从其行为可以推定出其要设定信托。构成信托是依据衡平法原则，在与个人的意思没有关系的情况下依据法律设定的信托。

（2）按信托设立方式分类

根据信托设立方式可分为合同信托和遗嘱信托。因为传统习惯，合同信托主要适用于大陆法系国家，遗嘱信托在英美法系国家非常普遍。

合同信托是一个双方行为，由委托人与受托人签订信托合同而设立。合同信托的设立除应符合信托法的规定外，还要适用合同法有关合同生效条件。合同信托的受益人可能是委托人，也可能是第三人。

遗嘱信托是单方行为，委托人订立遗嘱或签署遗嘱性质的文件即可设立信托。遗嘱信托的设立除应符合信托法的规定外，还必须符合有关遗嘱继承方面的法律规定。遗嘱信托的受托人可能接受其委托人的指定，也有可能不接受委托人的指定，受益人有权选任受托人。

3. 从受托人职责角度分类

（1）按受托人行为主体分类

依据受托人行为主体分为营业信托和非营业信托。

营业信托通常由信托专业机构、证券公司和基金会等担任受托人，以自己的名义管理他人财产的即属营业信托。营业信托是指以收取报酬为目的的承办的信托，通常需要接受金融监管当局的监管。在日本，营业信托既包括民事，也包括商事。中国《信托法》中营业信托一般是指金融机构作为受托人的信托。非营业信托是指受托人不以收取报酬为目的承办的信托。非营业信托不需要接受监管。在营业信托中，信托机构作为受托人可以经营民事信托、商事信托和慈善信托，而非信托机构（如基金会）和自然人只能经营民事信托和慈善信托，不能经营商事信托（金融信托）。

（2）按受托人行为分类

依据受托人的行为是主动还是被动分为积极信托（主动信托）和消极信托（被动信托）。

积极信托是指，委托人将财产交与受托人，受托人不仅作为该财产的名义所有人，且依据设立信托的文件中所订立或规定的权限，履行积极管理或处分的义务。因为受托人负有积极为受益人的利益而管理或处分财产的义务，故称为积极信托，又因受托人是主动承担财产的管理、运用和处分等义务，故又称为主动信托。积极信托中受托人的权限较大，责任也较重。美国的法律规定，凡信托条款赋予受托人任何权限或义务，可由受托人实施裁决权的信托，统称为主动信托。从中国《信托法》对信托的定义以及受托人的义务来看，《信托法》所指的信托原则上应当属于积极信托。

消极信托是指，受托人虽然事实上占有信托财产，并且在法律上也对该财产享有所有权并负有管理或处分的义务，但受托人因信托行为的规定不能积极、主动地履行这一义务，只能消极、被动地接受委托人或受益人的指示对信托财产进行管理和处分。信托财产的实际管理权和受益权往往由受益人掌握。在消极信托中，受托人实质上对信托财产不具有对物权；“法律上的所有权”和“衡平法上的所有权”实际已合二为一并归于信托受益人，受益人已经从财产利益享用人转变为法律上的所有人，法院有权在消极信托依信托条款终止前对其加以解除。

4. 从委托人权利角度分类

（1）按委托人权利分为可撤销信托与不可撤销信托

美国信托法中，针对委托人是否可保留撤销信托的权利将信托分为可撤销信托与不可撤销信托。该种区分在税法上具有重要意义，可撤销信托中信托财产收益计入委托人个人所得，信托财产并入委托人遗产。不可撤销信托则被视为独立法律实体，由受托人代表信托申报纳税，适用信托所得税税率，这种信托财产享有税务上的优势。

可撤销信托中的信托财产作为委托人责任财产可被债权人追债，但可撤销信托可以避免繁冗的遗产认证程序。可撤销信托虽然不具备不可撤销信托的隔离功能和税务上的优势，但仍为美国的高净值客户所青睐。

不可撤销信托只有在信托意图已经实现或不可能实现的情况下，基于委托人和全体受益人的申请和法院判决而终止，不会有信托解除问题。不可撤销信托又称为“完全信托”，它突出表现了“法律上的所有权”与“衡平法上的所有权”并存的信托关系特征。

（2）按委托人权利分为全权信托与盲目信托

全权信托是单一机构或个人基于对受托人的信任，将其财产权委托给受托人，由受托人按照委托人的意愿进行资产配置并实现资产的保值增值的信托。

盲目信托则是委托人放弃对信托财产的所有支配权，由受托人拥有充分的自由裁量权来管理和处分信托财产，委托人和受益人对信托财产的投资情况放弃任何知情权，也无权干预。盲目信托起源于美国，在预防腐败以及保护公职人员个人隐私方面具有优势。在法律严格的西方国家盲目信托主要适用于公职人员、公司高管等个人的理财，盲目信托用于隔离个人财产的投资管理，避免可能出现的利益冲突以及内幕交易，从而确保其决策的客观公正。

5. 从受益人角度分类

按照受益人与委托人的关系，可分为自益信托和他益信托。由于权利行使的主体不同，权利、义务也就不同，所产生的法律效果也不相同。

自益信托是指委托人以自己为唯一受益人而设立的信托，自益信托的委托人和受益人为同一人的信托属于私益信托。自益信托的委托人或继承人拥有随时终止信托或撤销信托的权利，而在他益信托中，要想终止或撤销信托，必须要委托人与受益人一起行使权利。他益信托是指委托人和受益人不为同一人的信托。委托人设定信托是为了第三者的收益则为他益信托。被指定的第三者可以表示同意，也可以拒绝接受，有时也可采取默认方式。他益信托类似赠与，有些国家的法律规定他益信托的受益人要交税。在中国信托实务中，自益信托占绝大多数。

6. 从信托财产角度分类

（1）按财产管理模式分类

按财产管理模式可分为管理信托和处分信托。

管理信托在管理信托财产时不得改变信托财产的形态或权利性质，只是对其妥善保管、有效使用或加以改善。

处分信托则可以对信托财产进行一定的处分，或者改变财产的形态。当信托为处分信托时，受托人须以受益人获得信托利益的最大化为原则，在不违反法律法规的前提下，履行勤勉尽职义务。

（2）按财产的性质分类

按财产性质可分为资金信托和财产信托。

资金信托又称“金钱信托”，是指委托人基于对信托机构的信任，将自己合法拥有的资金委托给信托机构，由信托机构按委托人的意愿以自己的名义，为受益人的利益或特定目的管理、运用和处分资金的信托。

财产信托是指，委托人将自己的动产、不动产（房产、地产）、版权、知识产权等非货币形式的财产、财产权委托给信托机构，按照约定的条件和目的进行管理或者处分的信托。

各种信托分类内部的边界并不是十分清晰，各种分类之间也有所交叉。比如，商事信托属于营业信托，而营业性信托机构既可以经营商事信托，也可以经营民事信托（家族信托），还可以经营慈善信托。非营业性信托机构中的自然人可以经营民事信托（家族信托）和信托法意义上的公益信托，但不能经营商事信托。非营业性信托机构中的非营利性机构可以经营慈善信托，理论上也可以经营民事信托，但不能经营商事信托。

（二）不同国家信托业务分类

1. 英国信托业务分类

英国以信托业务的性质为标准将国内的信托产品分为一般信托业务、投资信托业务及公益信托业务。

一般信托业务从委托人角度进行了细分，包括个人信托、法人信托。个人信托业务主要有财产管理业务、执行遗嘱业务、管理遗产业务和财务咨询业务，财务咨询业务包括对个人财产的管理、运用、投资和纳税等方面的咨询。法人信托业务包括股份注册和过户、年金基金的管理、公司债券的受托及资本发行，资本发行包括公司的筹设以及增加资本、收购股份与合并企业等。

投资信托业务分为证券投资信托和单位投资信托。英国在全球最早使用信托的方式进行投资，这种投资方式因为适合中小投资者的需要而大为流行。证券投资信托是指法人信托机构接受委托买卖有价证券，并代为管理的一种信托业务，受托人由以投资为目的而代表投资者持股和管理的股份有限公司承担。投资信托公司的资金主要来自公开发行的公司债券、优先股票和普通股票。这些债券和股票可在证券交易所上市交易。证券投资信托可分为股票投资信托、债券投资信托和证券组合投资信托等。单位投资信托是一种开放式的共同投资工具，类似现在的“开放式基金”，是一种集合众多客户的资金投资于多种有价证券的信托业务。单位投资信托以出售信托单位为业务，所得到的资金由资金管理人集中投资于各类公司证券，再根据持有人的信托单位量所占份额对收益进行划分。单位投资信托包括区域基金、国际基金、行业基金、债券基金、平衡基金。

随着社会政治、经济的发展与进步，公益信托的具体形式有所变化，但主要仍基于以下四种类型，即救济贫困的信托、促进教育的信托、促进宗教的信托、为其他有利于社会的目的而设定的信托。

2. 美国信托业务分类

美国的信托业务按委托人的法律性质分为三类，即个人信托、法人信托、个人和法人混合信托。

个人信托是以个人为服务对象的信托业务，其委托人、受托人均是个人。个人信托以人的生命存续为节点，分成了生前信托与生后信托。生前信托是指委托人生前与受托人签订信托契约，委托受托人在委托人在世时就开始办理有关的事项。生前信托的信托契约于委托人在世时即开始生效，也可以设置为可撤销信托，即委托人在形式上将财产转移，但仍保留了完全的支配权和控制权。生后信托，也称遗嘱信托，即当委托人过世后，生前信托就转换成生后信托。个人信托业务还包括代理服务，如作为托管代理人、管理代理人、投资顾问代理人等。

法人信托是指由具有法人资格的企业、社团等作为受托人而设立的信托，又称公司信托、团体信托，团体包括营利法人团体（公司组织、合作社组织及其他营业机构等）和公益法人团体（学术、宗教和慈善团体等）。美国以商事信托为主，在美国有大量可交付信托财产或者进行投资的法人机构，因此，美国的法人信托需求较大。法人信托业务主要包括公司信托服务和代理业务。

个人和法人混合信托是集个人和法人业务为一体的信托，主要分为职工福利信托和公益信托两种。职工福利信托有年金信托、员工分红信托、节约储蓄计划信托、员工入股信托、个人退休账户转账信托。公益信托有余存财产公益信托、主导公益信托、集合运用收益基金。

3. 日本信托业务分类

日本的信托业务按信托财产的性质分类，主要分为金钱信托、非金钱信托、金钱和非金钱兼有信托。金钱信托有金钱类、财产形成类、年金类和证券投资基金类。非金钱信托则包括有价证券信托、金钱债权信托、动产和不动产信托等。金钱和非金钱兼有信托是包含这两种特征的信托，如公益信托、遗嘱信托、特定赠与信托。

4. 中国信托业务分类

根据2007年银监会公布的《信托公司管理办法》，信托业务可分为资金信托、动产信托、不动产信托、有价证券信托、其他财产或财产权信托及代理等业务。

2014年银监会发布的《关于调整信托公司净资本计算标准有关事项的通知（征求意见稿）》将信托业务按照实质重于形式原则划分为两种，即事务管理类（通道类）和非事务管理类（非通道类）。事务管理类信托是指，委托人自主决定信托的设立、信托财产运用对象、信托财产管理运用处分方式等事宜，自行负责前期尽职调查及存续期信托财产管理，承担信托投资风险，受托人仅负责账户管理、清算分配及提供或出具必要文件，以配合委托人管理信托财产等事务，不承担积极主动管理职责的信托业务。事物管理类信托可以是单一、集合、财产或财产权信托业务。非事务管理类信托业务分为投资类和融资类信托业务，按照相应风险系数分别计算风险资本。投资类信托业务主要包括证券投资、非公开市场金融产品投资和非上市公司股权投资，不设有预期收益率。融资类业务包括但不限于信托贷款、受让信托或票据资产、股权投资附加回购或回购选择权、股票质押融资、以融资为目的的财产与财产权信托（准资产证券化）、各类收益权信托和已开展的非标资金池等业务。

2017年银监会下发了《信托业务监管分类试点工作实施方案》及《信托业务监管分类说明》（试行），启动八大业务分类试点改革。八大业务包括债权信托、股权信托、标品信托、同业信托、财产信托、资产证券化信托、公益信托及事务信托。

2020年5月，银保监会下发《信托公司资金信托管理暂行办法（征求意见稿）》（以下简称“资金信托新规”），调整和完善信托业务分类体系，信托业务按照信托活动形式、法规适用范围、具体业务属性三个层次分为“资金信托”（资金融通信托、资金配置信托）、“服务信托”（证券投资运营服务信托、资产证券化信托、家族信托、其他服务信托)、“公益信托”(公益/慈善信托)三大业务板块。

中国资金信托中融资类信托占比较大，而最能发挥信托优势、体现信托创新能力的财产权信托和公益信托占比较小。伴随利率市场化进程的推进和金融科技等的发展，未来信托作为资金中介的作用将弱化，不再以融资类信托为主；信托服务领域将逐步拓宽，服务内容将向纵深发展，家族信托、保险金信托、企业年金信托、消费信托、慈善信托等本源业务将稳步推进，在居民财富传承、福利保障、消费升级、公益事业等方面发挥积极作用。

二、信托功能及主要信托产品

信托产品与信托功能是互相影响的概念，产品因人类社会活动发展而变化将导致功能的改变，而功能的改变又将促进产品结构与目的的改变。

信托本质是一种财产转移与财产管理的制度，自产生至今，信托的功能一直与资产转移和财富管理紧密联系。信托具有财产的独立性、规划的长期性、设计的灵活性等制度特点，在财富保护、财富增值、财富传承、财富社会协调等方面发挥着巨大的作用。

由于拥有灵活性强、弹性空间大、资产隔离等特点，信托制度成为天然的财富管理制度。目前，信托业是唯一可横跨货币市场、资本市场和实业领域进行投资与资产配置的金融行业，资产运用方式灵活多样。信托公司依靠制度灵活性可按照客户需求进行财富管理方案设计，帮助客户实现风险隔离、财富合理规划与科学配置，为客户提供定制化服务。

(一) 财产转移保护与财产管理功能

最初信托的功能体现在财产转移保护方面，即委托人和受托人之间完成信托财产的转移。这类信托往往是消极信托，受托人仅仅是享有信托财产法律上的所有权，对信托财产并不负任何积极的管理、处分义务，受益人不仅享有信托财产的利益，也实际上拥有管理处分权。

随着时间推移和经济发展，信托具有了财产保全、促进财产增值的财产管理功能。为了使受托人能够自由地在金融市场上交易，受托人被赋予了广泛的自由裁量权。受托人的角色也由消极的财产持有者变成了积极的财产管理者。消极信托发展成为积极信托，并主导了现代信托的发展。

目前，以下几类信托在财产转移保护与财产管理方面发挥着重要功能。

1. 土地信托

最早的土地信托是教徒为摆脱国王对土地转让的限制而将土地自由地捐献给教会，后来成为了一种财产转移管理的方式。土地信托是土地所有权人（委托人）为有效利用土地，提高不动产的开发与经营效率，而将土地委托给受托人，由受托人利用其专业规划与管理能力，将开发经营的利润作为信托受益分配金交付给受益人。大部分的土地信托年限为30～50年。

2. 浪费者信托

浪费者信托是信托受益人不得转让受益权，且不得将信托财产用于偿还受益人的债权人债务的一种特殊信托。浪费者信托使信托财产的本金被分期分批地移交给受益人。信托目的是保护浪费者或行为能力欠缺者，以防受益人因为自己的习惯或行为能力欠缺而遭受欺诈或其他类似的伤害。浪费者信托虽发源于英国，但它从产生之初就备受争议，不被英国认可；美国虽深受英国影响，但在美国浪费者信托已为大部分州所承认。围绕浪费者信托的争议本质在于财产自由处分与债权人利益保护的冲突，尽管债权人利益在浪费者信托中会受到一定程度的限制，但远未达到侵害的程度。浪费者信托并不一定违背债权人利益保护的公共政策，反而因保护弱势群体而从另一侧面符合了公共政策。

3. 保护信托

委托人通过设立保护信托，实现对财产的保护作用。委托人将财产交与受托人，并且指示受托人将信托收益支付给委托人的子女，但是一旦该子女破产或出现其他特定事件，信托即自动终止，该子女不再享受原有的受益权，同时设立自由裁量信托，并以子女及其家人为信托受益人。通过这种办法，信托财产及收益就不受受益人破产的影响。保护信托的目的是保证受益人对信托收益享有固定的权利，同时设立的自由裁量信托是为了信托财产不被某些受益人消耗或被其债权人追索。

4. 禁止挥霍信托

禁止挥霍信托又称禁止浪费信托、禁止挥霍心态信托、挥霍信托，在信托条款中明确载明禁止转让信托利益或受益权给受益人以外任何人，包括受益人的债权人。禁止挥霍信托起源于英国，但英国一直拒绝承认禁止挥霍信托的效力；美国自19世纪以来逐渐认可了禁止挥霍信托的有效性，禁止挥霍信托由此得到了较大发展。禁止挥霍信托设立的主要目的在于确保信托利益为受益人所享有，不致因受益人挥霍或不谨慎而使信托利益为他人取得。

5. 抚养信托

抚养信托又称教养信托，是为了照顾受益人，用于支付其生活、教育所必需的费用而设立的信托。抚养信托的受托人必须依照受益人教育及生活的需要配发信托利益，受托人没有权利提供超出生活及教育必需之外的奢侈服务。

6. 家族信托

家族信托是一种信托机构受个人或家族的委托，代为管理、处置家庭财产的财产管理方式，以实现富人的财富规划及传承目标，最早出现在美国。家族信托中资产的所有权与收益权相分离，委托人一旦把资产委托给信托机构打理，该资产的所有权就不再归其本人，但相应的收益依然根据他的意愿分配。委托人如果离婚分家产、意外死亡或被人追债，其资产将独立存在，不受影响。

7. 离岸信托

离岸信托主要是委托人为了规避所在国的法律、政治和经济风险而委托受托人在异地管理自己的财产，最后将财产转给受益人。利用离岸信托可实现资产保障、遗产规划、家庭继承规划、海外资产管理、更好的税务规划等。越来越多的人利用离岸信托保障财产免受债权人追索，或者利用离岸信托确保财产按照自己的意愿进行分配。

8. 自由裁量信托

自由裁量信托是信托文件本身并不确定受益人可能享受的信托利益，授权受托人根据实际情况加以分配的一种信托。在分配决定作出之前，受益人是否能获得信托利益、可以获得多少信托利益都是不确定的。

9. 人寿保险信托

人寿保险信托是信托机构为委托人处理人寿保险事项的信托业务。委托人是人寿保险的投保人，受益人是投保人的遗属。信托机构作为受托人，是保险金的领收人，同时还代办保险受益证券的保管和保险费的缴纳等事项。在保险期满或发生保险事故时，由受托人领取保险金，然后按信托合同的规定，交给受益人，或代受益人对领到的保险金进行管理、运用和支配。

（二）投资理财功能

随着信托机构专业能力的提高，信托机构不再简单接受委托和管理财产，而是提供专业服务，如投资人理财服务，争取实现委托人财产增值的目的。投资理财成为现代信托重要的金融功能。以下几类信托在投资理财方面发挥着重要功能。

1. 证券投资信托

证券投资信托是信托机构集中众多客户的资金，投资于多种有价证券的信托服务业务。信托机构运用信托基金投资购入各种上市的有价证券，构成一个总的单位，再分割成数个小单位，并发行信托券向投资者出售，持券人日后如要转让，也可由信托机构收购。出售价和收购价决定于构成总单位的各种证券的市价。信托机构购入的各种证券须另委托一信誉较好的银行或保险公司以受托人身份持有和保管，而投资者的收益主要来自证券的利息和红利。这种信托风险分散、投资安全，能稳定地获得利息，便于以小额资本分享大额有价证券投资收益。证券投资信托可分为股票投资信托和公司债、公债投资信托，后者较为流行。

2. 股权信托

股权信托是信托公司运用信托资金对项目进行股权投资，以股息、红利所得以及到期转让股权方式作为信托收益的一种资金运用形式。相对贷款类信托风险更大，一般要求制定相应的措施规避风险，包括对项目进行绝对控股、阶段性持股等。

3. 基金化信托

基金化信托是类基金化的创新信托产品。信托计划一直缺乏良好的流动性，信托基金化逐渐成为信托业的发展趋势。将信托资金投资于同一领域不同项目可分散单一投资领域所存在的非系统性风险，同时，随着投资领域逐渐拓展和业务模式不断创新，信托资金将会实现跨市场的基金化运作，可有效规避单一市场面临的系统性投资风险，更能保障投资者获得稳健的收益。

4. 私募股权信托

私募股权信托是信托公司以相关法律法规为依据，以非公开方式与投资者订立信托合同，投资者将自己的资金委托给信托公司，由信托公司将募集的信托资金以权益投资的方式投向合适的公司（多为非上市公司），并适时退出实现增值，进而将信托收益按照信托合同的约定交付给受益人的资本运营方式。

5. 另类投资信托

另类投资信托是指将信托资金投资于包括酒类、艺术品、茶类、古董及贵金属等在内的领域，主要是为了满足部分客户的需要，它对于投资者的要求很高并具有一定的流动风险，包括艺术品投资信托、知识产权信托等。艺术品投资信托是指委托人将其持有的资金委托给受托人，由受托人以自己的名义，按照委托人的意愿将该资金投资于艺术品市场，并由受托人具体负责艺术品投资事务，通过艺术品投资组合，在尽可能地控制风险的前提下为投资者提供分享艺术品价值增长的收益。知识产权信托是知识产权所有者将其所拥有的知识产权委托给信托机构，由信托机构进行管理或者处分，以实现知识产权价值的一种信托业务。

（三）融资功能

在金融市场上，信托机构是可以直接投资于实业领域的金融机构，可以连接资本市场、货币市场和实业市场。一方面，信托的一个重要功能就是聚集不同资金形成具有一定规模的资金池；另一方面，信托机构可将资金投资于证券市场和实业领域，根据实际需要充分调动社会资源，提高金融资产运作的效率。信托机构在投融资中提供的是一揽子金融服务，可以是融资、融物，也可以是直接融资、间接融资的混合运用。以下几类信托在企业融资中发挥着重要功能。

1. 公司债信托

公司债信托也叫抵押公司债信托，是信托公司接受举债公司的委托，代替债券持有人行使抵押权或其他权利的信托业务。其基本做法是：以信托公司为受托人，以所有公司债债权人为受益人，以保护所有公司债债权人的担保利益为目的，以举债公司提供的抵押财产的担保权为信托财产，由举债公司与信托公司之间缔结信托契约，信托公司取得抵押物的担保权并为受益人加以保管和执行。

2. 信托贷款

信托贷款是受托人接受委托人的委托，将委托人存入的资金按其（或信托计划）指定的对象、用途、期限、利率与金额等发放贷款，并负责到期收回贷款本息的一项金融业务。委托人在发放贷款的对象、用途等方面有充分的自主权，同时又可利用信托公司在企业资信与资金管理方面的优势，增加资金的安全性，提高资金的使用效率。

3. 融资租赁信托

融资租赁信托是委托人基于对信托公司的信任，将自己合法拥有的资金委托给信托公司，由信托公司按委托人的意愿以自己的名义，为受益人的利益或者特定目的运用于融资租赁业务的信托。融资租赁信托交易可以分为两个部分：一是信托资产的形成即融资租赁交易部分，包括融资租赁的三方交易过程；二是信托计划的设立部分，包括信托计划的发行、监管、收益分配等过程。

（四）担保及中介服务功能

1. 预付款信托

预付款信托是一种回归信托本源的服务信托产品，不涉及投融资，不向受益人承诺收益。设立该信托是为了充分发挥信托财产保管的独立性和破产隔离功能，从法理制度和交易流程两个维度全面保护客户的资金安全。

2. 预收款信托

预收款信托是针对预收型消费活动特点所进行的一种制度设计。预收型消费的实质是一种信用交易，消费者基于对商家的信用预先付款，在消费时由商家提供消费商品或服务，再根据消费情况进行结算。对于消费者而言，预收型消费较为便捷，可以获取折扣及奖励等优惠。若厂商或商家经营不善或破产，则会损害消费者权益。

3. 信托契书

信托契书也叫“信托抵押”，是债务人作为信托委托人将自己的财产通过契书转让给信托受托人，以该信托财产保证债权人实现债权的一种担保方式。接受信托财产，并承担保证责任的信托受托人通常是信托公司或与债权人关系较密切的人。当债务人不偿还债务时，债权人（即信托受益人）有权要求受托人变价处理信托财产，并以变卖所得价款实现债权人的债权。在美国很多州，特别是南部和西部的州，通常采用这种信托方式来保障债权的实现。

4. 附担保公司债信托

附担保公司债信托是公司在发行附抵押或附质押公司债时，与受托人订立信托契约，将担保物权设定给受托人，使受托人为全体公司债债权人的利益保管并行使担保物权，并为保护公司债债权人的利益而履行其他相关法定义务的一种信托安排。具有担保功能信托的受托人在受托期间并不运用信托财产去获取收益，而是妥善保管信托财产，保证信托财产的完整。

中介服务功能体现在信托机构为客户提供多种中介服务，如保险咨询、税收咨询、租赁咨询和投资咨询等服务。

（五）商业运作功能

1. 表决权信托

表决权信托是股份公司的股东将自己在股东大会的表决权委托某人或某机构行使的一种信托。信托设立时，委托人与受托人签订表决权信托契约，并将股票过户给受托人，使受托人成为记录在公司股东名册中的股东，但须注明“表决权信托”字样，委托人凭信托证书证明自己对股票的实际所有权。受托人行使表决权和接受公司股利，在扣除信托手续费后将股利转交给委托人。委托人在契约有效期间一般不可撤回表决权信托，但信托证书可转让。信托终止时，受托人将股票交还信托证书持有人。

2. 股权激励信托

股权激励信托是将员工买入的本公司股票委托给信托机构管理和运作，

员工退休后享受信托收益的信托安排。交给信托机构的资金一部分来自员工的工资，另一部分由公司以奖金形式资助员工购买本公司股票。

3. 商务管理信托

商务管理信托是公司股东依据他们与受托人（信托机构）之间签订的信托契约，将所持有的该公司股份作为信托财产转移给受托人，由受托人集中行使约定的权利，通过选举董事或其他方法，以控制公司业务活动的一种制度设计。

4. 专利信托

专利信托是专利权人将自己的专利技术转化工作委托给受托人（信托机构），受托人依照国家有关法律、法规着力将受托项目进行转化的一种信托业务。

（六）协调经济关系的功能

信托在金融领域中运用多种业务方式和多种融资渠道能够起到协调经济关系和促进经济发展的积极作用。通过代保管业务、信用见证、资信调查、经济咨询业务等中间业务的开展，受托人以代理人、见证人、介绍人、咨询人、监督人等身份为经营各方建立相互信任关系。

1. 农村土地流转信托

农村土地流转信托是指，在坚持土地集体所有制和保障农民承包权的前提下，由政府出资设立的信托中介服务机构接受农民的委托，按照土地使用权市场化的需求，通过规范的程序将土地经营权在一定期限内按照依法自愿、有偿转让的原则转让给其他公民或法人进行农业开发的经营活动。

2. 城镇化建设信托

信托机构与当地政府合作，积极开展基础设施类项目建设，既为推进新型城镇化建设作出贡献，又满足了机构客户与个人客户的投资理财需求。

（七）社会福利与公益功能

信托不仅可以通过公益信托业务，促进教育、文化、科技、艺术、体育、慈善等各种社会公益事业的发展，还可以通过年金信托、养老金信托等信托业务，促进社会福利事业的发展。

1. 公益信托

公益信托与私益信托相对，是为教育、科技、慈善、艺术及其他公共福利事业而办理的信托，也包括个人以自己的资金委托给信托机构办理公共福利事业的信托业务。此类信托中的受益人为社会公众中符合特定条件的人士或团体。信托机构对公益信托的管理必须贯彻以下原则：收益及财产的分配应严格遵照捐赠人的意愿，不得随意用于其他事务；信托资金的运用要保证用于社会公益事业；大小捐赠遵照平等管理的原则；要为受益人取得最多的收益而妥善管理、运用信托资金；信托资金的运用与分配要定期公布。主要包括教育公益信托、医疗公益信托、科研公益信托等。

2. 养老金信托

养老金信托是养老保险经办机构将单位和个人按照有关法律、法规规定缴纳的养老保险费作为信托资产，交给信托机构管理和经营，职工退休后获益的一种信托形式。

3. 教育保障信托

教育保障信托是指，委托人基于对受托人的信任，将其财产权委托给受托人，由受托人以促进教育事业发展为目的而以自己的名义进行管理或处分，由此产生的利益归不特定的受教育者共同享有。

三、财富传承保障类信托产品分析

近年来，越来越多的高净值客户关注财富保障和传承，本部分将重点介绍五类财富传承保障类信托产品，即遗嘱信托、家族信托、保险金信托、慈善信托和养老金信托。

（一）遗嘱信托

遗嘱信托制度虽然产生于古罗马，但现代意义的遗嘱信托起源于个人信托业务非常发达的英国，之后在美国和日本等国家广泛应用。在英美法系下遗嘱信托制度指的是，财产持有人通过遗产信托契约将财产分离转移给其信赖的受托人进行管理、处分，并将财产收益和财产最终归属权转移给指定的受益人的一种财富管理、转移的法律制度。委托人通过遗嘱信托，根据自己的意愿，将身后的事情托付于值得信任的受托人，由受托人依照委托人的意愿分配遗产或为照顾特定的受益人来管理遗产，有利于防止遗产纠纷或继承人肆意挥霍遗产，使遗产得以保障和传承。

1. 遗嘱信托的功能

第一，家族财富传承功能。包括个人财富的传承和家族企业的继承。遗嘱信托具有法律约束力，遗产按照委托人意愿分配给各继承人，有助于减少因遗产产生的纷争。另外，家族企业设立遗嘱信托既可以防止内部资源消耗，也可以通过受托人引入优良管理模式，有效管理企业，让家族事业延续。

第二，资产管理和投资功能。遗嘱信托的制度设计能够实现对信托财产的有效管理。一是受托人专业的理财能力可以弥补继承人无意或无力管理财产的缺陷，使家族财富得以传承。二是通过专业受托人对公司的管理，可以使家族企业良好的运作，保障了公司及公司其他股东的利益。

第三，合理避税功能。在一些国家，遗产税是对财产进行再分配的一种方式，根据不同金额按阶梯式收取，资产金额越大，税负越高。避税是遗嘱信托的主要功能之一。通过遗嘱信托设计可以避免所有权变动后产生的交易税，也可以降低税收的累进课税。但近年来各国对遗嘱信托颁布了多项反规避税收的法律，使得遗嘱信托的避税功能受到一定限制。

2. 遗嘱信托交易结构

遗嘱信托也称身后信托，是指通过立遗嘱这种法律行为而设立的信托。以立遗嘱人，即委托人的死亡作为其成立要件，信托生效表现为受托人接受该项遗嘱信托。遗嘱信托的法律关系除了包括立遗嘱人和受托人，还包括该信托的受益人。

遗嘱信托一般采取书面形式订立，遗嘱信托文件包括三个方面的当事人，即委托人（被继承人）、受托人（遗嘱执行人）、受益人（继承人）。遗嘱信托必须指定受托人（遗嘱执行人），遗嘱执行人一般选择具有理财能力的律师、会计师、信托机构等专业人员或专业机构。遗嘱信托的受益人可以是法定继承人中的一人或者数人，也可以将受益人指定为法定继承人以外的人。

（1）委托人

遗嘱信托的委托人就是遗嘱信托的设定者。遗嘱信托的委托人在其生前，基于对受托人的信任，在所立遗嘱中明确表示生后的财产权转移至受托人名下，由受托人按照委托人的意愿管理或处分财产。立遗嘱人是设立遗嘱信托的关键，没有立遗嘱人就不会有遗嘱信托的成立，各国信托法均要求在遗嘱信托中一定要有明确而合法的信托目的。

遗嘱泛指生前处理死后的相关事宜，内容十分广泛，包括家产处分、死后仪式进行、子女收养、认领等，但遗嘱信托则是特指财产处分的范围，前提是该遗嘱的有效性。立遗嘱人在设立遗嘱信托时，应依照信托法和继承法关于设立遗嘱的各项要求，保证其遗嘱信托的真实性和有效性，使所立遗嘱信托生效。

（2）受益人

在遗嘱信托中享受利益的人称为受益人。受益人是现在不存在的人或不特定的人，可以是范围和条件的组合，也可以给予受托人一定范围的裁量权，但必须是在合理的时间范围内，并在未来可以合理确定的人。

连续受益人制度。信托连续受益人制度是充分体现“遗嘱自由”的制度。信托连续受益人是指有两个或者两个以上的信托受益人，其中包含收益受益人和本金受益人（信托财产权利最终归属人），收益受益人之间有顺次之分，后一顺次的受益人在符合一定条件后才能从前一顺次受益人处继承信托受益权。本金受益人只有在信托结束时才能取得信托财产的权利。

信托连续收益人具有如下特征：①信托的受益人必须为两个或两个以上；②信托受益人分为收益受益人和本金受益人，收益受益人不享有信托财产的最终归属权；③信托受益人享受信托收益有顺次之分，收益受益人享有收益在前，本金受益人在后，收益受益人顺序在前的享有收益在前；④信托文件一般对信托收益受益权转移的条件及信托结束的条件或期限作出规定；⑤信托收益受益人无权规定受益权的继承人，也无权转让受益权；⑥收益受益人无权要求终止信托。

后位继承制度。后位继承制度是遗产继承中财产转移的一种特殊制度。后位继承制度起源于罗马，世界各国立法对其褒贬不一。后位继承制度是指立遗嘱人确定某继承人继承财产，并规定其继承的遗产在某种条件成立或期限到来时转移给另一继承人的继承制度。后位继承制度具有如下特征：①两个继承人之间是前后继承人的关系，而非共同继承人。后位继承人享有的是一种期待权。②后位继承人与前位继承人一样从被继承人处取得继承权，而非前位继承人的继承人，在继承权转移条件成立前后位继承人对前位继承人享有债权请求权，即一般债权的监督权和控制权，不享有物的请求权。③遗嘱或相关文件约定继承权转移的条件或时间。④前位继承人享有财产的占有权、使用权和受益权，但不享有财产的最终处分权。⑤后位继承权可以被继承。

（3）受托人

遗嘱信托的受托人是接受委托人转移的信托财产权，并按照委托人的意愿，以自己的名义，为受益人的利益管理处分财产的人。从遗嘱信托的权利和义务来看，立遗嘱人提供信托财产，受益人享受信托财产产生的信托收益，只有受托人才具体负责信托财产的管理和处分，并按照信托的设立目的，积极采取各种措施促成信托财产产生更大的利益。信托的存续、信托目的的实现都完全依赖受托人的种种努力。

（4）信托财产

遗嘱信托的标的物，即遗嘱中指定的信托财产必须是确定的，它是决定遗嘱信托是否有效的必要条件。根据信托财产实现的不同信托目的，可以将信托财产分为以消极信托实现财产转移的信托财产和以积极信托进行财产管理的信托财产。

遗嘱信托的信托财产除了满足确定性要求外，还要同时满足信托法与继承法对于财产范围的要求，而且不能是法律、行政法规禁止流通的财产。

（5）信托监察人

信托监察人是指经指定维护受益人利益的人。信托监察人通常由被继承人或继承人指定，公益信托监察人由公益事业管理机构指定，其职责为监督受托人管理、运用和分配信托财产，具体职责包括但不限于：①通过受托人提供的信托财产管理运用、处分及收支情况说明，查阅、抄录或者复制信托账目及处理信托事务的其他文件等了解并监督信托财产管理、运用及处分情况；②在共同受托人意思表示相冲突且信托文件无相应规定时行使决定权；③办理遗嘱信托财产的登记申请工作；④选任受托人；⑤代继承人处理诉讼等法律事宜；⑥其他经授权的与财产管理及利益分配相关权利。公益遗嘱信托监察人由公益信托管理机构指定，私益遗嘱信托监察人可由被继承人生前指定或继承人选定。

信托监察人由委托人、受益人或有关国家机关或机构指定，并对受托人管理与处分信托财产进行监督。英美法系国家认为受益人的利益应当自行维护，无相应的制度设计。大陆法系国家引入信托制度时，为适应一物一所有权的制度需要，不同范围地设立了信托监察人角色，日本称为“信托管理人”，中国台湾地区称为“信托监察人”，中国《信托法》仅规定针对公益信托设定信托监察人。

对于遗嘱信托的受益人来说，凭借自身力量履行监督职能成本颇高，而且遗嘱信托的继承人常为未成年人，根本不具备监督能力，设置信托监察人对遗嘱信托尤为必要。

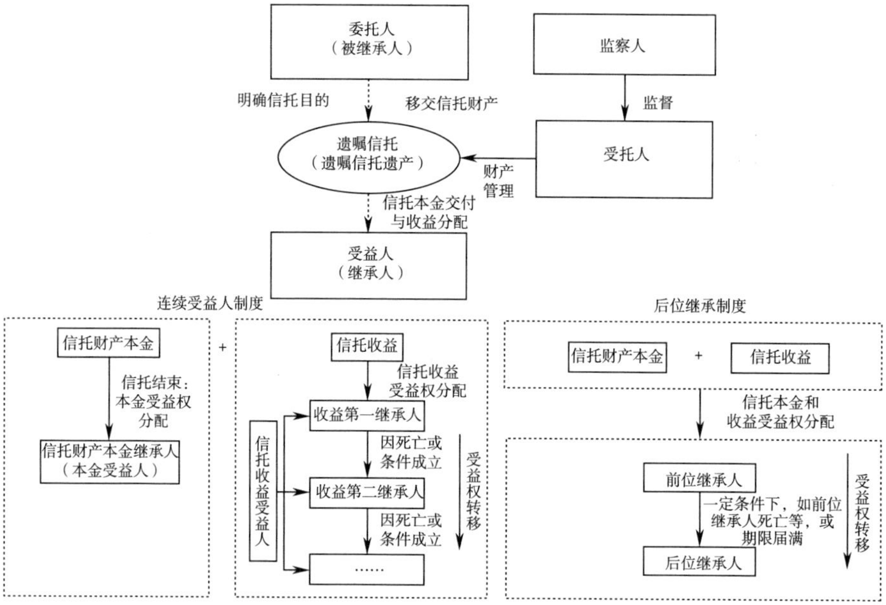

图8－1　遗嘱信托交易结构

3. 产品分类

（1）按照管理方式分类

遗嘱信托按照管理方式分为执行遗嘱信托和管理遗产信托两种类型。

执行遗嘱信托是信托机构在受托之后，根据遗嘱或有关的法院裁决，在立遗嘱人死亡后，代立遗嘱人办理债权债务的收取和清偿、遗嘱物品交付以及遗产的处理和分割等的执行事宜。执行遗嘱信托大多是因为立遗嘱人财产较多，遗产的分割处理关系比较复杂，且缺少可靠执行人等原因而设立的。管理遗产信托是信托机构受立遗嘱人或法院委托，在某一时期内代为管理遗产的一种信托。这种信托又分为“继承未定”和“继承已定”两种情况。

（2）按照财产种类和客户需求分类

按照遗嘱信托的信托财产种类和客户需求可分为养老型遗嘱信托、事业型遗嘱信托、保险型遗嘱信托、赔偿金型遗嘱信托等。

表 8-1　　遗嘱信托类型

遗嘱信托类型	目标客户	设立目的	信托财产	生效时间	信托机构承担的责任
养老型遗嘱信托	有一定经济实力但由于客观条件无法得到家庭有效照顾的老年人	养老、财产的保值增值、遗产的处置与分配	委托人移交的个人财产	委托人生前	为委托人量身定制并执行、跟踪养老计划及丧葬事宜安排；对委托人信托财产制订管理和投资方案，并执行，实现保值增值
事业型遗嘱信托	拥有自己家族产业的高净值人士	自己去世后维持家族产业的可持续发展，避免因继承人的析产或无法胜任对家族产业造成不利影响	委托人的股份或其他股东权益	委托人死亡后	履行资产所有者职责，保证家族产业能按委托人的意志延续；根据信托协议约定终止信托计划，分配与处置其受托的股东权益
保险型遗嘱信托	在保险公司投保死亡保险的客户	提升向保险公司的索赔能力，有利于保险金保值增值	委托人的死亡保险赔偿金	委托人死亡后	向保险公司办理死亡保险的理赔事宜，按照信托协议进行资产管理、分配和处置

续表

遗嘱信托类型	目标客户	设立目的	信托财产	生效时间	信托机构承担的责任
赔偿金型遗嘱信托	任何人	提升委托人受到人身伤害时的索赔能力、确保保险赔偿金按委托人的意志进行管理、分配与处置	遭受人身伤害获得的赔偿金	委托人死亡后	代替委托人向侵权人或相关责任方主张权利索赔，根据委托人的意愿进行赔偿金的管理、分配与处置

资料来源：潘登．遗嘱信托产品设计的框架构思［EB/OL］．中国信托业协会，2011.

（二）家族信托

1. 家族信托发展背景

作为诞生于英美法系的“舶来品”，家族信托在海外已有逾百年的发展历史。纵观人类社会信托制度的历史演进，从古罗马帝国时期的古代信托雏形，到盛行欧美的现代信托制度，家族信托在历史与实践中被视为信托制度的本源业务，也是法律制度的进步。2013 年可称为中国家族信托业务元年，其资产规模与相关政策逐步建立。2018 年 8 月中国银保监会发布的《关于加强规范资产管理业务过渡期内信托监管工作的通知》定义了家族信托，即信托公司接受单一个人或者家庭的委托，以家族财富的保护、传承和管理为主要信托目的，提供财产规划、风险隔离、资产配置、子女教育、家庭治理、公益（慈善）事业等定制化事务管理和金融服务的信托业务。该通知规定，家族信托财产金额或价值不低于 1 000 万元，受益人应包括委托人在内的家庭成员，但委托人不得为唯一受益人。单纯以追求信托财产保值增值为主要信托目的、具有专户理财性质和资产管理属性的信托业务不属于家族信托。

2. 家族信托产品特征与功能

家族信托以家族财富的保护、传承和管理为主要信托目的，具有信息保密、资产保障、税务筹划、继承安排等特征。①信息保密。通过信托架构的设计使委托人、受益人等信托参与人的信息得到合理保护。②资产保障。信托财产独立于委托人的财产及信托公司固有财产，实现了信托财产的有效隔离，保障了信托财产的独立性。③税务筹划。通过信托架构，可以实现有效的税务筹划。④继承安排。通过巧妙的信托安排，可有效避免在财富传承中出现的各类家族纷争，并实现家庭和睦、长幼兼顾与永续传承的目的。因信托天然的制度优势，家族信托在针对不同家庭（家族）提供差异化的财富管理服务时，具有诸多功能（见表8－2）。

表8－2　　家族信托的功能

核心功能	财产保值增值	信托财产通过受托人专业的资产配置及投资管理实现财富的保值增值
	资产隔离	通过信托的设立，将信托资产从个人资产及企业资产中独立出来，以避免未来因家族治理不当、婚姻变动等对企业经营和资产造成影响
	私人定制	根据委托人的多样化需求，灵活设计信托架构、投资策略、信托条款、信托利益分配条件等，帮助委托人达成预期目标
	财富传承	根据委托人需求灵活约定各项条款，包括信托期限、信托利益分配条件和财产处置方式等，配合学业规划、生活开支等安排，有助于家族成员作出理性选择，有效控制家族成员的挥霍行为
	生活保障	通过信托条款约定，在疾病等意外事件发生时为委托人和其家族成员提供生活保障
支持功能	教育支持	通过专业化投资管理及信托条款的灵活约定，为家族成员求学深造提供支持
	创业支持	通过专业化投资管理及信托条款的灵活约定，为家族成员创业提供支持
	事业管理	通过信托条款的约定及其他事务性安排，保障家族事业按照委托人的意愿持续进行专业化的管理与经营
进阶功能	税务筹划	协助规划、处理家族财产的税务问题
	股权规划	将股权纳入信托财产，实现股东名义所有权与实质所有权的分离，优化企业的法人治理结构，有效防止家族成员对家族企业控制权的流失，减少家族成员有关管理权的纠纷，从而保障企业的长远发展
	家族凝聚力与家族文化延续	通过信托条款的约定及家族股权规划等，提供以家族治理和家族事务管理为主的家族体系的规划服务
	慈善与公益	将慈善需求融入家族信托，通过专业化的投资管理保障慈善资金的有效运营；通过信托架构的设计与信托条款的约定，向社会大众传播慈善力量，实现财富传承与社会价值的双赢

3. 家族信托交易结构

家族信托不仅是基于委托人、受托人、受益人、监察人之间简单的信任托付，更是以人为本，以诚信为基础，以管理、传承、保护为使命，结合金融、法律等多种工具，尊重人性情感，关注家族管理的理念与精神、自我价值的提升、家族利益生态平衡的财富管理工具，家族信托交易结构如图 8－2所示。

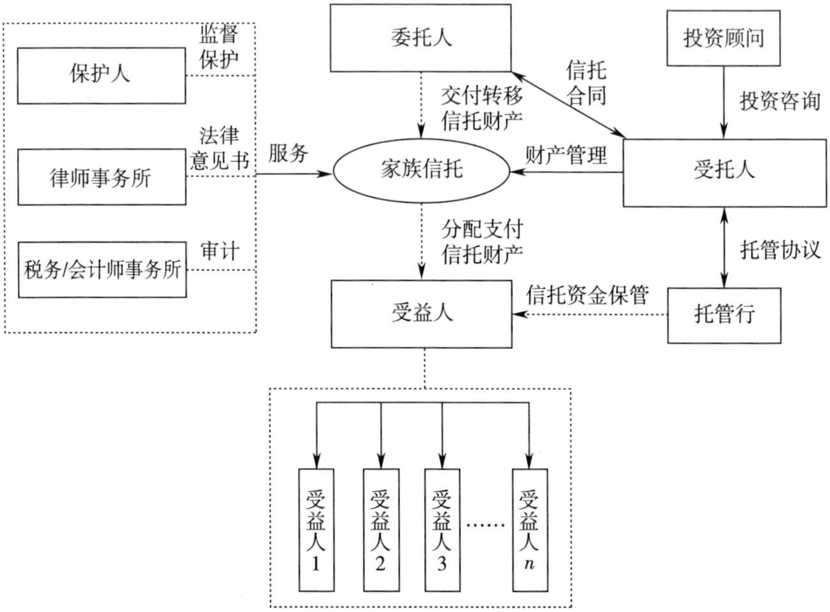

图 8－2　家族信托交易结构

4. 财富管理视角下的家族信托

家族信托是信托公司业务转型的重要方向之一，强大的财富保障和传承功能使得家族信托在风险隔离、灵活性、独立性及财产多样性方面具备其他工具无法比拟的优势。

表 8－3　主要财富传承工具对比

工具	遗嘱	保险	家族信托
财产保护	资产仍在立遗嘱人名下，可能因负债、离婚、遗产税产生损耗	法律未明确规定投保人现金价值的权利归属，以及保险金请求权可否被继承、转让或用于偿债	信托财产不属于信托委托人固有财产，信托委托人死亡或破产清算时，信托财产不归入其遗产和清算财产，信托财产不被强制执行，信托受益权可约定为被或不被继承、转让、用于偿债

续表

工具	遗嘱	保险	家族信托
传承对象	遗嘱继承人可以是法定继承人中的一人或多人，但资产转移发生在立遗嘱人死亡后，容易产生纠纷；资产在继承人名下，可能因其负债、离婚、遗产税产生损耗	保险事故发生时保险关系结束，被保险人享有保险金请求权，如果投保人或被保险人未约定受益人，则其法定继承人即为受益人，只能一代传承	可同时设定多个自益或他益受益人范围（受益人可以未来才出现），可跨代传承或连续多代传承
后代约束激励	生效后一次性支付，对后代基本无约束，或因死亡导致无法执行约束，易产生挥霍现象	除年金及分期支付保险理赔类产品，保险事故发生后一次性偿付，约束力较弱	可有效执行激励约束条件，激励约束条件包括品格、行为等，与利益分配挂钩，效果显著
传承灵活性	身故后生效，缺乏灵活性，执行周期长，诉讼更慢	不灵活，利益分配固定化，无法调整，无法满足家庭特殊需求	高度灵活，委托人可以对投资决策、受益人身份、受益人属性、利益分配设置条件，充分考虑委托人意愿，并平衡资产保护效果
财产增值	由立遗嘱人个人负责投资管理，容易产生损耗	投保人不能参与投资决策，保费投资受约束，收益有限	委托人可全权委托受托人管理或参与投资决策，受托人可进行资产配置和选择不同投资组合，信托投资范围基本无限制

（三）保险金信托

保险金信托最早诞生于英国，后传入美国迅速为资本市场所接受，在美国（称为“人寿保险信托”）和日本（称为“生命保险金信托”）发展成熟。保险金信托既可以实现对生存保险金的管理，又可以实现对身后财产的安排。与保险产品相比，保险金信托具有受益人更广泛、给付更为灵活、理赔金更加独立、财产更保值增值等优势。

1. 保险金信托交易结构

保险金信托是一种结合保险与信托的金融服务产品，以给付的保险金为信托财产，由保险委托人和信托机构签订保险金信托合同，当被保险人身故发生理赔或满期给付保险金时，由保险公司将保险金交付受托人（信托机构），由受托人依信托合同的约定管理、运用，并按信托合同约定方式，将信托财产分配给受益人，当信托期间终止或到期时，交付剩余资产给信托受益人。保险金信托交易结构如图 8－3 所示。

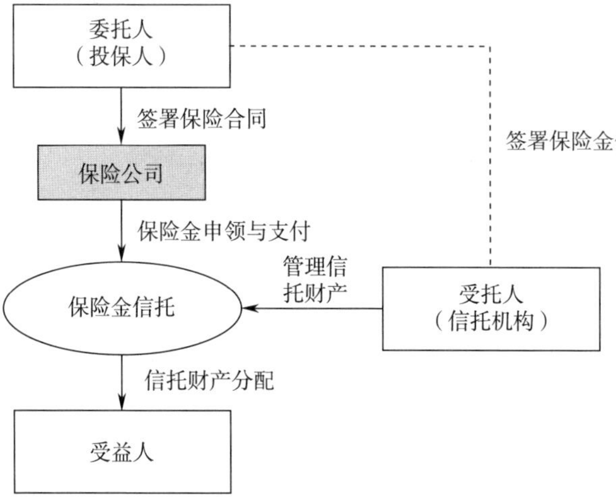

图 8－3　保险金信托交易结构 1.0

2. 保险金信托分类

（1）被动信托

被动信托，又称消极人寿保险信托，是由信托机构代为领取保险金与代交保险金给受益人的一种信托。委托人生前将保险单的权利移转给信托机构，由其保管，如委托人去世，信托机构即向保险公司领取保险金，依据信托契约，分配保险金给受益人，款项分配完后，信托关系终止。

（2）不代付保费信托

不代付保费信托与被动信托类似，只是信托机构在收到赔款后，并不将此直接分配给受益人，而是妥善管理并运用，使其增值，将增值收入交给受益人。只有等到信托到期，才将本金交还给受益人，信托关系即告终止。

（3）代付保费信托

委托人生前除将保险单的权利移转给信托机构外，还将一定金额的证券或资金交存信托机构，以证券或资金的收入，让信托机构按时交付保险费。如果委托人死亡，信托机构按信托契约管理赔款和所存的证券或资金，将赔款以及这些证券或资金的收益交付受益人，信托有效期限终了，再将赔款及交存的证券或资金交付受益人。

（4）累积保险信托

在累积保险信托中，委托人除照例将保险单权利转移给信托公司、由信托公司代为保管外，也将一定金额的证券或资金交存信托公司，以证券或资金的收益委托信托公司代付保费。与代付保费信托所不同的是，每期证券或资金的收益比应付的保费要多。信托公司将付保费后所剩的利润投资于较稳妥的领域，所存的资金或证券会逐渐积累增多，故称累积保险信托。

3. 保险金信托功能

（1）实现被保险人生前的愿望

被保险人采用信托方式，将保险金的管理交给专业的团队，签订信托合约，约定受托人按照委托人的意愿管理资金，定期定额给信托受益人生存资金，或者约定领取受益金需要达到的相关条件等。保险金信托能够防范子女挥霍浪费保险金，也能避免受益人的监护人非法挪用或侵占保险金，能够实现委托人的愿望。保险金信托给付灵活，可以约定给付比例，给付对象不限于亲属，甚至可以约定继承条件。手续简便，可以绕过继承权公证，避免继承人因继承份额不均产生纠纷。另外，保险金具有私密性。信托合同仅限于委托人和受托人之间签署，不用进行公证。受益人之间也可能不知道他人的收益份额。

（2）具有保障与投资理财的双重作用

保险金信托有着保险与信托的双重优势，不但能达到财富有效传承的目的，同时也能够利用信托公司的专业能力让财富安全与增值。另外，保险金具有资金杠杆功能，如保险金信托架构采用的保险为终身寿险，当被保险人死亡时，进入信托架构的保险金数额相当于投保人所交保费的几倍，通过保险杠杆功能，实现财富传承规划。

（3）实现保险金与风险和债务的隔离

保险金信托成立后，保险金成为信托财产，不仅独立于受托人的固有财产，也独立于委托人的其他财产。当委托人、受托人被债权人追索或陷入破产清算状态时，保险金信托财产可依法避免被追索或被列入清算财产，实现风险与债务的隔离。

（4）在遗产规划中具有免税功能

在一些征收赠与税及遗产税的国家和地区，保险金信托成为遗产规划的重要工具。通过保险金信托既可以在合法的情况下减少遗产税，又可以合理安排保险金的支出。例如，美国保险金信托的主导模式是不可撤销人寿保险信托，设立的主要目的是避税。美国的遗产税、赠与税、隔代转让税等税收法律对人寿保险金的免税规定非常严格，而不可撤销的保险金信托中的信托财产可享受税收优惠。

保险金信托结合了保险和信托两大财富传承工具的功能，作为一种新兴的财富管理工具，正在受到越来越多高净值人士及家族企业的青睐。然而保险金信托在实施过程中也存在一定风险，例如，保险合同存在被解除、被认定无效的风险，保险受益人存在被变更的可能，可能造成信托财产的减损甚至灭失。因此，信托公司在开展保险金信托业务时，要发挥专业能力，识别并防范相关风险。

（四）慈善信托

慈善信托是指委托人基于慈善目的，依法将其财产委托给受托人，由受托人按照委托人意愿以受托人名义进行管理和处分，并开展慈善活动的信托。慈善信托的受托人可以由委托人确定其信赖的慈善组织或者信托公司担任。

1. 慈善信托设立目的

设立慈善信托，必须有合法的慈善信托目的。以开展下列慈善活动为目的而设立的信托，属于慈善信托：①扶贫、济困；②扶老、救孤、恤病、助残、优抚；③救助自然灾害、事故灾难和公共卫生事件等突发事件造成的损害；④促进教育、科学、文化、卫生、体育等事业的发展；⑤防治污染和其他公害，保护和改善生态环境；⑥符合《慈善法》规定的其他公益活动。

2. 慈善信托交易结构

根据《慈善法》的规定，慈善信托属于公益信托。慈善信托受到金融监管部门和民政部门的双重监管，信托的备案、设立、登记、运行、终止等在慈善事业管理机构和金融监管部门的共同监管之下完成，有严格的信息披露要求，会比传统的公益基金更加公开透明。慈善信托受到委托人、受益人、信托监察人的监督。另外，信托公司作为专业的资产管理机构，担任慈善信托的受托人有利于更好地实现信托财产的保值增值。慈善信托交易结构如图 8 –4所示。

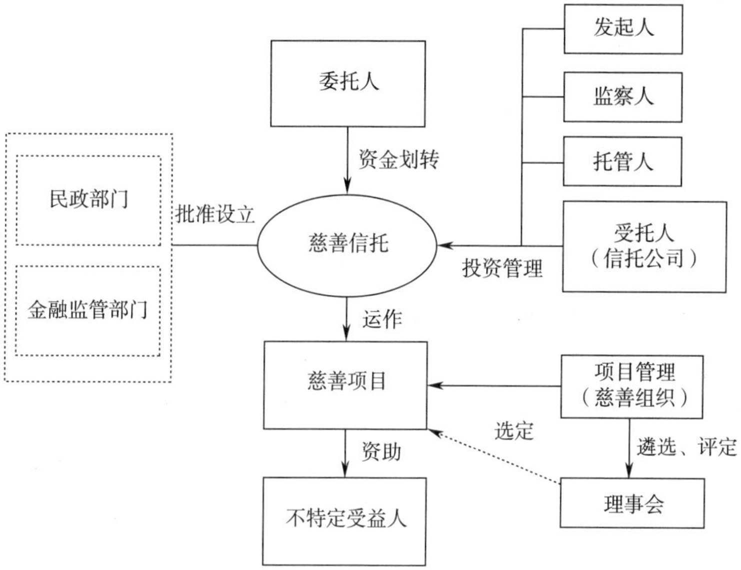

图 8 –4　慈善信托交易结构

3. 财富管理视角下的慈善信托产品

慈善信托在高净值人群家族财富管理和开展公益活动方面具备独特的功能价值。

第一，慈善信托可以保障财产的独立性。慈善信托的财产区别于委托人未设立慈善信托的财产，具有破产排除、遗产排除、债务排除、混同排除的效果；慈善信托财产独立于受托人的固有财产，不因受托人破产等而受到影响；慈善信托财产可以通过合意的方式独立于受益人的债务。

第二，慈善信托由专业机构运作，有利于慈善信托财产的管理。信托公司具有全权委托的资产管理能力，在产品开发方面也获得了市场认可，由信托公司管理运作慈善信托，能够确保信托财产尽可能安全稳定地存续，也能真正为客户提供个性化、定制化的服务。

第三，慈善信托财产的运营过程透明。慈善信托确定信托监察人对受托人的行为进行监督，维护委托人和受益人的合法权益，赋予监察人以自己的名义提起诉讼的权利。无论慈善信托的委托人是否在世，慈善信托监察人可以一直由家族成员担任，保障了财产运营全过程具有透明性。

（五）养老金信托

养老金信托具备信托财产独立、信托收益确定及信托财产保障性强等特性，能够为应对老龄化问题，并为发展养老金产业提供可行解决方案。1974年，美国颁布了《雇员退休收入保障法案》，对养老金的受托方式进行了强制规定，即养老金必须以信托形式设立。截至20世纪末，在美国联邦政府与州政府两级政府养老金计划中，超过17万亿美元的养老金以信托形式设立，且私人养老金信托规模超过3万亿美元。中国的养老金信托虽未形成规模，但已经进行了探索和尝试。

受托人根据客户需求及财产情况，为其量身定制养老计划并选择合适的养老机构，同时，针对客户的信托财产制订管理和投资方案，实现信托财产的保值增值，直至受托人去世安排后事，并根据信托协议进行财产处置和分配。

1. 养老金信托特征

养老金信托可为老年人或其利益相关人提供养老服务、投资理财服务，并实现财富传承等功能。养老金信托不仅可以存续于受益人（老年人）的整个中年至晚年时期（也可从中年延续至老年），甚至能够存续于指定的下一代。

养老金信托特征如下：一是专业性。由财产管理的专业机构运作，可以充分发挥理财优势。二是安全性。养老金作为信托财产，不受受托人与委托人财务状况变化的影响。三是收益性。受托人秉承诚实、谨慎、有效等原则管理养老金，能够使养老金保值与增值。四是长期性。养老金信托能够覆盖受益人整个生命周期，甚至实现代际叠加，长期性特征比较显著。

2. 养老金信托交易结构

养老金信托是养老保险经办机构将单位和个人按照有关法律、法规规定缴纳的养老保险费作为信托资产，交给信托机构管理和经营，职工退休后获益的一种信托形式。养老金信托主要涉及四个主体：养老保险经办机构是委托人，信托机构是受托人，职工是受益人，社会保险管理机构是监察人。委托人负责办理养老保险登记、保险费征缴、养老金发放等工作，受托人按照信托合同规定自主对信托财产进行投资和管理。监察人可以设计为保险基金理事会和证监会，保险基金理事会主要对养老金管理准入资格进行监管，证监会主要对养老金日常投资行为进行监管。

3. 养老金信托分类

养老金信托属于事务型信托，同时它融合了养老服务与金融服务，能够实现老年人的财产管理及增值，以及日常照顾及医养。

养老金信托主要是指职业养老金计划，通常职业养老金计划分为两种，即收入关联计划和货币购买计划。收入关联计划也称为“最终薪金计划”“利益确定计划”，按照受益人退休或离开企业时在企业工作时间的长短计算应得的养老金利益，一般有最低年数限制。通常要求员工缴纳一定数额的分摊款项（通常是工资的一定百分比），雇主支付另外所需部分。养老金计划参与者在退休后每月领取的养老金数量是事先确定的。货币购买计划也称缴费确定计划，是根据员工和企业缴纳的分摊款以及养老金的投资报酬来决定企业员工能够获得的利益。一般来说，员工缴纳的分摊款是固定的，通常是员工工资的一定比例，员工享有的收益根据投资业绩确定。在货币购买计划中，参与者到退休年龄为止一共向养老金计划缴了多少费是确定的，但其退休后每月可领取多少养老金是不确定的，员工承担了投资不利的风险，同时也可能获得投资的高额回报。

四、美国北方信托（Northern Trust）业务体系简介

美国北方信托将自身业务划分为两大块，即公司和机构类服务及财富管理服务。截至 2019 年 12 月 31 日，公司和机构类服务的净收入为 7.14 亿美元，较 2018 年的 9.03 亿美元降低 21%；财富管理服务的净收入为 7.96 亿美元，与 2018 年的 7.98 亿美元基本持平。

美国北方信托的收入由两部分组成，即非利息收入和净利息收入。其中，非利息收入涵盖信托、投资和其他服务费、外汇交易收入及其他非利息收入，净利息收入是总收入扣除存款、借入资金等利息支出后剩余的利息收入。

2019 年，公司总收入为 60. 7 亿美元。其中，非利息收入为 43. 95 亿美元，净利息收入为 16. 75 亿美元，分别占总收入的 72% 、28% 。在非利息收入中，信托、投资和其他服务费为 38. 52 亿美元，外汇交易收入为 2. 51 亿美元，其他非利息收入为 2. 92 亿美元，占总收入的 63% 、4% 、5% 。

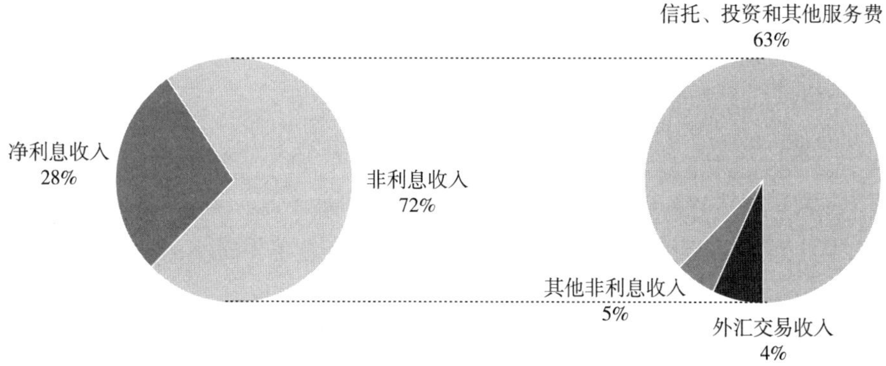

图 8 –5　2019 年美国北方信托收入结构

（一）财富管理服务

财富管理面向目标市场中的高净值群体。美国北方信托财富管理部门是美国最大的提供咨询服务的机构之一。截至 2019 年 12 月 31 日，财富管理服务项下受托管理总资产达 7 388 亿美元，管理资产达 3 138 亿美元。其中，管理资产由 53% 的股权、25% 的固定收益证券及 22% 的现金和其他资产构成。

公司财富管理服务还包含全球家族办公室，以此向全球范围内资产超过 2 亿美元的个人和家族提供个性化服务，满足他们复杂的财务需求。服务包括但不限于信托、投资管理、托管和慈善服务、财务咨询、监护和遗产管理、家族企业咨询、家庭理财教育、经纪服务及私人银行业务。2019 年，财富管理服务的信托、投资和其他服务费收入为 16. 41 亿美元，相较于 2018 年的 15. 81 亿美元增长 4% 。其中，2. 68 亿美元的创收来自全球家族办公室，占比为 16% 。

（二）公司和机构类服务

公司和机构类服务提供资产服务及相关服务，主要客户包括公共退休基金、基金会、捐赠基金、保险公司、主权财富基金等，服务包括托管、资金管理、投资运营外包、投资管理、员工福利服务、证券借贷、外汇、经纪服务、过渡管理服务、银行业和现金管理等。

截至 2019 年 12 月 31 日，公司和机构类服务项下受托管理总资产为 113 116亿美元，管理资产为 9 175 亿美元。其中，管理资产由 53% 的股权、18% 的证券借贷、17% 的现金和其他资产及 12% 的固定收益证券构成。

公司和机构类服务的信托、投资和其他服务费收入由四部分组成，即托管和基金管理费、投资管理费、证券借贷收入和其他服务费用。其中，托管和基金管理费取决于客户的资产价值、交易量以及开立账户的数量，投资管理费取决于所管理的客户资产以及某一时期的市场价值，证券借贷收入受市场价值影响。2019 年，公司和机构类服务的信托、投资和其他服务费收入为 22. 11 亿美元，相较于 2018 年的 21. 73 亿美元增长 2% 。其中，托管和基金管理费、投资管理费、证券借贷收入和其他服务费用分别为 15. 49 亿美元、4. 46 亿美元、0. 87 亿美元、1. 29 亿美元，占比分别为 70% 、20% 、4% 、6% 。

第九章 信托财富管理中的客户关系管理分析

本章问题思考

◎ 信托公司客户管理模式有哪些？信托公司财富管理客户有几个发展阶段？

◎ 如何进行信托客户分层？中国高净值客户需求如何变化？超高净值客户需求如何变化？

◎ 信托客户信任度、信任边界、满意度如何？客户忠诚度与客户价值管理如何开展？如何进行信托品牌建设与管理？

产品是可以复制的，而客户关系是不可复制的。

——瑞银集团

财富管理业务以客户为中心，客户关系管理则是财富管理的核心内容。维持长期的客户关系对财富管理业务长远发展至关重要。目前，大部分信托公司财富管理业务的客户关系管理处于以产品销售为导向的初级阶段，未来将通过为高净值客户提供专业化、定制化的服务，提升客户信任度、满意度与忠诚度及公司品牌管理水平，从而提高公司核心竞争力，促进公司利润最大化。

一、信托公司客户管理模式

（一）信托公司财富管理客户发展阶段

信托公司财富管理业务起步较晚，自“一法两规”实施后，随着信托业务的发展，财富管理业务逐步发展起来，信托客户投资门槛也发生了变化。

综观信托公司财富管理客户的拓展，大致经历了三个阶段。

1. 客户开发起步阶段（2002—2006 年）

信托理财产品推动了信托公司财富管理业务的初步发展。在 2002 年发布的《信托投资公司资金信托管理暂行办法》中规定，资金信托合同不得超过 200 份（含 200 份），每份合同金额不得低于人民币 5 万元（含 5 万元）。由于信托是私募性质，信托产品不能公开营销宣传，加之监管部门要求信托公司在属地经营业务，在这一阶段，信托公司主要在其属地开拓并积累了一批自然人及机构客户。

2. 渠道拓展阶段（2007—2011 年）

2007 年“新两规”颁布后，推动信托行业迈入快速发展期。在《信托公司集合资金信托计划管理办法》中提出了合格投资者制度，明确了信托公司合格投资者的认定。由于信托资产规模快速增长，而信托公司自身的客户拓展能力难以在短期内提升，信托公司开始探索多元化的资金渠道。银行代销渠道促进了信托客户的发展。同时在这一阶段，第三方理财市场发展较快，聚集了大量高净值客户，成为信托公司重要的销售渠道之一。在此阶段，银行及第三方理财成为信托公司主要的资金渠道。

3. 重点拓展直销客户阶段（2012 年至今）

2012 年之后，信托行业进入了规模竞争的快速扩张时期。第三方理财由于不规范销售问题，促发了监管部门对其的严格限制。2014 年中国银监会发布了《关于信托公司风险监管的指导意见》（“99 号文”）和相关执行细则，禁止信托公司委托非金融机构推介信托计划，禁止委托非金融机构以提供咨询、顾问、居间等方式直接或间接推介信托计划。这一阶段信托公司的客户数量和结构不能满足业务发展需要，信托公司纷纷建立客户服务部、财富管理中心重点发展自身的直销客户。部分信托公司通过布局全国市场，逐渐壮大自己的销售渠道，提高营销能力。

中国信托业协会的调研数据显示，截至 2018 年末，信托公司直销占全部销售规模的 54. 11%；51 家信托公司在 2018 年新增主动管理类信托产品，销售约 2. 62 万亿元，其中信托公司直销约 1. 42 万亿元。各家信托公司财富管理部门发挥了重要作用，51 家信托公司财富管理部门直销规模占比为 62. 3%，资产端业务部门直销规模占比为 36. 28%，另外 1. 42% 为公司其他人员直销。由于监管部门对第三方代销渠道的限制，这一阶段代销主体主要是金融机构，2018 年金融机构代销规模约为 1. 19 万亿元，其中，商业银行代销占比超过 90%。

（二）信托公司客户管理面临的主要问题

1. 精细化管理和专业服务能力不足

目前，信托公司开展的财富管理业务主要是以销售为导向，客户管理相对粗放。在客户分层方面也主要是根据资产规模分类，没有进一步考虑客户的家庭情况、产品参与度、个性化需求等进行分类和管理。机构客户分为一般机构客户和金融机构客户，并没有根据流动性、收益率、安全性的需求特征及综合服务需求特征对机构客户进行细分和管理。

2. 未能实现差异化、定制化的客户服务模式

现阶段，信托公司主要采取产品导向型的业务开拓模式，产品也以融资类和固定收益类为主，通常是产品开发部门开发信托产品，由营销部门（财富管理中心）面向市场进行销售推介。这种模式往往忽视客户的自身需求，未从客户需求的角度入手研发产品，难以形成差异化、定制化、多元化及综合性的金融服务。未来财富管理业务将由传统的信托产品销售向资产配置、综合财富管理转变。信托财富管理服务也将从财富管理产品销售转向账户管理服务、资产管理服务、顾问咨询服务、理财规划服务、跨境金融服务和增值服务等金融服务。

3. 未注重信托公司品牌效应

目前大部分信托公司注重的是产品及产品销售，未将信托公司的品牌渗

透到各个环节中，品牌效应的内涵不够丰富，没有形成强有力及持续的品牌效应，品牌的推广力度及市场知晓度都不够。客户维护主要采用礼品赠送、亲子活动、组织观影等简单的答谢形式，欠缺对客户金融与非金融需求的增值服务，对投资者的教育也不足，还未能打造长期可信任的品牌形象，形成差异化的核心竞争优势。

专栏9－1

海外超高净值财富管理服务：家族办公室

1. 家族办公室的产生和发展

家族办公室是财富管理业务中的顶级服务，是为超高净值客户提供家族财富管理和传承、家族治理、家族企业持续经营、社会慈善等一整套专业服务。

家族办公室已经有2000年的历史，公元前1100年十字军东征之后，罗斯柴尔德等欧洲银行家就开始使用“类家族办公室”对家族财富进行管理。18世纪初，许多富裕家庭采取集权管理的方式来管理他们的资产。19世纪，新兴的财富顶级阶层将金融、法律和会计等方面的专家召集到一起，管理和保护其家族财富和商业利益，如美国洛克菲勒家族在1882年设立了世界上最具代表性的洛克菲勒家族办公室。现代家族办公室可提供各种各样的专家建议和规划，最主要的功能是对家族财富进行投资管理，工作内容包括投资策略、财务和税收筹划、文件保存和报表制备、家庭传承和遗产规划、家族信托受托人和家族企业管理、慈善和公益、家族治理、家族事务和礼宾服务、风险控制、家庭成员教育等。

2. 家族办公室模式

家族办公室通常有三种模式，即单一家族办公室、联合家族办公室、商业化模式的家族办公室。

从设立家族办公室的门槛来看，根据2011年美国证券交易委员会（SEC）的规定，设立单一家族办公室可投资金融资产规模要达到1亿美元以上，可以采取子公司、家族有限责任公司、有限股份公司、家族基金等组织形式，通常由一个或多个家庭成员任职。不过，单一家族办公室运营封闭导致难以吸引和留住投资与管理人才，运营成本高，缺乏规模经济效应。

联合家族办公室一般是通过家族办公室的合并和联盟而形成。客户可投资资产规模在2 000万美元到1亿美元，客户加入多个家族办公室可以通过共享服务平台和投资专家团队，将运作成本分摊。不同行业家族的交流互动有利于增加更多的投资机会。联合家族办公室还可以为客户群体提供更多的经济、金融、管理、艺术等各方面的专家，提供高价值的增值服务。联合家族办公室一般以私人信托企业和有限责任企业为主要组织形式，每个家族的代表一般会作为托管人或者公司的董事会成员。

商业化模式的家族办公室往往向富裕家庭提供资金管理、信用贷款及信托方面的服务，最大限度地为高端客户发挥重要顾问的作用。近年来，一些大型投资机构、信托公司或者私人银行机构为了吸引超高净值客户，开始提供家族办公室服务。

3. 美国北方信托家族办公室服务简介

美国北方信托的家族办公室依托美国北方信托集团在企业与机构服务、财富管理及资产管理三大领域的核心能力，家族办公室服务由资产托管、投资管理、信托服务、信贷服务和家族服务构成，在每个服务类别专设团队专注服务家族办公室客户。与家族办公室客户直接对接的客户经理是客户的资产托管经理，同时还配备了1～2名客户经理助理，除了资产托管业务，客户经理还负责根据客户需求引入信托、借贷和家族服务的不同产品以及专家提供的服务支持。资产托管团队负责针对客户资产提供托管服务，最终形成客户名下的综合资产状况检视表，在此基础上还提供包括收益对标分析、风险情况分析、交易清算等一系列服务。美国北方信托以专长的投资管理服务提升客户维护成效。为确保新客户拓展和存量客户维护，美国北方信托在全球按照地域分布划分家族办公室，还成立了一支专注于新客户获取的注册财务规划师团队，专职负责发现家族办公室潜力客户并向客户经理团队推荐。

4. 瑞银家族办公室服务简介

瑞银家族办公室在全球财富管理部设置了独立的服务团队。家族办公室专属客户经理团队（40～50人）由资历深、能力强的私人银行客户经理组成，由全球总部直接管理，一般而言，每名客户经理可服务20～30名客户。家族办公室及超高净值客户投资研究小组（约10人）直接服务于超高净值客户及家族办公室客户提出的个性化需求。公司共享的投资产品与服务部门的中台团队在每个板块中会形成人员数量不等的专职服务小组，提供针对家族办公室客户的定制化投资组合、房地产直接投资、复杂结构化借贷产品等个性化解决方案。

二、财富管理客户分层及需求特征分析

财富管理的核心能力是客户需求的理解能力与资产配置能力。客户关系管理需要深刻了解客户的需求，及时掌握客户需求的变动，根据客户的真实需求设计并提供相应的产品和服务。

（一）信托客户分层

客户分层是针对不同层级客户的投资目标和投资偏好等进行分类，加深对客户的理解，提供差异化、定制化的产品和服务，从而更好地满足客户需求。

通常可以按照四个方面的标准进行客户分层：第一，客户基本特征，如性别、年龄、职业、收入来源、家庭状况、教育程度、兴趣爱好、地理区域等；第二，客户财务特征，如资产规模、资产结构、资产来源、收入负债等；第三，客户行为特征，如客户参与度、产品投资偏好等；第四，客户需求特征，如个性化投资需求、配置需求、服务需求等。以下重点列举按客户资产规模、资产管理参与度、客户风险水平分类。

1. 按客户资产规模分类

根据客户的资产规模可分为传统高净值客户、极高净值客户、超高净值客户。

传统高净值客户：通常是指可投资资产在100万~2 000万美元的客户。目前中国资金信托投资者要求按照合格投资者标准。高净值客户通常关注财富的保值和增值。

极高净值客户：通常是指可投资资产在2 000万~5 000万美元的客户，也是家族信托客户。这部分客户除了关注资产配置及个性化需求外，还关注财富的保值和传承。

超高净值客户：通常是指可投资资产在5 000万美元以上的客户。这部分客户也往往是家族办公室客户，这部分客户更加关注资产配置及财富安全和传承，寻求定制化的理财服务。

2. 按资产管理参与度分类

随着客户对专业投资的日益了解，以及金融信息数据及相关专业分析更易获取，客户更愿意参与到财富管理及投资的过程中，根据客户参与度可将客户分为委托客户、参与客户、自主客户。

委托客户委托机构全权负责某类投资。这类客户较少介入投资过程，希望把整个投资理财交给专业机构，希望拥有可靠尽职的专业机构团队，解决疑难问题，并执行严格的投资管理。

参与客户希望与机构一起管理他们的资产，其参与方式可分为组合委托投资与采用核心战术方法。采取组合委托投资的客户参与部分资产配置，将其他投资决策权委托给机构，确保中长期财务目标。他们需要委托机构有创新的投资组合、专业的金融知识与技能、充足的经验与良好的业绩记录，有能力为财富保值增值。采用核心战术方法的客户通常对某些资产配置持有坚定观点，他们希望能够得到适合于他们的产品和投资创新，以及高水准的服务，愿意选择着眼长远客户关系和有良好业绩的团队。

自主客户的参与方式包括建议投资和独立投资，这类客户有投资经验和专业知识，更愿意自己作决策。他们通常要求服务机构提供超一流的专业观点，能够处理复杂的事务，或者能提供全面的网络化、信息化服务，并能提供优质高效的事务类服务。

表 9－1　　客户参与度分类

客户分层	参与方式	具体参与形式
委托客户	委托投资	客户委托机构全权负责投资
参与客户	组合委托投资	客户参与部分资产配置，将其他投资决策权委托给机构
	采用核心战术方法	客户对某些资产配置持有坚定观点，将投资决策权交给机构
自主客户	建议投资	客户自己作出决策，参考机构观点
	独立投资	客户完全自己决策，机构只负责实施和调查等

3. 按客户风险水平分类

客户风险水平需要通过多个维度判定，如客户风险容忍度、客户风险承受能力、客户生命周期。客户风险容忍度是客户愿意承受风险的程度，是对风险在情感和心理上的接受程度，往往是主观因素，与客户的性格等相关。客户风险承受能力是客户客观可以承受风险的能力，更多是指抵御市场损失的财务能力。风险承受能力往往与客户的资产规模、客户的生命周期相关。根据以上维度可综合评定客户风险水平，具体可分为保守型、稳健型、积极型和激进型，也可根据多维度进行市场细分，进行差异化管理（见表 9－2）。

表 9－2　　客户风险水平分类

客户分类	委托投资	参与投资	自主投资
保守型	委托保守型	参与保守型	自主保守型
稳健型	委托稳健型	参与稳健型	自主稳健型
积极型	委托积极型	参与积极型	自主积极型
激进型	委托激进型	参与激进型	自主激进型

（二）中国高净值客户需求变化

国内的高净值客户发展迅速，据统计，2008 年到 2018 年，千万元以上的高净值客户为 30.2 万人，资产规模从 8.8 万亿元增加到 61 万亿元，高净值客户近几年的需求也发生了一些变化。

1. 高净值客户财富传承安排的变化

依据《2019 中国私人财富报告》的调查数据，随着近几年全球政治、经济环境的变化，高净值客户从财富积累向财富传承转变，客户财富目标更加稳健，房产投资比例降低，而保险及家族信托的占比有所增加（见图 9－1）。

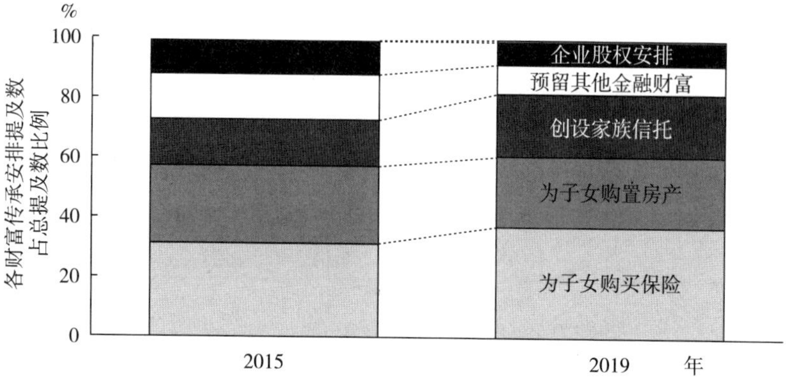

图 9－1　中国高净值客户财富传承安排及变化

（数据来源：招商银行和贝恩公司高净值人群调研分析）

2. 高净值客户资产配置的变化

从资产配置组合来看，高净值客户对单一资产依赖度下降。2015 年高净值客户财富相对集中在股票和公募基金；2017 年财富主要集中在银行理财产品、信托和股票；2019 年最大单一资产占比下降，高净值客户依据市场情况进行客户分散和调整（见图 9－2）。

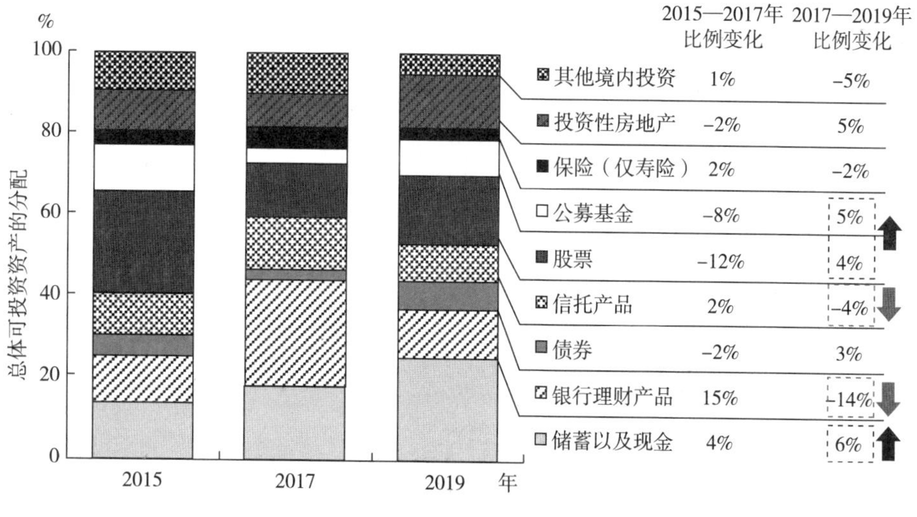

图 9－2　高净值客户资产配置比例

（数据来源：招商银行和贝恩公司高净值人群调研分析）

3. 高净值客户家族财富管理需求变化

随着财富传承安排的普及，高净值客户对财富传承的需求进一步增强。数据显示，2017 年与 2019 年相比，高净值客户对“家族增值服务”和“家族企业未来管理权规划”的需求减少，“家族税务筹划及法律咨询”“家族慈善”“家族企业投融资服务”“家族财富保障与传承”的需求提升（见图9－3）。

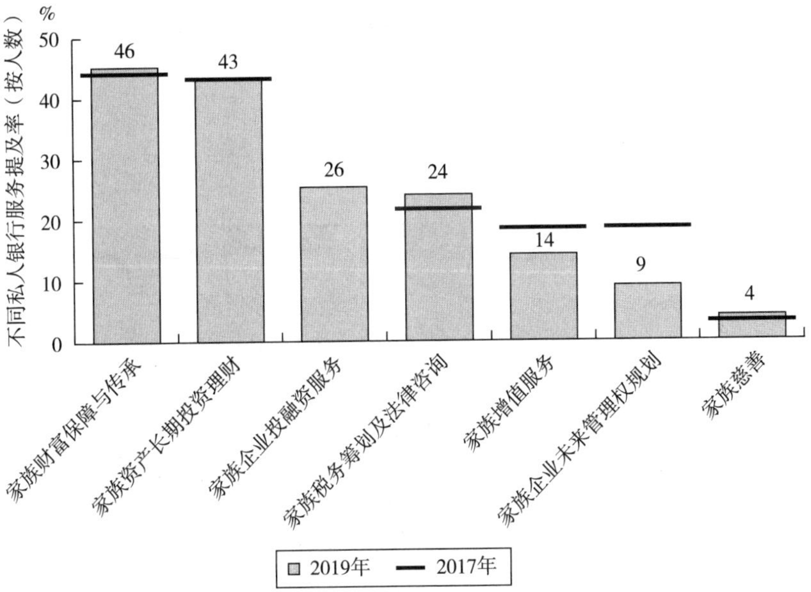

图9－3　高净值客户家族财富管理业务需求

（数据来源：招商银行和贝恩公司高净值人群调研分析）

（三）超高净值客户的需求变化

近年来，超高净值客户增幅显著。超高净值客户需求也发生了一些变化。

1. 客户需求呈现法人化

近年来，超高净值客户的财富管理需求从个人家庭需求转向法人化需求。除传统个人领域中的金融服务及非金融服务外，法人领域的金融服务需求增强，主要包括两方面内容：一是企业经营领域，如资金筹措、税务规划；随着个税、企业所得税等的不断调整，以及未来遗产税的开征，税收规划成为超高净值客户最重要的需求之一。二是继承领域的事业继承服务，如制订事业继承计划、培养继承人的建议、公司股份继承和财产分配的建议、债务保证和担保的处理等。

2. 财富管理目标从增值转向财富安全和传承

在中国经济和财富管理市场增速放缓与市场波动的背景下，2019 年超高净值客户依然将“保证财富安全”和“财富传承”作为最重要的两个财富管理目标，“创造更多财富”这一目标随着经济环境的改变占比有所下降（见图 9－4）。

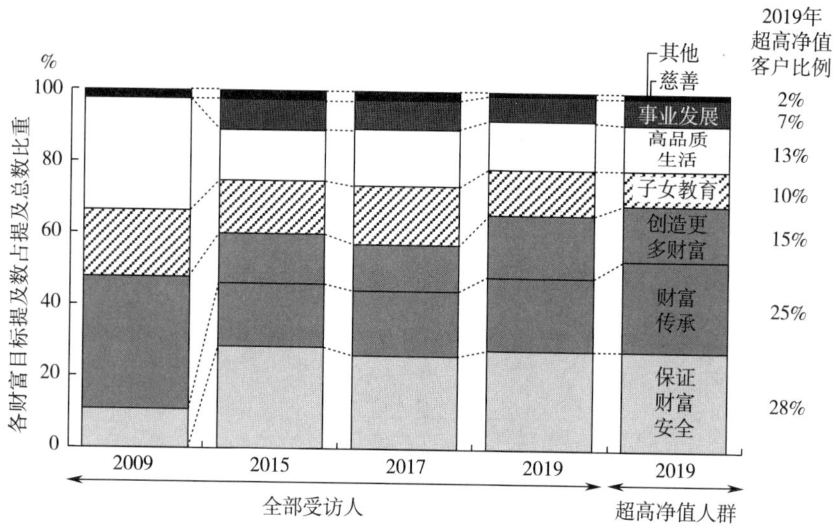

图 9－4　中国超高净值人群财富目标变化

（数据来源：招商银行和贝恩公司高净值人群调研分析）

3. 境外资产配置中资产比例的变化

《2019 中国私人财富报告》显示，随着全球经济下行，超高净值人群加大了对境外储蓄及现金、境外债券的配置（见图 9－5）。

4. 资产配置由传统的综合配置向哑铃型配置转变

从预期投资收益率来看，倾向于“高于储蓄收益即可”的人士占比增加；与此同时，超高净值客户偏好于高收益高风险的比例高于高净值客户。超高净值客户的资产配置呈现由从传统的综合型配置向哑铃型配置转变的趋势。

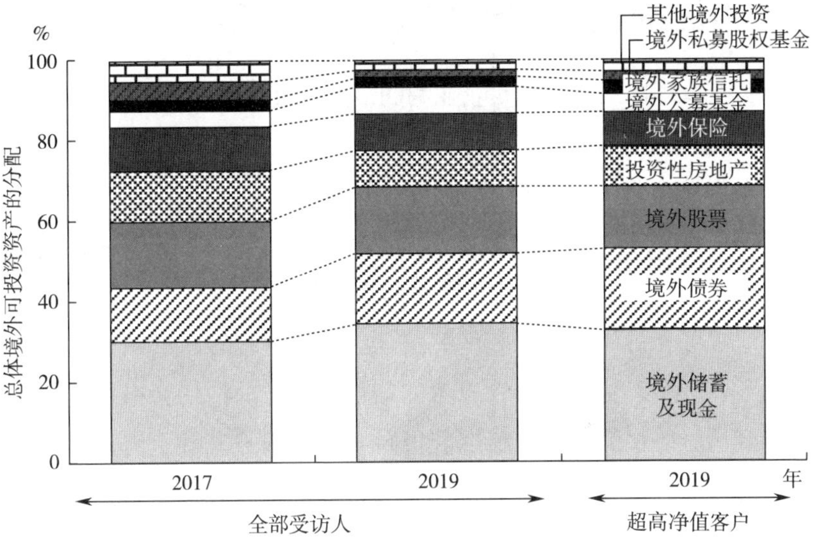

图 9－5　超高净值客户境外资产配置比例

（数据来源：招商银行和贝恩公司高净值人群调研分析）

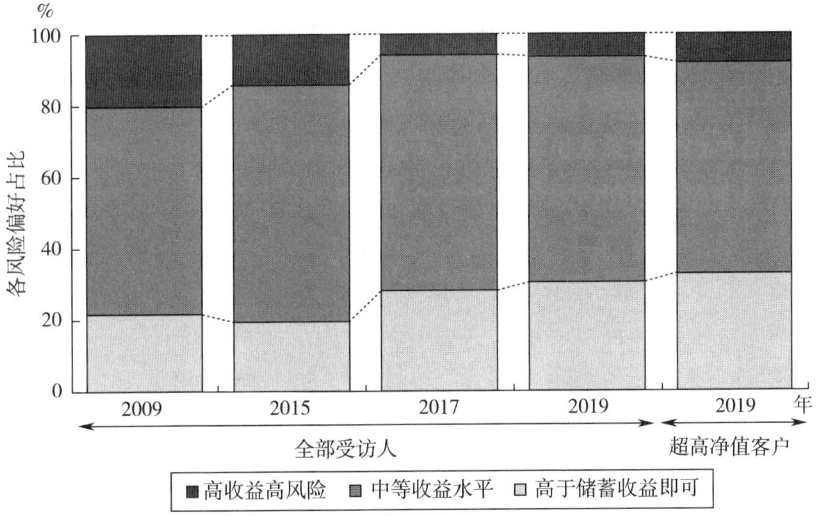

图 9－6　中国超高净值客户风险偏好

（数据来源：招商银行和贝恩公司高净值人群调研分析）

三、信托公司客户关系管理分析

客户关系管理的最终目标是企业利润最大化及长远发展。

（一）客户信任度与信任边界

信托是建立在信任关系的基础上，而财富管理的本质也是信任，因此，信任在信托财富管理业务中尤为重要。在信托财富管理客户关系中，信任是提高客户满意度、忠诚度以及维持关系的重要基础。

信任通常可分为认知信任和情感信任。财富管理客户的认知信任来源于公司的服务、产品，是基于理性思考的信任，客户的信任会根据其自身及外部影响而变化。情感信任是在长期获得财富管理服务基础上对产品、服务和品牌产生的偏爱，是基于情感联系产生的信任，是一种感知的信任。情感信任是较高层次的信任，不容易发生改变，通过对理财师的信任及品牌的认知、价值观的认同能够建立情感信任。

可通过调查问卷方式从多个维度了解客户对机构的信任程度。

表 9－3　　财富管理客户对机构信任程度调查问卷

序号	调查问题	是	否
1	您相信该公司的理财师很可靠，理财师的建议值得信赖		
2	您愿意将所需信息充分告知，愿意与理财师进行充分交流		
3	理财师推荐的产品能够充分揭示风险，不存在过度营销、误导的行为		
4	理财师在推荐产品时充分从客户利益出发，选择与客户风险偏好匹配的产品		
5	您与理财师建立了长期信任关系		
6	您愿意向亲朋好友推荐该公司的产品和服务		
7	您认为该公司产品的宣传资料、产品说明等内容真实，无隐瞒风险情况		
8	您相信该公司能够保障客户权益，产品协议合同能充分保护客户权益		
9	您相信该公司能够履行合同或产品协议中的承诺		
10	该公司能够及时、真实、充分披露产品运作情况		
11	您认为该公司能够把握宏观经济走势，风险管理能力较强		
12	您认为该公司具有较高的知名度及较好的业务口碑		

建立长期的客户信任关系还要把握好信任的边界。信任的最佳状态并不是无条件、无边界的，而是有范围、有界限的。通常说的“恰到好处”才是

达到了最大的信任可控空间，能够最大限度地扬长避短，促进整个信任状态达到最佳结合点。财富管理业务中客户与公司及理财师之间的信任是有范围、有边界的信任。财富管理以客户为中心，但并不是替客户做主，需要把握好信任的边界。

（二）客户满意度

客户满意度指的是客户对使用的产品和服务所给予的整体评价态度。客户的期望和感知对客户满意度起到决定性的作用。

提高客户的满意度要加强客户满意度管理，适时与客户沟通，从而获取客户的现实需求和潜在需求，及时把握客户的动态。通过开展客户满意度调查，倾听客户的心声，找到服务中存在的问题，有的放矢地改进。单纯追求客户满意度也存在一定问题，客户并不总是对的，客户的满意度也会牺牲和损害公司与员工的利益，有时会降低客户关系管理的效率。

因此，需要理解目标客户的关键满意因素，对资源进行优化配置，集中力量提高目标客户的长期满意度，也就是提升目标客户的忠诚度。

（三）客户忠诚度

近年来，随着各类财富管理机构的出现，客户可选择的产品和服务更加多样，客户会更加频繁地更换服务机构。《2019 年全球财富管理报告》显示，调查范围内全球三分之一的客户倾向于更换财富管理机构。因此，基于客户忠诚度实现的客户关系管理更加重要。

客户满意度是满足需求后的短期心理体验，是客户的期望和感受；而客户的忠诚度是客户对产品和服务的依赖程度，是一种长期的排他行为，有时是非理性的，是客户购买的趋势和承诺，也是获得稳定收入利润的重要因素之一。忠诚的客户更乐于向他人推荐该公司的产品和服务。尤其对于高净值人群的财富管理业务，客户推荐往往是客户来源的重要渠道。另外，老客户的维护成本远低于新客户的开发成本，通常老客户维护成本是新客户开发成本的六分之一。

（四）客户价值管理

客户价值管理（Customer Value Management，CVM）是指，根据客户交易

数据，进行客户对比分析和客户价值等级排列，从而根据不同等级客户的购买需求与购买习惯进行个性化的客户营销服务，以进一步提升企业客户的忠诚度与满意度，发挥企业客户资源的最大价值。

客户关系管理的核心是客户价值管理，客户价值管理包括客户获取、客户发展以及客户留存。客户价值管理要求企业在选择、管理及培养客户方面坚持客户导向，其本质是有效截留客户。

客户价值评价指标可分为客户的收入（管理资产总额、金融业务交易次数、产品收入、产品数量）、成本（服务时间及次数）和认知（客户满意度、产品推荐度、客户流失率、品牌认知）等方面。

通过客户价值管理，在提升客户信任度的同时开发个性化产品，并逐步建立情感信任，最终不断提升客户体验，培养客户忠诚度，为客户和公司创造更多价值。

（五）理财师专业服务

理财师的服务对于客户满意度、忠诚度及客户价值管理都起到关键作用，财富管理需要有极高的专业知识、职业素养及道德水平的综合型人才。目前，理财师的服务逐步从服务型营销向专业型营销转变。专业型营销可以帮助客户建立对信托公司及其信托产品的品牌认知，进而能够建立并保持客户对品牌的长期忠诚度。理财师在此过程中进行专业的学习是非常重要的。

表 9－4　　理财师专业资质

资质名称	发证部门
信托从业资格证	中国信托业协会
证券从业资格证	中国证券业协会
基金从业资格证	中国证券投资基金业协会
保险从业资格证	中国保险行业协会
银行从业资格证	中国银行业协会
助理理财规划师（国家职业资格三级）	人力资源和社会保障部职业技能鉴定中心
理财规划师（国家职业资格二级）	
高级理财规划师（国家职业资格一级）	
注册会计师（CPA）	中国注册会计师协会

续表

资质名称	发证部门
金融理财师（AFP）	国际金融理财标准委员会（FPSB）
注册理财规划师（CFP）	
认证私人银行家（CPB）	
特许金融分析师（CFA）	金融分析师联合会（FAF）
理财规划师（FP）	理财规划师专业委员会（CHFP）
TEP/STEP Student / STEP Affiliate / STEP Associate	信托与财产规划者协会（STEP）

第十章　信托行业财富管理的风险管理研究

本章问题思考

◎ 目前监管部门对信托公司处罚的重点是什么？销售环节有哪些特别需要关注的内容？

◎ 信托公司全面风险管理体系包括哪些具体内容？如何识别具体的风险？

◎ 信托公司财富管理中心运营中面临哪些主要风险？如何应对？财富管理业务销售过程中哪些环节容易出现风险？如何防范及管控？

风险是商业的本质，追逐和承担风险就是企业的最基本职能。

——彼得·德鲁克

金融业是经营风险的特殊行业，管理风险的能力是金融机构获得长期稳定收益的重要能力。信托业务发展与风险控制密切相关，业务发展须以风险控制为前提，风险控制须以促进业务发展为目的。信托行业经过近年来的高速发展，目前已成为我国金融体系的重要组成部分。信托行业的风险也会影响整个金融体系的安全。财富管理业务作为信托公司的重要转型方向，直接面对广大投资者，其声誉风险更加显著。因此，财富管理业务的风险管理也是信托公司全面风险管理的重要环节。

一、信托公司风险管理分析

（一）信托公司风险项目及监管处罚分析

1. 信托公司风险项目统计分析

据 Wind 数据库统计，截至 2019 年末，全国 68 家信托公司共有 1 547 个项目存在风险隐患，涉及资金 5 770. 47 亿元，而 2015 年信托行业风险项目规模为 973 亿元，风险项目数为 464 个，近几年风险项目数量显著增加。除了信托项目本身的风险原因，监管部门加大了风险排查的力度和频率也是风险项目暴露的一个主要原因。

分析 2015 年至 2019 年风险项目数据，风险资产率有所上升。在 2017 年之前信托风险资产率（风险项目规模/受托资产规模）多数时候维持在 0. 8%以下，2018 年小幅上升至 0. 98%，2019 年末上升至 2. 67%，信托资产风险率有所上升。在风险暴露充分的背景下，存量风险化解将成为信托行业一项重要的任务。

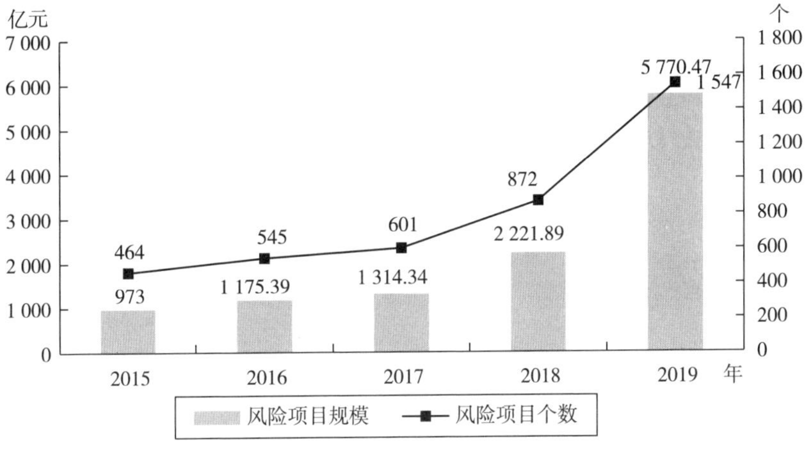

图 10 -1　2015—2019 年风险项目规模及个数

进一步分析集合、单一、财产权信托项目的风险结构，集合、单一信托项目风险资产规模较大。截至 2019 年末，集合信托项目的风险资产规模为 3 451. 8亿元，比 2018 年末的 1 371. 89 亿元增加了 2 079. 91 亿元；单一信托项目的风险资产规模为 2 263. 09 亿元，较 2018 年末的 812. 4 亿元大幅上升

1 450. 69亿元。财产权信托项目的风险资产规模为55. 58 亿元，较2018 年的37. 6 亿元增加17. 98 亿元，财产权信托的风险资产整体规模和占比都较低。

2. 监管部门对信托公司的处罚分析

近年来，监管部门发布了一系列文件，不断加强对信托公司的风险管控。2014 年银监会下发《关于加强信托公司风险管理的指导意见》（简称“99 号文”）之后，2016 年又颁布了《关于进一步加强信托公司风险监管工作的意见》（简称“58 号文”），对信托公司推进风险管理体系建设、建立风险防控长效机制提出了明确的要求。2017 年银监会连续出台多项监管政策，对金融机构的风险控制标准提出了更高的要求。2018 年4 月，“资管新规”为我国资产管理行业树立了统一的监管标准，打破了之前信托业潜在的“刚性兑付”问题。同年，《信托公司受托责任尽职指引》出台，更加强调了信托业务的规范性和可操作性。

监管部门依据相关政策加大了对信托公司的处罚力度，从监管部门对信托公司的处罚数量及处罚金额来看，现阶段“尽职调查与审批管理”方面的处罚是最多的，受到监管部门的重点关注。此外，在财富管理业务方面，“产品营销与信托设立”“信息披露”也越来越受到监管部门关注，罚单数量虽少，但处罚金额较大。

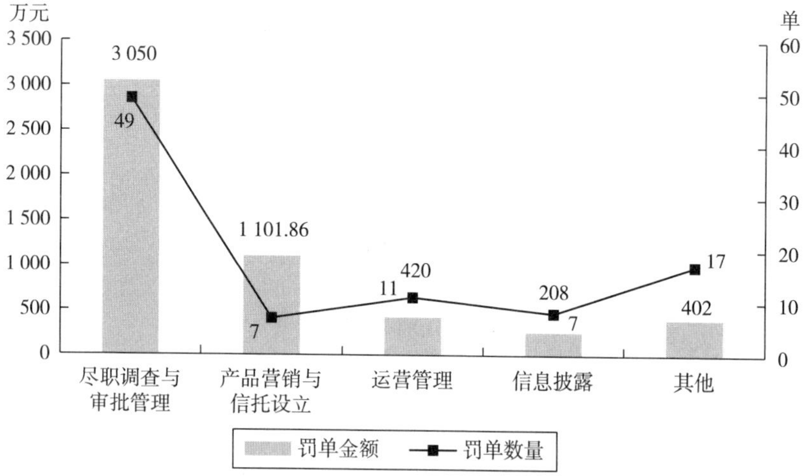

图10－2　信托公司处罚情况分类（2017 年至2019 年11 月）

（1）产品营销与信托设立相关处罚情况

在打破“刚性兑付”的背景下，监管部门更加关注信托公司对合格投资者的认定，以及信托产品营销与信托设立环节。自 2018 年以来，信托公司在产品营销与信托设立方面接到的罚单数量显著提升，监管部门 2017 年至 2019 年 11 月在该方面共开出 7 张罚单，处罚金额达到 1 101. 86 万元，仅 2019 年在产品营销方面就开出 5 张罚单。

监管部门的关注重点开始逐步转向资金端投资者，如在产品营销与信托设立方面，监管部门重点强调信托公司对合格投资者的甄别及适当性管理等问题。自然人或机构投资者直接认购信托计划时，信托公司需要对投资者是否符合相关规定进行甄别，还需要对产品推介、风险告知、风险适应性调查等过程进行“双录”留痕。适当性管理方面的主要问题是投资者适当性审查不到位、信托产品销售过程中未进行“双录”、承诺保本保收益或违反程序签订信托文件等。

（2）信息披露相关处罚情况

近年来，信息披露问题也是信托产品纠纷中涉及最多的投诉焦点之一。在信息披露方面，从 2017 年至 2019 年有 7 张罚单，处罚金额达到 208 万元。各家信托公司受到处罚的原因主要包括未及时向受益人披露信息、向委托人披露的信息有重大遗漏、信息披露不到位等。

在培育信托文化、加强合规建设的背景下，监督检查信息披露工作也是监管的重点。目前，信托公司与监管部门、投资者对信息披露的时间、事项、深度等方面的理解可能存在一定的出入，未来需要各方深入沟通与交流，明确信息披露的边界，以此保障各方利益。

（二）建立信托公司全面风险管理体系

当前信托公司风险管理仍较为粗放，精细化程度不够，主要是以信用风险管理为核心的风险管理模式。随着信托行业的不断壮大、经营方式的转变，信托公司面临的风险必将更加多样化和复杂化，信托公司需要将各类风险纳入考量范围，建立更加完善且精细化程度高的风险管理体系。全面风险管理有助于信托公司有效开展风险管理。

1. 信托公司全面风险管理体系

全面风险管理是指信托从公司战略目标制定到实现的全方位、多角度风险管理。信托公司全面风险管理体系包括风险管理目标、风险管理范畴、风险管理制度、风险管理过程、风险管理工具等方面。

全面风险管理体系设置了三道风险防线：第一道防线是有效的业务管理流程和系统，包括内部控制和文件化的程序。业务管理需要具有适当的监督控制和检查流程，以识别控制弱点和流程的不足。第二道防线是风险控制，与业务分开，对其进行独立监督，设定风险偏好，有效执行适用的法律和法规。第三道防线是内部审计，评估风险管理和控制的总体有效性，包括评估第一道防线和第二道防线的实施效果。

2. 信托公司风险管理级别

通过对比分析各信托公司风险管理情况，可将风险管理级别划分为五级，现阶段大多数信托公司处于简单级和发展级。

初始级：内部控制与风险管理主要依赖个人，在很大程度上需要关键人员的指导。无能力进行内部控制与风险管理体系设计。内部控制与风险管理执行混乱。

简单级：公司内部控制与风险管理主要依靠经验的积累，在很大程度上依赖于人员的自觉性。初步建立了内部控制与风险管理体系，界定了基本内部控制与风险管理的关键点。公司内部控制与风险管理执行基本有效，但缺少统一执行要求。

发展级：公司对内部控制与风险管理的经验和知识予以制度化、流程化，基本形成内部控制与风险管理体系。内部控制与风险管理执行有效，执行要求相对统一。

规范级：公司内部控制与风险管理体系规范化，能够对内部控制与风险管理体系进行论证、评估、规划、变更等管理。员工能很好地理解内部控制与风险管理体系，并遵循相关要求。影响控制目标的风险可衡量、可考核。内部控制与风险管理执行有效，执行过程规范化、标准化。

系统级：公司内部控制与风险管理体系非常完善，设计健全、有效。内部控制与风险管理可实现自我优化并具有前瞻性，能够从战略管理的高度来规划企业内部控制与风险管理体系。内部控制与风险管理执行达到理想效果，并得到持续改进和提升，能够有效支持公司实现战略目标。内部控制与风险管理成为公司的竞争优势。

3. 信托公司风险管理文化及风险偏好

风险管理文化是风险管理体系的灵魂，有效的风险管理体系需要以扎实的风险管理文化培育为先导，风险管理文化决定了信托公司在经营管理过程中对潜在风险的判断及风险导向，是全面风险管理体系建设的基石。

信托公司建立全面风险管理体系，要将风险管理文化上升到战略管理高度，改变初期注重业务发展、忽视业务发展中的风险管理问题。

近年来，信托行业越来越重视风险管理文化的建设。2019 年末，中国信托业年会强调信托文化是推动行业稳健发展的最坚定力量，同时要求信托公司从 2020 年开始，连续五年开展信托文化方面的主题活动。风险管理文化作为信托文化的一个重要组成部分，是信托公司可持续健康发展的基础。信托公司应将风险管理文化建设融入信托文化与企业文化建设过程中，自上而下提升风险管理意识，将风险管理文化融入公司的各个层面。

目前，大部分信托公司的风险偏好不明确，未建立适用于各类风险的整体性限额管理机制。

风险偏好反映了公司愿意接受或打算避免的风险类型。信托公司可在公司范围内建立定性和定量的风险偏好指标，通过设定限额和权限将其嵌入业务管理中，包括资本、流动性、风险集中度和内部组织等方面的最低标准，并定期对风险偏好进行审查，重新校准。

（三）信托公司风险识别及成因分析

信托公司面临的主要风险包括战略风险、信用风险、市场风险、流动性风险、操作风险、信息科技风险、声誉风险等。

1. 信托公司战略风险识别及成因

公司战略是影响整个公司的发展方向、企业文化、业务能力和经营的重要因素。信托公司战略风险是顶层设计带来的风险，是经营策略不适当或外部经营环境发生变化导致整个公司的发展方向、企业文化、业务能力或企业效益受到负面影响的风险。

表 10－1　　战略风险识别

项目	战略风险识别要点
职责	战略风险管理框架及战略风险管理职责是否缺失
董事会及战略委员会职责	是否明确以下方面职责：战略决策、战略规划研究、重大资本运作研究、战略风险管理体系构建、审批战略风险评估报告；战略委员会成员在信托行业专业领域的经验是否充足
监事会职责	是否明确监事会在战略风险管理方面所需承担的职责
高级管理层职责	是否明确高级管理层在战略风险管理方面所需承担的职责
战略牵头部门及执行部门职责	战略牵头部门在发展战略编制、创新业务支持、行业政策研究、战略风险分析、战略风险评估报告等方面的职责是否缺乏，执行部门是否将战略规划分解到部门经营计划中
战略风险管理工具	战略风险管理工具是否缺失，是否建立完善的战略风险管理制度与报告机制
全面风险管理手册	是否明确战略决策管理流程，是否明确有效的战略风险识别、评估、监测、控制程序，是否有效运用战略咨询与战略纠偏等战略风险管理方法
企业发展战略管理制度	是否完善发展战略管理制度，确保发展战略有效实施；是否制定有效的战略风险管理办法
全面风险管理报告	是否包含战略风险，是否制定战略风险报告机制，是否明确战略风险评估报告的内容、频率等
全生命周期战略研究	是否从信托业务全生命周期进行战略研究，包括建立退出业务的战略研究策略，实施与退出业务相匹配的风险管理措施等
战略宣贯	战略宣贯是否深入全面
战略宣贯范围及内容	是否将发展战略传达至公司各级，是否将分解后的战略规划传导给公司其他员工；宣贯内容是否全面，公司的发展战略、发展规划的宣贯是否仍有待加强
战略宣贯的有效性	是否开展分层次的、对公司管理人员、部门负责人、员工各有侧重的战略宣贯，是否对公司的战略发展规划进行解读等

目前，信托公司战略风险产生的主要原因包括：（1）缺乏明确的发展战略或发展战略实施不到位，失去发展机遇和动力，难以形成竞争优势。（2）发展战略过于激进，脱离企业实际能力或偏离主业，导致企业过度扩张，经营风险增大。

2. 信托公司信用风险识别及成因

信用风险是信托公司面临的最重要风险之一，是指债务人或交易对手未能履行合同所规定的义务或信用质量发生变化，影响债权或金融产品的价值，从而给债权人或金融产品持有人带来损失的风险。

表 10－2　　　　信用风险识别

项目	信用风险识别要点
信用风险治理架构	是否落实清晰的信用风险管理执行和问责机制，以确保信用风险管理策略、偏好和限额等得到充分传达和有效落实
	是否设立或指定明确的信用风险管理机构或部门，对信用风险管理政策制度、方法和技术进行牵头建设和维护，对政策和程序的落地执行情况进行监督和评估
信用风险政策制度体系	是否建立完整、清晰的信用风险管理政策制度体系，包括信用风险管理程序、工具和方法，主要信用风险管理环节是否有针对性、可操作性强的制度规范
信用风险偏好	是否明确公司层面的总体风险偏好，是否有定性风险偏好陈述或定量风险偏好指标，是否明确公司愿意承担的信用风险上限
信用风险衡量监控	是否对信用风险进行统筹分析、监测和控制等，是否进行信用评级、信用风险限额、信用风险监测和预警，是否制定信用风险报告管理办法或操作细则等

目前，信托公司信用风险产生的主要原因包括：（1）没有根据公司战略确定公司信用风险偏好或信用风险偏好在不同层级不能保持一致性。（2）融资客户与合作机构的准入政策与评审标准细化程度或时效性不足，没有根据公司自身发展状况与战略规划及时更新相应的项目准入标准，可能使得信托公司对部分客户的选择缺乏审慎。（3）信托公司在业务流程中对信用风险缺乏一定的监控管理，不能及时对信用风险进行识别、追踪，从全局进行风险把控，未能及时分散风险。（4）在信用风险缓释措施管理方面，一些信托公司从相关制度规范、风险监测分析和预警工作到问责机制建立方面均存在一定程度的缺陷。

另外，目前信托公司信用风险多发生于融资类信托业务，主要原因包括：信托项目第一还款来源所产生的现金流发生恶化；交易对手财务状况恶化，或提供虚假财务报表，各项财务指标持续下降，担保等或有负债过度增加，过度依赖对外融资等；管理层发生重大人事变动，或涉及诉讼案件等；经营管理状况发生重大变化。担保人担保能力下降或担保物价值贬损过多；抵押人擅自处理抵押物，对抵押物失去控制等。

3. 信托公司市场风险识别及成因

市场风险存在于信托公司的投资业务中，按照类型可以分为利率风险、汇率风险、股票价格风险和商品价格风险。

表 10－3　　市场风险识别

项目	市场风险识别要点
市场风险管理组织架构	是否明确董事会及下设风险管理与审计委员会的市场风险管理职责；是否对市场风险偏好、管理措施、管理报告等进行定期审议；是否明确市场风险管理相关部门的职责，是否确定专门部门负责市场风险管理工作，对市场风险的识别、控制、监测等进行统一管理；是否将稽核审计部作为风险管理的防线，履行其对市场风险管理情况进行监督的职责
市场风险管理政策和程序	是否建立完善的市场风险管理政策与程序；是否能够对市场风险管理流程的有效性进行确认，将总体市场风险控制在可接受的水平
市场风险报告	是否建立完善的市场风险报告机制，定期、及时向董事会、高级管理层和其他管理人员提供不同层次和种类的市场风险管理报告；是否明确规定报告的内容、报送对象、频率、形式等，包括总体市场风险头寸、风险水平、盈亏状况，以及相关政策和程序的遵守情况等

目前，信托公司产生市场风险的主要原因包括：（1）未建立完善的管理体系，市场风险管理散落在面临市场风险的各部门中，由部门自行管理面临的市场风险，未对市场风险进行统一的管理，缺少对市场风险识别、计量、监测的统筹管理；（2）缺乏有效的市场风险计量手段，未根据不同类别的市场风险选择适当的、普遍被接受的计量方法，未对市场风险进行汇总，无法反映信托公司总体的市场风险水平；（3）未实施风险限额管理以有效控制市场风险。

4. 信托公司操作风险识别及成因

操作风险是指因不完善的内部程序及外部事件所造成损失的风险。

表 10－4　　　　操作风险识别

项目	操作风险识别要点
操作风险治理架构	是否建立操作风险管理体系和治理架构；是否明确董事会、监事会、高级管理层的操作风险管理职责，以及操作风险牵头部门的职责
操作风险管理制度	是否通过制度建设、内控评价、现场检查等加强业务流程环节中操作风险的管控，是否明确具体的操作风险管理政策；是否建立操作风险识别、评估、监测和控制程序；是否建立操作风险报告机制、操作风险管理的激励约束机制，是否进行操作风险压力测试等

目前，信托公司产生操作风险的主要原因包括：（1）仍以各部门对重点项目的事后管理为主，主要依靠各业务部门运营管理人员对关键业务环节进行事后检查与复核；（2）相关管理部门对重点项目的事后审计进行把控，操作风险管理散落在各部门，信托公司尚未形成统一的操作风险管理体系，未建立具体的操作风险管理工具与流程；（3）大多数信托公司未确立牵头管理部门，无法对操作风险事件进行及时识别、评估、监测与报告，不能充分了解公司操作风险水平、内部控制缺陷，不能及时发现异常情况并采取应对措施。

5. 信托公司流动性风险识别及成因

流动性风险是指信托公司无法以合理成本及时获得充足资金，用于偿付到期债务、履行其他支付义务和满足正常业务开展的其他资金需求的风险。流动性风险除了公司层面流动性风险还包括业务层面流动性风险。业务层面流动性风险是指信托项目期限届满或者在一定的承诺期限内，没有足够资金向受益人及其他相关利益方及时兑现收益，导致信托业务违约或者未实现预期收益，以及发行环节无法以合理价格实现信托产品销售的风险。公司层面流动性风险具体表现为公司缺乏稳定的负债机制，不能以合理的利率借入资金以满足资金周转需要，从而发生支付困难。业务层面流动性风险包括：发行的流动性风险，即公司信托产品销售积压，无法及时满足融资人的用款需求；兑付的流动性风险，即在开放式信托产品中，因期限拆分、滚动发行，造成后期申购不达预期，前期投资者无法赎回退出，以及单个项目发生信用违约，公司无法按信托合同约定向受益人兑付信托利益。

表 10－5　流动性风险识别

项目	流动性风险识别要点
流动性风险治理架构	是否明确董事会及下设风险管理与审计委员会、高级管理层的流动性风险管理职责；流动性风险管理的牵头部门是否独立于自有资金运用部门；是否细化各部门在流动性风险管理方面承担的职责，是否明确其他相关部门的配合工作；审计部是否将流动性风险管理纳入内部审计范畴，定期开展覆盖流动性风险管理所有环节的专项审计，审查和评价流动性风险管理的充分性和有效性
流动性风险管理政策制度	是否明确流动性风险的管理策略，制定相应的规章制度，包括：（1）流动性风险识别、计量和监测，以及现金流测算和分析；（2）日间流动性风险管理；（3）压力测试；（4）对影响流动性风险的潜在因素以及其他类别风险对流动性风险的影响进行持续监测和分析
流动性风险偏好及限额管理	是否制定明确的流动性风险偏好及限额管理要求；是否明确在正常情景和压力情景下能够承受的流动性风险水平；是否根据流动性风险偏好确定业务开展过程中的流动性风险限额，对面临的流动性风险进行监测与控制
融资管理策略及应急管理	是否形成完善的融资管理体系，对正常情景和压力情景下未来不同时间段的融资进行需求分析；是否对不同等级流动性风险下的融资方式进行规定，包括融资策略、融资头寸、融资期限、融资成本等；是否开展流动性风险压力测试，是否根据压力情景下的流动性风险暴露情况制订应急预案，是否检验公司流动性风险应急计划的合理性；是否根据公司净资本和风险资本测算结果，在调整业务结构、引导业务经营发展和风险防控方面发挥相应的作用

信托公司产生流动性风险的主要原因包括：（1）缺乏与公司战略实力相匹配的流动性风险偏好与流动性管理策略。现金流测算的时效性、准确性不足导致风险暴露，现有的资金流测算仅限于静态现金流的测算，未能开展动态现金流的测算，从而造成期限错配等风险事件发生。（2）财务管理部门的流动性管理信息建设不足，缺少精细化的流动性风险管理工具。流动性储备管理有待加强，未制定明确的流动性储备目标，对优质流动性资产的构成、统计口径等未作出明确规定。（3）流动性安全垫的测算大多基于历史经验估算确定，缺少客观、合理的测算规则，无法有效防范流动性风险的发生。

6. 信托公司合规风险识别及成因

信托公司合规风险是指因未遵循法律、规则和准则可能遭受法律制裁、监管处罚、重大财务损失和声誉损失的风险。

信托公司产生合规风险的主要原因包括：（1）公司在业务拓展中没有做好对相关合作方主体资格、项目方案设计、交易行为把控等方面的法律风险审查，使得公司可能遭受声誉和财产损失。（2）公司没有按照监管政策要求做好对项目的合规风险评估，使公司可能面临一定的财产损失或监管处罚，例如，违反监管要求造成公司评级下降、取消部分业务资格。

7. 信托公司信息科技风险识别及成因

信息科技风险是指信息科技在信托公司的运用过程中，由于自然因素、人为因素、技术漏洞和管理缺陷产生的操作、法律和声誉等风险。

大部分信托公司的信息系统完成了初步搭建，存在某些领域缺乏信息系统支撑的情况。一些信托公司的整体信息系统风险治理架构不健全，风险管理体系不完善，信息科技管理制度缺失。在业务连续性方面，未按照相关监管规定进行应急预案演练、更新。在外包管理中，未按照监管规定对外包流程进行规范化管理。随着信托公司业务对信息系统的依赖性逐渐增加，信息科技风险越来越得到重视。

表 10－6　　　　科技信息风险识别

项目	科技信息风险识别要点
信息科技风险治理架构	是否明确董事会的信息科技风险治理职责，是否建立信息科技风险管理的基本制度；信息化委员会是否有效履职，是否明确其承担的信息科技管理职能；是否将信息科技审计工作纳入审计部的工作范围，做到每三年对重要的外包项目开展一次信息科技外包风险的专项审计
信息科技部门人员管理	是否对重要岗位实现专人专岗，包括信息科技风险管理专岗、数据质量专岗、信息安全专岗；是否区分系统开发团队与系统测试团队
信息科技风险管理机制	是否明确公司层面及各业务系统层面需要识别、评估、监测的信息科技风险指标；是否通过信息科技手段（例如监控平台等）进行信息系统的实时监测；是否制定单独的信息系统运行维护管理制度，建立故障管理机制，建立并完善有效的问题管理流程，以确保全面地追踪、分析和解决信息系统问题

续表

项目	科技信息风险识别要点
信息科技外包风险管理	是否定期进行外包风险评估，是否至少每年开展一次全面的外包风险管理评估，保持评估的独立性，并向高级管理层提交评估报告（评估内容包括信息科技外包战略执行情况、外包信息安全、机构集中度、服务连续性、服务质量、政策及市场变化对外包服务的影响等）；是否建立外包商定期评估与退出机制，以建立符合自身战略目标的外包商关系管理策略；是否建立重要外包商的准入及风险管理机制，根据外包服务集中度、外包金额集中度等指标对外包商进行分级，明确重要外包商的准入标准、风险管理要求；是否建立重要外包项目的定期审计机制

8. 信托公司声誉风险识别及成因

声誉风险是指公司经营管理及其他行为或外部事件导致利益相关方对公司负面评价的风险。重大声誉事件是指造成信托行业重大损失、市场大幅波动、引发系统性风险或影响社会经济秩序稳定的声誉事件。

表 10－7　　声誉风险识别

项目	声誉风险识别要点
声誉风险管理职责	董事会是否制定与战略目标一致的声誉风险管理政策；是否明确声誉风险牵头管理部门，并对其他各配合部门在声誉风险管理中的职责进行明确划分
声誉风险管理工具	是否建立声誉风险全面排查机制，定期分析声誉风险种类和声誉事件的发生因素和传导途径，规范业务运作；是否建立对公司整体声誉风险的识别、监测与管理工具，针对公司整体面临的包括战略层面及经营层面在内的声誉风险事件进行明确分类，并规范各级别声誉风险事件的管理权限、职责和报告路径
声誉风险处置机制	是否针对公司整体声誉风险建立应急处置机制；是否明确在重大声誉事件或可能引发重大声誉事件的行为和事件发生后的处置权限和职责、处理方案、报告时限等

目前，信托公司产生声誉风险的主要原因包括：（1）缺乏职责范围清晰、汇报路径明确的声誉风险管理机制，可能导致实际工作中各部门工作衔接不畅、信息传递不及时，或职责重叠、职责缺失的情况。（2）声誉风险应急能力及处置经验不足。（3）声誉风险管理的宣贯不足。声誉风险管理机制应包含声誉风险管理的内部培训和奖惩。目前部分信托公司的培训体系尚未纳入声誉风险相关内容，声誉风险管理的宣贯工作有待加强。

专栏10－1

信托公司声誉风险

声誉风险是对信托公司威胁最大的风险之一。信托的本质是基于信任的委托，在信托制度中，信任贯穿始终。信用是信托公司立身的根本，声誉是信托公司生存的基础，因此对声誉风险的良好管控对于信托公司尤为重要。

声誉风险主要是重大的公众负面评价所带来的资金和客户损失方面的风险，这种风险影响着信托公司建立新客户关系及渠道，包括存量客户服务，甚至会导致委托人、受益人、监管机构对信托公司失去信心，使公司丧失品牌优势和市场地位。一旦声誉受损害，对于信托公司而言，往往是致命的，将影响信托公司经营与财富管理业务发展，因而声誉风险通常被信托公司视为对其经济价值影响最大的风险因素。

1. 信托公司声誉风险类型

几乎所有的风险处理不当都可能影响信托公司的声誉，从而进一步演变成声誉风险。

（1）兑付风险引发的声誉风险。在打破“刚兑”的背景下，不能如期兑付引发的声誉风险受到广泛关注。

（2）纠纷及法律诉讼引发的声誉风险。在客户管理过程中，若没能及时妥善处理与委托人、受益人的纠纷，会导致纠纷升级、公司形象受损，从而引发声誉风险。例如，客户对公司的产品和服务投诉或与公司产生纠纷，可能引发媒体或社会舆论的负面评价并广泛传播。

（3）媒体对敏感话题的不当报道引发的声誉风险。各类新闻媒体中可能出现非预见性的、涉及敏感话题的有关信托公司的报道，如信托公司的社会责任、理财能力、履约能力、政策导向、高层离职等，若媒体报道不当，这些新闻就可能对信托公司产生不利的影响，误导公众对信托公司作出负面评价，从而引发信托公司的声誉风险。

（4）信托财产管理不善、操作失误、内控重大缺陷、违反有关法律法规、经营管理决策重大失误等引发的声誉风险。

2. 声誉风险管控

（1）提高公司风险管理能力。防范和化解信托业的兑付风险，最根本的还是要提高信托公司的风险管理能力。

（2）健全声誉风险预警机制，完善内部控制体系。完善声誉风险应急管理机制，积极维护传播渠道等，实现对声誉风险的识别、预警、监测和控制。

（3）强化员工对声誉风险管理的认识。信托公司应树立“信用是立身之本、声誉是生存的基础、声誉管理创造价值、声誉风险管理人人有责”的理念，通过多种形式的培训和宣传，让员工知悉声誉风险管理的重要性，让全体员工正确认识业务发展与声誉风险的关系，引导员工主动维护公司的声誉。

（4）完善信息披露机制。目前，越来越多的信托公司主动将产品研发、未来发展计划向客户、公众告知，并广泛征求意见。这样的信息披露和与客户的主动沟通将增强投资者信心，正确引导舆论导向，从而防范新产品、新服务可能引发的声誉风险。

（5）保持与媒体的良好沟通。信托公司应时时关注社会舆论、公众媒体对公司的评价，加强与各类新闻媒体的沟通，及时进行信息披露，正面宣传信托产品、品牌及各类活动，树立良好的品牌和形象；面对负面报道时，危机事件管理小组要和媒体进行正面沟通，以适当方式指出问题、阐明公正观点、澄清事实真相。

二、信托公司财富管理中心风险管理

财富管理业务是信托公司重要的资金业务，其风险管理不仅需要遵循信托公司整体的风险管理原则，还需要结合自身业务特点采用相应的风险管理措施。

财富管理中心发展过程中面临一系列风险，如战略定位风险、产品定位风险、客户维护风险、人员管理风险。

（一）财富管理中心战略定位风险管理

财富管理中心战略定位风险管理是指，缺乏明确的财富管理业务发展战略或业务发展战略实施不到位，难以形成竞争优势，丧失业务发展机遇；或者是发展战略过于激进，脱离公司实际能力，财富管理团队过度扩张，导致业务失衡的风险。

国内信托公司目前主要以产品销售为核心导向，财富管理中心的职能定位是信托公司的直销阵地，解决信托公司的资金来源问题。产品销售导向导致公司财富管理业务的系统性建设和长期规划投入不足，以资产配置为核心的财富管理业务难以有效开展。随着“资管新规”的出台，打破了刚性兑付，融资类业务受限，信托公司财富管理中心面临战略定位风险。

信托公司可逐步依据公司战略明确财富管理业务战略定位，具体包括：(1) 以资产管理为核心，财富管理立足于高端客户的资产管理需求，不断提升资产管理能力，为财富管理客户提供专业的资产管理及投资顾问服务。(2) 建立资产管理和财富管理并重的全能战略，在服务内容上涵盖专业咨询、资产配置、事务管理等全链条服务；为客户提供家族信托、保险金信托、专户理财等专业化的资产管理服务；在资产配置上，建立平衡配置、稳健配置、积极配置、增强配置等不同投资策略；探索和打造全体系、全方位、全流程、全周期的综合金融服务。(3) 从单纯的信托产品销售向个性化的财富管理业务转变，发挥信托制度优势及账户管理能力，尝试拓展家族信托业务及客户定制业务。(4) 探索建立财富管理信息服务平台，利用信息优势、信托账户优势为财富管理业务提供信息化支持。

（二）财富管理中心产品定位风险管理

目前的信托公司财富管理中心仍以销售公司自身产品为主，产品定位风险较大，尚未形成行业的主营业务和产品体系，且“以产定销”的盈利模式导致信托公司对客户利益的关注度不够，所提供的产品与客户需求不匹配，产品供给并不能完全满足高净值客户的深层次需求，一旦客户资金端出现变化，现有的产品体系可能无法满足客户的需求。

以资产管理为核心的财富管理业务需要建立专业、开放、全品种的产品平台，逐步完善产品体系（如家族信托、保险金信托、全权委托等）。同时，财富管理中心要以公司的业务目标为产品策略，充分了解资金端的产品偏好和需求，为信托公司在资产端的产品创设提供有益的依据和建议，有效降低产品定位风险。

（三）财富管理中心客户维护风险管理

目前信托公司能够获得高净值客户的青睐和信任，主要是因为长期以来提供的较高收益的固定收益产品，并且大部分信托公司一直维持“刚性兑付”。随着大资管时代来临，资产管理市场产品同质化、业务替代性较强等问题也逐渐凸显。同时，“资管新规”明确资产管理业务不得承诺保本保收益，要求打破刚性兑付。在同业竞争与监管对融资类产品收紧的双重压力下，信托公司前期优势逐步消失，财富管理业务面临客户维护风险。

财富管理中心作为信托公司的产品发行与客户服务部门，是客户关系维护的纽带，未来需要为客户提供专业化、差异化的财富管理服务，树立财富管理品牌形象，打造特色服务，增强客户黏性。

（四）财富管理中心人员管理风险管理

目前国内的信托公司财富管理中心大多以销售为导向，同业竞争激烈，人员流动较快。另外，招聘人员与需求不匹配、与团队风格不匹配，可能影响公司战略发展。

1. 人员流动风险

信托公司财富管理业务人员的流动性过高，相关员工甚至会跳槽至竞争对手方公司，不仅会造成公司客户资源的流失，而且可能会导致公司内部产品信息泄露。财富管理中心前台业务人员的离职还会给信托公司带来直接的人力资源成本损失：一是员工的获得成本、培训成本以及按照有关合同及法规要求支付的离职费用，二是重新招聘替代业务人员所花费的招聘成本及培训费用。为了减少人员的流失，需要公司在考核激励、企业文化等方面投入更多的精力。

2. 员工素质与公司发展不匹配风险

目前国内的信托公司财富管理中心主要依靠销售人员进行公司信托产品营销工作。随着财富管理业务的不断发展，信托公司财富管理中心将会从单一的产品营销向以客户需求为导向转变，并将根据客户需求为其量身定制产品和服务。这就要求财富管理中心的业务人员必须具备更加专业的业务知识与综合全面的客户服务能力。目前从业者素质的不达标直接影响了其服务质量、营销能力，甚至增加了操作风险发生的概率。

信托公司财富管理中心需要调整人员素质结构，一方面招聘财富管理专业人才，另一方面通过各类培训考核提升现有人员综合素质。另外，需要组建中后台专家团队，为一线理财师提供更专业的支持。

3. 员工考核激励体系与人员体系不匹配风险

目前以产品销售为导向的财富管理中心的考核指标相对单一，员工考核激励体系和人员体系架构存在一定差距。大部分以与销售相关的指标为员工考核依据。以销售业绩“论英雄”，很容易使得业务人员形成错误的观念，可能引发业务人员的消极情绪、抵触情绪，甚至会产生恶性竞争。最终将不利于信托公司财富管理业务团队的建设，容易造成人才的流失，以至于影响公司的发展。面对市场日趋激烈的竞争，如何更好地对员工进行激励已经成为公司发展的一个重要课题。

三、信托公司财富管理业务销售过程风险识别及管控

销售环节是财富管理业务中的重要环节，也是风险暴露最多的环节。销售过程中可能会涉及客户风险评估不审慎、误导销售、资金账户管理不当、信息披露不合规、售后管理不当引起法律纠纷等风险。以下从财富管理业务销售过程的售前、售中与售后分析风险识别及管控措施。

（一）售前风险识别及管控

1. 售前风险识别

售前在信托项目准入、理财师准入、投资者准入及反洗钱监督等过程中产生的相关风险如表 10－8 所示。

表 10－8　　财富管理业务售前风险识别

信托项目上架	市场风险	产品上架前未考虑市场资金需求及公司发行能力；上架产品不合理，从而造成发行失败
	定价风险	未考虑产品定价过程中的风险与收益相匹配，从而导致信托公司或投资者利益损失；产品定价不满足市场行情，从而造成发行失败
	监管风险	上架产品无法满足监管机构及发行地域内监管单位的相关政策，未及时跟踪监管要求变化调整信托产品

续表

项目预约安排	操作风险	预约管控不力，从而造成产品未成立或投资者未预约成功等
	合规风险	上架产品定价不满足监管及法律法规要求
理财师准入	操作风险	从业人员的工作年限、历史业绩、职业操守等无法满足相关要求
	道德风险	从业人员品行不正、无责任心导致违反信托行业规章制度
	合规风险	从业人员的聘任不满足监管机构出台的相关规定
理财师培训	声誉风险	产品培训不到位，导致产品销售过程中误导客户，引发声誉风险
	操作风险	没有根据监管及公司要求及时有效培训，导致客户识别及适当性管理风险
投资者准入	法律风险	对合格投资者审查不规范或认定标准不清，造成公司与投资者之间产生法律纠纷，引发声誉风险
	声誉风险	
	监管风险	未根据监管要求的变化及时调整投资者的准入审查标准
	合规风险	对投资者的准入审查无法满足监管的相关要求
投资者教育	法律风险	未及时进行投资者教育，导致后期发生法律纠纷，引发声誉风险
	声誉风险	
反洗钱	法律风险	公司在业务拓展中未做好客户身份识别与客户资料留存、交易行为把控、洗钱风险监测等方面的洗钱风险尽职调查，触犯法律相关条款
	监管风险	未根据监管要求建立健全反洗钱内部控制体系，洗钱风险的尽职调查不完善触碰监管红线
	道德风险	不重视反洗钱管理，甚至被洗钱者利用成为其合作方

专栏 10 -2

投资者的适当性管理及风险管控

1. 什么是投资者适当性

投资者适当性是指金融机构所提供的产品和服务与投资者的财务状况、投资目标、风险承受能力、投资需求及知识和经验等的匹配程度。投资者适当性的目标是让金融机构了解自己的客户，以便将适当的产品卖给适当的投资者。

投资者适当性规则起源于美国。1939 年，美国证券交易商协会（NASD）首次制定了适当性规则，根据 NASD《公平交易规则》的规定，会员在推荐客户进行任何证券的购买、卖出或交换时，应有合理理由，并且根据客户披露的有关其证券持有情况、财务状况或需求的事实，将产品推荐给适合的客户。历经80多年的发展，投资者适当性规则由最初的自律规范发展到被纳入监管体系并由司法加以确认，由此形成了自律、监管、仲裁和司法多层级联动的专业监管体系。

2. 我国投资者适当性监管相关规定

相较欧美等国，我国对于投资者适当性的监管起步较晚。近几年，投资者适当性制度逐渐被纳入我国监管制度中。目前，我国已经在多个金融产品市场初步建立了投资者适当性规则，然而相关规则层级偏低且较为分散，没有形成统一的、具有普遍约束力的制度体系。

3. 如何认定金融机构是否履行投资者适当性匹配义务

目前，虽没有相关法律条文明确统一规定金融机构履行投资者适当性义务的具体标准。但是根据《证券期货投资者适当性管理办法》，以下行为的出现即视为不符合投资者适当性匹配义务：

（1）向不符合准入要求的投资者销售产品或者提供服务；（2）向投资者就不确定事项提供确定性的判断，或者告知投资者有可能使其误认为具有确定性的意见；（3）向普通投资者主动推介风险等级高于其风险承受能力的产品或者服务；（4）向普通投资者主动推介不符合其投资目标的产品或者服务；（5）向风险承受能力最低类别的投资者销售或者提供风险等级高于其风险承受能力的产品或者服务；（6）其他违背适当性要求，损害投资者合法权益的行为。

4. 如何有效防范适当性管理相关风险

（1）充分调查投资者信息。金融机构在推介产品前，应充分调查投资者信息，包括财务状况、教育程度、投资经验、投资目标、风险偏好等方面，判断投资者是否具备相应的风险认知与承受能力。

（2）谨慎推动投资者进行风险评估。一方面，风险承受能力评估应由投资者自行完成；另一方面，金融机构应谨慎地对投资者的风险承受能力作出评估，一般不向投资者推介超出其风险承受能力的产品。此外，金融机构可以将风险评估工作与产品销售工作分开设置，保证风险评估的客观性。

（3）充分揭示风险事项。金融机构的风险揭示过程一定不能流于形式，应向投资者就风险揭示书内容及业务规则进行告知并讲解，充分揭示风险，确保投资者知晓业务规则及面临的风险。在推介和销售产品时，金融机构应完整揭示风险事项，包括产品信息、重点特征、风险状况、产品费用及产品亏损时投资者与金融机构的责任。投资者通过电子渠道购买产品时，风险揭示内容应纳入电子签约前的风险提示流程。

2. 售前风险管控

为了保证财富管理销售工作的效率与合理性，信托公司财富管理中心对信托项目的准入要做好事前风险管控，避免出现发行产品与市场资金募集的不匹配；进一步把控从业人员的准入标准；加强教育投资者，提高投资者的金融知识水平和风险意识。

（1）信托项目准入：上架及定价管理。要制定合理的信托项目上架发行规则，另外，信托项目上架应符合产品期限搭配、产品类型搭配的原则：①信托产品期限搭配。为确保向投资者提供不同期限的信托产品，上架发行的信托产品采取不同期限搭配原则，保证产品期限的全面性。②信托产品类型搭配。为保证向投资者提供不同类型的信托产品，避免同类型信托产品同期上架发行，上架发行的信托产品均采取不同类型搭配原则。此外，各家信托公司财富管理中心也会根据不同产品收益率和各地差异化的政策，综合制定自身上架标准。

信托公司应制定合理的产品定价机制，如做好信托产品定价指引，对信托项目定价进行引导，遵循同业市场价格匹配度原则，确保信托项目的收益率与产品期限紧跟市场行情。在信托项目预约过程中，信托公司将发行的产品和市场同类型产品进行比对，选择价格合理者优先上架发行。同时，信托公司不仅需要遵循自身产品预约的各项制度，还需要实时关注各地方政策的动态变化，保证信托项目预约安排的合理性。

（2）理财师准入：理财师选聘及培训。在对理财师的前期招聘过程中加强对相关应聘人员的专业知识、行业理解、责任心及沟通能力的检验。在后期管理过程中，注重对理财师的专业培训，并将日常培训、公司内外部专题培训纳入理财师的绩效考核中，从而增强理财师的专业性。

（3）合格投资者准入：投资者识别及投资者教育。随着资管新规的出台，信托业投资者的准入条件进一步提高，目标客户群体进一步转变为具备相应风险识别能力和风险承担能力，投资于单只资产管理产品不低于一定金额且满足一定条件的自然人和法人或者其他组织，从而进一步明确了合格投资者的认定标准，降低了逆向选择的风险。在信托业回归本源的大趋势下，应当在加强投资者教育，严格把控合格投资者准入制度，提高投资者的金融知识水平和风险意识的同时，向投资者传递“卖者尽责、买者自负”的理念。

专栏 10－3

风险案例分析：银行理财产品未穿透识别合格投资者及其人数

1. 案例简介

2018 年 7 月，北京银保监局对辖内信托公司因未遵守“穿透”原则开出罚单。投资该笔信托的资金为银行理财投资产品。理财产品设置了 100 万元以上起售门槛，针对合格投资者募集资金，但是投资金额在 300 万元以下的自然人人数超出了 50 人。本次处罚是因为未按“穿透”原则向上识别最终投资者，严重违反审慎经营规则。

2. 处罚依据及解读

根据《信托公司集合资金信托计划管理办法》，单个信托计划的自然人人数不得超过 50 人，但单笔委托金额在 300 万元以上的自然人投资者和合格的机构投资者数量不受限制。针对信托业务执行“穿透”原则的相关规定，《关于进一步加强信托公司风险监管工作的意见》中明确规定：提高复杂信托产品透明度。各银监局要督促信托公司按“穿透”原则向上识别信托产品最终投资者，不得突破合格投资者各项规定，防止风险蔓延。2018 年 4 月“资管新规”下发，对于所有的资产管理产品，其监管都将遵循以下原则：实行穿透式监管，对于多层嵌套资产管理产品，向上识别产品的最终投资者，向下识别产品的底层资产（公募证券投资基金除外）。

因此，信托产品销售过程中，要关注穿透式监管，向上识别产品的最终投资者，向下识别产品的底层资产。即使是机构资金依然需要向上穿透识别最终投资者，其个人投资者必须符合合格投资者和总人数等相关监管要求。

（4）反洗钱监督。信托公司作为我国金融机构的重要组成部分，其反洗钱工作一直受到监管部门、信托公司与从业人员的高度重视。大多数信托公司已在公司内部的前、中、后台分别设立反洗钱专岗，由专人负责反洗钱工作的正常开展。然而，伴随近年来行业的高速发展，由于业务规模增大、从业人员增多、业务结构创新等众多因素，信托公司反洗钱业务面临着洗钱活动带来的较大挑战，相关风险体现在制度、客户、产品和服务等多方面。

信托公司需要充分认识反洗钱工作的重要性和相关业务环节的风险点，针对不同风险等级客户，在持续监控过程中适时调整客户风险等级划分，对可疑交易进行监控并及时上报。

信托公司应建立合理有效的、符合信托公司自身发展的反洗钱内部控制体系。

第一，健全反洗钱工作制度规则及岗位职责。由专门机构负责制定各项反洗钱制度和规程，组织协调各业务条线和部门共同开展反洗钱工作。根据业务规模、风险特点等，配备相应的专职及兼职反洗钱工作人员，通过培训和考核，使其掌握必备的反洗钱业务知识与工作技能。从管理层到一般员工都应对反洗钱工作承担相应责任。高层领导对建立反洗钱内控系统和维护其有效性承担最终责任，相关部门、人员对反洗钱内控制度的有效性承担责任。

第二，建立完善的动态内控模式。在日常业务经营中，实行事前防范、事中控制、事后监督和纠正的动态模式。反洗钱内控制度应当与日常经营管理合理地结合，与风险控制和业务流程结合在一起。

第三，加强反洗钱制度培训、宣传工作。强化技能，提升洗钱风险识别能力。按照反洗钱金融行动特别工作组（FATF）的建议和我国反洗钱相关法律法规，金融机构应向员工提供适当的反洗钱培训。按照信托公司具体经营状况，应阶段性地审查员工数量、代理机构数量，审核业务涉及的其他资源状况，实施相应的洗钱风险识别技能培训，确保相关人员的反洗钱技能与业务涉及范围匹配。

（二）售中风险识别及管控

1. 售中风险识别

信托公司财富管理的售中风险主要在投资者风险评估、“双录”过程、合同管理、账户管理等方面，具体见表10－9。

表10－9　　财富管理售中风险识别

风险评估	误导销售风险	销售过程中未对投资者进行严格的风险评估，或向投资者推荐与其风险评估等级不符的产品
	法律风险	未按照投资者风险评估结果推荐且销售适合投资者风险等级的信托产品，或未按规定进行信托产品风险揭示，造成其损失，从而导致公司产生法律风险
直销/代销	误导销售风险	公司未按要求设立专区进行“双录”，使得从业人员为获取销售业绩等在推荐产品时避重就轻甚至进行不实描述，误导投资者购买信托产品
	私售“飞单”风险	公司未按要求设立专区进行“双录”，使得从业人员可以未经授权利用其特殊身份私下向投资者推荐信托产品，获取高额利益，造成投资者损失
	法律风险	从业人员未按规定进行专区“双录”，在后期因产品回报情况与投资者发生分歧，公司无法提供适当证据对销售过程予以证明，从而产生法律纠纷
	合规风险	公司未按监管要求设立销售专区进行“双录”，可能遭受监管处罚
	客户信息泄露风险	公司未按规定对专区“双录”资料进行妥善保管、备份以及销毁，导致客户信息泄露
合同管理	法律风险	合同条款不清晰、不明确，或在与客户签订合同前未进行详尽沟通，造成后期与客户出现分歧，导致法律纠纷
	合规风险	公司未按监管要求进行合同的印刷、领用、签署、用印、移交以及空白合同作废，可能造成监管处罚
募集账户管理	操作风险	信托公司相关人员对信托资金划转操作错误或越权操作、对客户信息登记错误造成账户出现问题等，导致资金募集失误
	道德风险	相关人员因个人私利挪用募集账户中的资金，产生道德风险

续表

信托财产专户管理	资金挪用风险	信托公司相关人员由于操作失误造成资金流出，或为了个人利益故意挪用信托资金
	账户混淆风险	未按照要求建立信托财产专户，造成信托资金与其他自有资金混合
贷款接收账户管理	账户使用合规风险	未按委托人要求发放贷款，未按相关规定使用账户资金
信托利益分配账户管理	兑付操作风险	未按照信托合同的约定确定收益分配方案，未及时向投资者分配收益

2. 售中风险管控

信托公司营销信托产品，应当坚持“了解产品”和“了解客户”的经营理念，遵循风险匹配原则、审慎合规原则，加强信托产品、营销行为合法性、合规性的审查管理。

（1）合规推介产品。信托公司向自然人委托人首次推介信托产品或与其签署信托合同之前，应当告知投资者如实提供身份证明文件，要求其填写包括调查问卷、风险揭示书等形式的书面文件或在身份认证后通过法律认可的电子形式等方式，评估其风险承担能力，并要求其在信托合同中或者以其他书面形式承诺信托财产来源的合法性。理财师在确定目标客户、了解客户的风险承受能力等级后，选择匹配的信托产品进行推介，在销售过程中需明确向客户说明其可能承担的风险。

（2）及时有效进行投资者风险评估。信托公司进行问卷调查时，调查事项至少应包括如下内容：投资者的年龄、学历、职业等个人基本信息，投资信托的目的，信托资金来源，过往投资经验，家庭可支配年收入及可投资资产状况，可承受的最大投资损失，对金融相关法律、行政法规、部门规章及其他规范性文件、金融投资市场及信托、基金等金融产品是否有一定的了解，是否清楚信托等金融产品的风险。信托公司作出的委托人风险评估结论还需根据不同产品风险类型设定不同重新评估期限。

（3）加强信托产品风险等级评定。在有效评估投资者风险承受能力和投资需求的基础上，向投资者销售与其风险识别能力和风险承担能力相匹配的信托产品，不得误导投资者，不得通过对信托产品进行拆分等方式，向风险识别能力和风险承担能力低于产品风险等级的投资者销售信托产品，应当采取有效措施依法保护投资者合法权益。

（4）加强“双录”管理。专区“双录”的实施双向保护了投资者和信托公司的合法权益。一方面，有利于加强信托公司销售自有产品和代销产品的全过程管理；另一方面，有利于规范从业人员行为，有效地治理了误导销售、私售“飞单”等问题，有利于更好地保障投资者的知情权和公平交易权，提高风险意识。同时，一旦发生纠纷，有利于厘清信托公司与投资者双方的责任，能有效维护投资者的财产安全和依法求偿权。

（三）售后风险识别及管控

1. 售后风险识别

财富管理售后风险主要存在于客户信息管理、产品兑付、项目管理、信息披露等环节。

表 10 - 10　　财富管理售后风险识别

<table>
<tr><td rowspan="2">合同归档</td><td>操作风险</td><td>合同归档登记过程中信息登记错误，递交归档过程中发生缺页、丢失、损毁等不可逆损失</td></tr>
<tr><td>道德风险</td><td>合同未及时归档，被无关人员获取合同上的客户信息，导致客户隐私泄露、私售“飞单”等现象发生</td></tr>
<tr><td>合同调阅</td><td>道德风险</td><td>未经审批即借出合同，或借阅人擅自将合同资料带出保存地点、复印拷贝或转借他人，导致信息泄露</td></tr>
<tr><td>保密制度建立</td><td>私售“飞单”风险</td><td>未按规定建立保密制度，或未按要求执行保密制度，造成信息泄露，导致私售“飞单”</td></tr>
<tr><td>查询权限区分</td><td>客户信息泄露风险</td><td>未按规定对不同层级人员进行客户信息查询权限区分管理，造成客户信息员工均可查询，增大信息泄露的风险</td></tr>
<tr><td>惩罚机制建立</td><td>合规风险</td><td>未按监管要求对信托登记错误或者泄露保密信息的采取内部问责措施</td></tr>
<tr><td rowspan="2">份额确认</td><td>操作风险</td><td rowspan="2">信托客户确认书中相关信息错误，客户在购买信托份额前未发现相关错误并购买了产品，可能造成客户纠纷及声誉风险</td></tr>
<tr><td>声誉风险</td></tr>
<tr><td>本息兑付</td><td>操作风险</td><td>收益分配信息出现错误未及时发现并修正，资金划转过程中出现操作失误导致资金延迟到账或划转至错误账户</td></tr>
</table>

续表

本息兑付	法律风险	信托项目出现提前兑付，部分信托客户可能因为收益与预期不符，与信托公司产生法律纠纷
	舆情风险	信托项目出现重大危机，信托客户可能会面临本息延期兑付甚至无法兑付的极端情况，造成客户对信托公司产生负面情绪，信托公司由此产生舆论压力
项目跟踪	处置不当风险	信托公司未能建立明晰的风险事件分级处理机制，未快速建立合理的应急工作预案，并成立权责分明的应急小组，事态可能得不到有效控制
舆情管理	声誉风险	负面舆情事件发生后，信托公司未对舆情事件引起足够的重视或未能及时进行处置，导致发生更大的声誉风险
信息披露	合规风险	信托公司未按照监管要求在规定时限内向委托人、受益人披露信息，导致公司遭受监管处罚
	操作风险	信托公司披露信息内容存在虚假记载、误导性陈述和重大遗漏等缺陷，造成客户因虚假信息影响其交易决策，从而发生经济损失

2. 售后风险管控

（1）加强客户信息管理。建立客户信息保密制度，区分信息查询权限，减少相关风险的发生，确保客户信息不对外泄露。

① 建立客户信息保密制度。财富管理中心所有接触客户信息的工作人员要严格执行信息保密制度：第一，未经书面授权，各岗位人员不得以任何理由和方式将客户私人信息、账务信息、其他客户相关信息擅自向任何第三方（包括个人或单位）泄露。第二，不得将包含客户信息的资料置于无人看管状态。不得以任何形式不当使用相关资料。对已发生的泄密事件要及时上报，以便下一步采取应对措施。第三，对泄露客户信息人员进行相关处罚，甚至追究法律责任。

② 区分客户信息查询权限。针对财富管理中心的不同岗位，信托公司对客户信息查询权限应进行相应区分管理：第一，财富管理中心负责人可以拥有公司所有客户信息的查询权限。直销中心理财师和负责人应仅拥有对辖下客户信息的查询权限。对重要信息进行保密处理，信托业务部门综合岗和负责人、渠道中心渠道经理和负责人应仅拥有对辖下客户合同信息的查询权限。

第二，财富管理中心业务受理岗、合同管理岗应当仅拥有公司所有客户合同相关信息的查询权限。财富管理中心设立专项管理岗仅统计报送相关的必要信息。第三，客户服务中心客户关系管理岗应当仅拥有客户服务所需的必要信息，但不包括客户证照信息、委托人（受益人）账号等涉密信息在内的其他信息。反洗钱岗仅拥有公司所有客户反洗钱相关信息的查询权限。

（2）加强项目管理。项目运作管理过程中不可避免存在一定的风险，项目的跟踪应对措施不当，会导致法律风险及声誉风险。公司应建立明晰的风险事件分级处理机制，快速建立合理的应急工作预案，成立权责分明的应急小组，最大限度地减少经济损失或声誉风险的发生。

（3）加强舆情管理。当项目发生风险时，信托公司需要对舆情事件进行恰当的管理和处置。将舆情管理纳入全面风险管理，规范信托公司信息披露行为，切实维护投资者合法权益，尽可能减少声誉风险与操作风险的发生。

（4）加强客户投诉管理。信托公司需建立投诉处理机制，如遇客户集体投诉等群体性事件，或者可能对声誉造成负面影响的重大事件，还需报送同级风险管理部门。多渠道公布投诉受理电话、传真和电子邮件等，为客户提供通畅的投诉渠道；提升服务质量，设立投诉管理岗位，做好投诉的登记、统计和处理工作。

（5）加强信息披露管理。信托公司需制定信息披露管理办法，规范信息披露的内容、频度、方式、责任以及披露渠道等事项。

专栏 10－4

风险案例：信息披露不及时、不完整

1. 案例情况简介

2019 年 6 月，据《人民法治》报道，山东省的王女士 2015 年认购了由某家信托公司作为受托人、由某资产管理公司作为投资顾问的结构化证券投资集合资金信托，签订了 A 结构化证券投资集合资金信托文件，认购 600 万元，签订了 B 产品的信托文件，投资 700 万元，两份信托计划共计投入 1 300 万元。

然而，2016 年 2 月，在没有收到任何清算报告的情况下，委托人收到信

托清算分配的A信托财产190多万元，亏损约400万元。在没有收到任何清算报告的情况下，委托人于同期收到信托清算分配的信托财产共计114万多元，亏损近600万元。王女士认为，由于没有及时进行信息披露，履行告知约定，她在不知情的情况下损失近千万元。

2. 监管认定依据及解读

根据合同规定，投资顾问——某资产管理公司应按规定向信托公司提交投资计划并下达委托人指令，由信托公司根据规定审查和执行委托指令，集合运用信托资金进行证券市场投资，并进行逐日盯市、每日估值，履行信息披露义务，包括披露净值、季度运作情况及收益情况表等。

当地监管部门于2018年11月8日作出答复，指出该信托公司结构化证券投资集合资金信托计划在管理过程中，未完全按照合同约定充分履行信息披露义务，未按月向受益人寄送信托单位净值书面材料，未向受益人提供保管报告，未按合同约定通知信托利益分配事宜，在信托计划提前终止、信托财产可能遭受重大损失时，未编制并向受益人披露《临时报告书》，无法提供已向受益人披露相关信息及受托人拟采取措施的相关证据。

当地监管部门表示，该信托计划未完全依照合同约定充分履行信息披露义务，违反了《信托公司集合资金信托计划管理办法》和《信托公司证券投资信托业务操作指引》等规定，将按有关规定进行处理。同时将督促该信托计划按照相关监管规定和合同约定履行信息披露义务。而对于王女士的损失，则通过司法途径解决。

① 信息披露内容。信托公司需在制度中明确信息披露内容，包括信托成立公告、信托项目管理报告、一般性临时信息披露、重大事项临时披露、证券投资项目每周净值、清算报告、其他法律法规要求的信息披露内容，同时制定各类报告披露的格式模板，固化信息披露内容，保证信息披露的完整性。

② 信息披露频度。信托公司一般在制度中明确规定信息披露的时间节点，包括待披露信息的报告编制完成时限、信息披露时限等，保证信息披露的及时性。

③ 信息披露流程。信托公司需在制度中明确信息披露职责。例如，业务部门负责在规定时间内完成披露材料的制作、签批和向受益人的披露工作；信托管理部负责披露工作的监督和管理，包括审查披露材料格式是否规范、要素是否齐全、内容是否得当；监督业务部门按照相关制度要求按时、保质、保量完成披露工作等；托管运营部负责对披露材料中的财务数据进行审核；财富管理中心负责将信息披露动态及时告知委托人或受益人，受理委托人或受益人的信息披露需求并协调相关部门给予办理；法律事务部负责对披露材料的合法性进行审查。待披露材料审查通过后，指定专人（综合管理部）在公司网站上进行披露。

第十一章 信托财富管理业务的信息科技建设

本章问题思考

◎ 信托公司信息科技平台建设与国际领先的金融机构相比有哪些差距？如何进行战略性布局与顶层设计？

◎ 信托公司财富管理业务的信息化平台建设包括哪些内容？家族信托系统的建设思路有何不同？

◎ 未来金融科技在财富管理场景的应用有哪些？信托公司如何应对信息科技发展中面临的挑战？

科学到了最后阶段，便遇到了想象！

——雨果

伴随信息科技革命和产业变革的推进，信息科技蓬勃发展，移动互联网技术、大数据、人工智能、区块链、云计算技术广泛应用，信息科技与金融的融合度也越来越高。一方面，信息系统的安全性、可靠性、有效性直接关系到信托公司运营效率与风险管理；另一方面，如何借助信息科技赋能，推动回归本源的财富管理业务发展，已成为各家信托公司关注的核心要点。

目前，信托公司对信息科技的重视度不断提高，部分信托公司提前布局信息科技，从信息化迈向自动化，并逐步探索“数字＋信托”等领域，期望建立起行业竞争优势。然而，信托公司的信息科技建设依然处在初级阶段，与国际领先的财富管理信息科技相比，还存在较大的差距。未来，在营销、服务、投资顾问、运营、客户管理等财富管理全业务链上实现信息化、智能化是信托公司财富管理业务推动科技赋能的方向与目标。

一、国际领先金融机构的信息科技发展情况

信息科技已成为国际先进金融机构的核心竞争力。公开数据显示，国际先进金融机构的信息科技投入呈现持续上涨趋势。从摩根大通、花旗银行、瑞银集团、摩根士丹利、道富银行、高盛、贝莱德、嘉信理财等的信息科技投入数据来看，2015—2019 年信息科技投入占其当年营业收入的比重逐年增加，花旗银行的信息科技投入占比最高，达到 14.95%；其次是道富银行、瑞银集团，其信息科技投入占当年营业收入的比重均超过 10%；摩根大通的信息科技投入占当年营业收入的比重为 8.49%。从信息科技投入金额排名来看，2019 年摩根大通信息科技投入金额最高，接近 100 亿美元；花旗银行的信息科技投入金额也高达 70.77 亿美元；瑞银集团、摩根士丹利、道富银行、高盛 2019 年的信息科技投入均超过 10 亿美元。

2019 年，摩根大通在信息技术上的投入分别占营业收入和利润的 10% 和 40% 左右，主要用于数字银行、在线投资顾问、电子化交易、区块链和实时支付等领域。

在信息科技人员方面，2016 年，高盛校园招聘员工中 37% 是科技、数理相关的专业人才，2017 年这个比例上升到 46%，整个高盛团队中科技人才规模占比达到了 1/4。

贝莱德同样高度重视信息科技力量。贝莱德 2019 年的财报数据显示，2019 年贝莱德营业收入为 145 亿美元，净利润为 45 亿美元，信息科技相关费用投入为 3 亿美元。除此之外，贝莱德依托自研的阿拉丁（Aladdin）风险管理系统和不断地投资、收购信息科技平台，积累了大量的历史数据和风险模型，扩大了信息科技服务外延，实现了信息科技服务创造收入。仅 2017 年全球有约 25 000 家机构使用阿拉丁平台作出投资决策，2019 年贝莱德信息科技服务收入达 9.74 亿美元，同比增长 24.1%，远高于 2.4% 的营业收入增长。

2019 年贝莱德以 13 亿美元收购一家领先的端到端另类投资管理软件和解决方案提供商 eFront，并与阿拉丁系统共同为同一平台客户提供公共资产和私人资产的投资组合和风险管理。根据贝莱德未来的规划，信息科技服务收入未来占比将达到 20% ~30% 。

值得一提的是，瑞银集团作出了信息科技战略的调整。2016 年瑞银集团涉足智能投资顾问领域，投资 10 亿美元研发 SmartWealth 平台，但两年后，由于智能投资顾问运行并不理想，2018 年瑞银集团决定退出，转而与第三方软件商 Broadridge 合作开发财富管理平台。对于金融公司来说，与实力强大的信息科技供应商保持良好的合作关系与持续加强信息科技投入同样重要。2015 年到 2019 年，瑞银集团重点布局云技术、机器人、人工智能等领域。

摩根士丹利信息科技投入主要应用在 NBA 核心平台、GPS 系统以及财富管理软件。

从以 Lazard、Evercore、Greenhill 和 Moelis & Company 为代表的精品型投行机构来看，此类机构规模相对较小，业务针对性更强，大多聚焦于某一领域的一项或几项核心业务，但其更注重该领域内的信息科技投入，以此打造其核心竞争力。

国际领先金融机构将信息科技作为核心竞争力，突出表现在四个方面：一是加大信息科技投入和科技投资；二是调整人才结构，储备信息科技人才，国际领先投行机构的信息科技人员占比普遍达到 20% 左右；三是明确战略定位，结合机构业务特点，确立主攻方向；四是与实力强大的信息科技供应商保持良好的合作关系，共同探索创新技术和业务模式。

二、国内信托公司财富管理业务的信息科技发展情况

从国内信托业现状来看，尽管信托公司信息系统投资额屡创新高，但依然与国际领先金融机构差距巨大。公开数据显示，2017 年，64 家信托公司累计对信息系统投资 10.81 亿元，较 2016 年增长 14.61% ，其中预算投入在 500 万元以下的有 16 家，占比为 25% 。仅有一两家信托公司的信息科技投入超过亿元，大部分信托公司的投入集中在千万元级，一些中小型信托公司在信息

科技方面的资金投入在数百万元。值得一提的是，目前行业已将信息科技运用至营销管理、合规管理、风险管理、运营决策、消费金融、证券信托、财富管理、监管报送等多个领域，最大投入集中在财富管理和消费金融领域。

（一）财富管理业务的信息化建设

目前，财富管理业务已从过去单纯的线下服务转向线下与线上服务联动，行业内多家信托公司建立了营销服务信息系统，涵盖前、中、后台系统及基础设施建设。一些行业内领先的信托公司还通过信息科技实现了在线的账户管理，使信托账户线上化、智能化。

1. 财富管理业务的信息化平台建设

财富管理业务的信息化平台在设计层面与财富管理组织架构类似，分为前台获客系统、中台销售管理系统、后台交易系统与基础设施服务系统四层架构。

（1）前台获客系统。前台系统向客户及营销人员提供各类服务，包括线下直销、机构代销、网上交易平台以及移动展业平台，如微信公众号、App、代销系统等多样化的服务渠道，在一定程度上释放了中后台的资源。

（2）中台销售管理系统。中台系统包括营销服务功能的呼叫中心（Call Center）、客户服务管理（CRM）系统、登记过户（TA）系统。中台系统定位为支撑公司内部运营的核心业务系统，通过组件化的管理，实现客户服务、份额登记、财富管理等功能。

（3）后台交易系统。后台系统包括资金清结算系统、估值核算系统、投资交易系统，主要提供运营与保障功能。

（4）基础设施服务系统。基础设施服务系统是通过数据采集、清洗、转换平台，将分散、零乱、标准不统一的数据整合到一起，加载到数据仓库，形成以 CRM 系统为核心的数据服务支撑体系。实现与信托公司 TA 系统、估值核算系统等关联业务系统数据的互联互通，为前台和中台业务提供数据支撑，为营销服务管理一体化架构奠定数据基础。

2. 财富管理业务前端获客线上渠道建设情况

信托公司销售渠道总体可以分为两类，即公司直销以及金融机构代销。根据中国信托业协会的数据，2018 年末信托公司直销占全部销售规模的

54.11%，2019年末仅招商银行单家机构代销信托产品的规模达3000多亿元，信托公司多借助于商业银行、券商等代销渠道拓宽客户来源。在互联网金融快速发展的背景下，各行各业纷纷借助互联网创新营销模式，实现线下与线上的联动发展。信托公司利用互联网技术，通过智能化、交互化的服务可以降低信托公司的经营成本，完善风险管理，拓宽营销渠道。

在线上渠道方面，伴随着信息科技的发展，信托公司也纷纷布局线上财富管理平台，一方面为客户提供方便快捷的服务，另一方面也拓展渠道及扩大宣传。

目前，信托公司微信公众号和客户App是主要的移动展业服务平台。

（1）信托公司微信公众号与客户App的比较。信托公司微信公众号主要作为资讯等信息的发布平台面向客户及潜在客户，是营销宣传的工具。而信托公司客户App作为方便快捷、简洁实用、功能完善的移动客户端，主要服务于信托客户及理财师。

表11-1　　　　微信公众号与客户App的比较

项目	微信公众号	客户App
服务对象	客户、潜在客户	信托客户
主要目的	宣传教育、信息咨询、品牌文化宣传	线上交易、客户全流程便捷服务
主要功能	个人账户查询	个人账户管理
	信托产品推介及理财师展示	全流程线上销售管理（线上预约、“双录”、电子合同签署等）
	公司品牌文化宣传和时事动态介绍	信息查询、信息披露、公司事务性公告
	客户活动推介及宣传	VIP服务及综合管理
	信托相关知识宣传	提供行业资讯、深度报告及信息数据
投资者教育	智能客服	智能投资顾问
	微课堂等	视频、音频等培训交流
系统开发	开发维护成本较低	开发维护成本较高
适当性销售辅助工具	手机认证	“双录”、人脸识别、身份证及银行卡认证、数字证书、电子签章、OCR识别、SSL证书

（2）微信公众号的主要功能。

① 个人账户查询。查询个人账户资产通常要求绑定个人信息，但由于微信端的功能限制，往往只是通过手机号认证，以此让客户能够方便及时地查询财富管理的进程。由于智能手机操作方便，此项功能增加了客户监督财富管理的自主性和操作灵活性。

② 信托产品推介及理财师展示。通过独立的板块介绍信托产品要素信息，展示理财师良好职业形象，为客户提供信息选择和操作上的便利，使客户能够有选择地关注与分享。

③ 公司品牌文化宣传和时事动态。通常包括企业性质和文化的概述、时事述评及金融行情的分享。此功能有助于信托公司品牌建设，保证信息透明。

④客户活动推介及宣传。通常包含了公司自主编辑的微刊、微视频、各类活动，以及直播。微刊、微视频、直播的定期推送便于品牌宣传，同时因为微信受众广、传播迅速的特质，阅读并分享文章或视频也便于发掘客户，有益于营销的开展。客户的品牌忠诚度也会有所提升。

⑤信托相关知识宣传。借助自媒体渠道，对相关法律法规、信托发展历史、信托业务结构、消费者保护、反洗钱、反金融诈骗等相关知识进行宣传普及。

总体来说，微信公众号易于维护和操作，先天自带社交属性，易于传播推广，现阶段通过微信公众号进行财富管理相关建设的运营成本低，但客户的转化程度不高。

（3）客户 App 的主要功能。

① 个人账户管理。客户通过注册登录、实名认证、活体检测等身份信息验证后，绑定相关账户，进行授权操作，可便捷地查询个人资产、管理相关账户信息。

② 全流程销售管理。展示推介和持有的信托产品是客户 App 最基础的功能之一，大部分信托公司推出的客户 App 中有单独设立非常直观的分区来展示。线上预约、录音录像、电子合同签署模块功能的建立，在带给客户和理财师便利的同时，可使销售流程更加高效、准确且安全。

③ 信息查询、信息披露及公司事务性公告。信息披露及公司事务性公告主要披露信托产品成立、存续期间、清算、临时性的信息，以及公布公司重大会议、决策、与变动的公众公开信息。对于信息查询功能，如员工身份查询核实功能，可核实理财师身份，通过输入工号或理财师关键信息，了解其个人信息和能力水平，促进客户与资金管理方的相互了解与信任，并通过有效的、持续的回访和信息传递，确保服务质量和客户满意度。又如，网点查询功能可以有效地连接信托公司与有财富管理需要的客户，帮助客户立即获取咨询电话和地址。此功能的展示方式一般分为列表类和地图类。

④ VIP 服务及综合管理。通过 App 渠道提供 VIP 客户服务，一方面，能够增强客户的认同感、建立“社区”文化，有利于维系客户；另一方面，能够根据客户的特点，提供有针对性的服务。VIP 服务在为各个客户群体提供快速、高质量服务的同时，为客户大数据的建立和客户的分类打下基础。

⑤ 提供行业资讯、深度报告及信息数据。该功能多被用于业务推广、金融知识普及和新政策法规传播。信托公司通过发布文字或短视频的方式分享行业资讯和普及金融知识，既有利于公司财富管理品牌的建立，又能丰富 App 的使用方式。

总体来说，客户 App 营销功能丰富，可深度满足客户需求，增强客户黏性，但其建设成本过高，开发周期较长，面临缺乏长期维护支持的困境。

3. 财富管理中后台运营管理系统现状

目前，信托公司财富管理中后台运营管理系统包括：具有营销服务功能的呼叫中心（Call Center）、客户关系管理（CRM）系统、渠道管理系统，具有客户份额登记、交易记录、过户功能的登记过户（TA）系统，进行募集、兑付、资金清/结算的资金管理系统，与资产管理相关的、进行资产核算的资产估值系统，进行投资交易的投资交易系统，具有数据整合功能的数据中心。

表 11－2　　信托公司财富管理中后台运营管理系统

系统名称	功能	建设现状
客户关系管理系统及渠道管理系统	客户管理、产品管理、销售过程管理、绩效管理、工作管理、渠道管理	基本都已建设

续表

系统名称	功能	建设现状
呼叫中心	集中式的客户营销服务功能	少数配套建设
登记过户系统	登记客户信托资产信息和份额信息，提供客户收益分配信息，提供客户信托资产账户的管理、交易、过户，支持开放式、结构化、封闭式等信托业务结构	基本都已建设
资金管理系统	实现自动化的资金拨付、查账，提供多银行、跨银行的资金管理服务；提供资金监控、余额查询、电子回单、电子对账等业务，具备全方位监控、安全管控、到账提醒、内部账户资金归集、内部结算等功能	根据业务规模及运营复杂程度配套上线
资产估值系统	电子数据处理、账务处理、资产估值、与保管行直联对账、财务管理	根据业务类型的估值需求配套上线
投资交易系统	资金管理、风险控制、投资策略	根据业务类型及规模的增长配套上线
数据中心	元数据定义、数据采集、数据清洗、数据转换、数据分析、数据建模	目前都处于建设阶段

财富管理条线系统的问题主要集中在以下两点：

第一，各相关系统更新维护缺失。随着市场产品的不断创新，信托公司每隔一段时间就需要对信息科技、销售管理和人力资源进行再评估，合理配置销售、运营、科技资源，使得各相关系统的更新及时到位，形成可扩展体系结构。但在相关系统的建设过程中，能够做到有机整合并定期评估，且拥有自主建设能力的信托公司较少，造成系统更新与市场发展、管理变化存在一定的脱节。

第二，各相关系统与实际业务场景结合不足。例如，一些信托公司只关注 CRM 系统建设的过程，而没有真正将 CRM 工具与其实际业务、管理方式进行有机结合，使 CRM 实施效果大打折扣。

（二）信息科技对信托财富管理业务的影响

银行、券商等机构在“互联网 +”背景下结合自身发展，不断加快数字化转型，而信托公司在转型压力与互联网金融业务的双重冲击下，从初步的尝试转向寻求解决业务存在的痛点。如何在信息科技建设的过程中，提升业务能力、运营能力，更有效地解决系统建设问题，实现从信息化逐步向数字化的过渡成为众多信托公司信息科技建设面临的问题。

1. 智能获客：提升客户服务水平，完善服务内容

信托交易行为低频和隐性的特点导致财富管理获客成本高、难度大。最初的获客策略是机械地利用高收益率吸引客户，且由于空间和时间上的限制，营销行为频率较低，导致客户的留存率和活跃度都不高。随着信息科技的发展，营销人员与客户的距离被拉近，极大地提升了客户参与度，营销模式从单纯的服务提供模式向融入客户的社交化模式转变。

人工智能、数据分析等技术能够在客户画像、客户分层、客户生命周期管理等方面发挥作用，帮助信托公司建立立体化的客户风险模型和需求模型，全方位地洞察客户，再通过先进的数据采集与更新机制，全面掌握完整的客户数据信息，实现智能营销，为客户提供更加精准的服务。

2. 智能运营：提高运营效率，降低运营成本

随着信托业务规模不断扩大、产品数量持续增加，财富管理运营成本也逐渐增加。信息科技打破时间与空间限制，前端营销人员利用手机、平板电脑等随时随地开展业务，提升了工作效率。在售后管理的各项工作中，通过科技赋能，释放运营人力资源并有效控制运营成本。

3. 智能合规：优化流程，控制风险

通过信息科技手段对企业内部流程进行优化再造，梳理风控矩阵，简化工作流程的同时严控风险。实现内控管理、操作风险管理等工作的线上化，对各项业务活动及员工的异常交易行为进行及时的监测分析，减少合规管理成本。

（三）信息科技建设面临的主要问题

近年来，虽然各信托公司已经进行了一段时间的基础性建设，引进了各种财富管理应用软件，然而应用效果并不十分理想，各个财富管理应用系统缺乏统一规划，系统之间存在各种壁垒，且呈现单点、分散的特点。

1. 信息科技投入呈离散化

中建投信托在 2017 年及 2019 年两次对信托公司信息科技工作的调查数

据显示，2018 年 4 月至 2019 年行业信息科技人员占公司人员的比例呈上升趋势；信息科技人员超过 2.5% 的公司数量占比从 2018 年的 51.5% 上升至 61.76%，这意味着 1 名信息科技员工要服务 40 名从业人员。

按照 2019 年各家信托公司信息科技预算口径，信托公司预算投入平均在 1 500 万元左右，有 10 家信托公司投入超过 4 000 万元，而在 2017 年几乎没有信息科技实际投入超过 4 000 万元的信托公司，一些中小型信托公司在信息科技方面的资金投入在数百万元。

信息科技投入虽然近年来逐步提高，但其对经营管理的重要程度和作用短期难以凸显，甚至在短期内导致经营成本提升，使得信托公司整体信息科技投入呈离散化，中长期发展难以持续。

表 11－3　　2019 年信息科技人员占公司员工比例情况

科技人员占比	信托公司（家）	占比（%）
X≤1%	3	4.41
1%＜X≤1.5%	6	8.82
1.5%＜X≤2%	8	11.76
2%＜X≤2.5%	9	13.24
2.5%＜X≤3%	16	23.53
3%＜X≤3.5%	7	10.29
3.5%＜X≤4%	4	5.88
X＞4%	15	22.06

数据来源：2019 年中建投信托信息科技调查。

表 11－4　　2019 年信息科技投入预算

科技投入（万元）	信托公司（家）	占比（%）
0＜X≤500	15	22.06
500＜X≤1 000	9	13.24
1 000＜X≤1 500	9	13.24
1 500＜X≤2 000	13	19.12
2 000＜X≤4 000	12	17.65
4 000＜X≤6 000	5	7.35
X＞6 000	5	7.35

数据来源：2019 年中建投信托信息科技调查 。

2. 信息科技缺乏顶层制度及体系支持

调查数据还显示，2019 年仍有 8 家公司尚未设立独立的信息科技部，占比为 11.76%，有 24 家公司尚未设立信息科技委员会，占比为 35.29%，无法保证信息化体系的顶层设计。信托公司需要平衡业务发展与信息科技投入，需要认识到信息科技作为核心竞争力要素建设的必要性，并配套建立信息化治理体系与制度。虽然信托公司一直参照监管机构对银行业信息科技的规章制度进行内部规章制度的对照梳理，但银行业相关信息科技制度对于信托公司来说未能贴合信托公司实际情况，导致循章办事过程中仅能搭建规章制度框架，未能深刻把握和领悟其内涵，仍未建立完整的内部制度体系，依然需要不断地加强和完善细则，提高信托公司信息科技治理的透明度。

表 11－5　　　　部分银行业信息科技相关制度

序号	规章制度
1	《商业银行业务连续性监管指引》
2	《银行业重要信息系统突发事件应急管理规范（试行）》
3	《关于加强信息安全管理体系认证安全管理的通知》
4	《关于开展银行业金融机构信息科技非驻场集中式外包监管评估工作的通知》
5	《商业银行数据中心监管指引》
6	《商业银行信息科技风险管理指引》
7	《商业银行信息科技风险现场检查指南》
8	《银行业金融机构数据治理指引》
9	《银行业金融机构信息科技外包风险监管指引》
10	《银行业金融机构重要信息系统投产及变更管理办法》
11	《中国银监会办公厅关于加强非银行金融机构信息科技建设和管理的指导意见》
12	《金融科技（FinTech）发展规划（2019—2021 年）》

3. 信息系统建设前瞻性不足

创新业务对信息系统的依赖性逐渐提高，由于信息系统的建设经常迭代，往往跟不上创新业务的发展。信息系统的自动化、流程化应用滞后于业务需要，限制了创新业务快速扩容。系统开发跟不上业务发展节奏，很多创新业务仍以传统的手工作业模式运作，导致工作效率低，管理人员普遍存在工作满负荷、超负荷的现象，很难将工作做深做细。

4. 数据治理工作相对落后

信息不对称是金融风险产生的主要根源，对数据的采集、整合、分析、挖掘及智能化应用能力决定了机构的全面风险管理能力。部分信托公司已针对数据在风险管理方面的应用进行了尝试性研究，但仍局限于利用数据在风险控制的部分环节开展应用，距离有效利用数据服务整体风险控制流程、进行全面风险管理的目标尚存差距。

5. 信息科技建设的资源匮乏

信托业内缺乏既懂信托业务又懂科技的复合型人才。需要引进和培养信息科技人才、数据分析人才，并在信托公司内部培养发掘，实现业务精英与科技人才的互相转化，培养复合型人才。

当前，仅有少数信托公司具备自主研发能力，在进行信息科技建设时，需要外采行业内成熟的标准化业务系统，但对于与信托公司内部业务贴合紧密的信息系统建设，只有通过自建研发团队才能及时响应，并形成独特的信息科技优势和业务竞争力。

三、信托财富管理业务信息化建设

（一）信托财富管理全业务平台系统建设

财富管理全业务体系通过构建财富管理业务科技生态系统，打通客户、客户经理、职能部门之间的工作闭环，实现拓展展业形式、强化风险控制、优化管理流程、提升工作效率等目标。

1. 搭建系统平台基础架构

如图 11 - 1 所示，通过搭建信托公司企业级平台基础架构，完善信托财富管理平台架构设计，可进行有效的业务支撑。

在客户管理方面，实现对客户资源的整合与管理，全方位分析客户，确定客户分群，从而进行精细化管理，提高客户忠诚度。

在渠道扩展方面，结合信托产品销量，通过不同渠道的客户构成综合分析，进行渠道分级，识别优质渠道，在客户分层的同时，对渠道也进行差异化管理。

在信托公司内部管理方面，开展员工绩效管理与公司内的知识体系建设，不断提升客户经理专业能力和财富管理团队的营销能力。

在信托公司战略方面，通过客户和市场两方面驱动，对销售过程进行量化管理，控制信托产品的营销进度与发行预算，优化市场营销活动的成本收益，提升销售工作的可管理性、效率和成功率，促使信托公司从成本中心向利润中心转变。

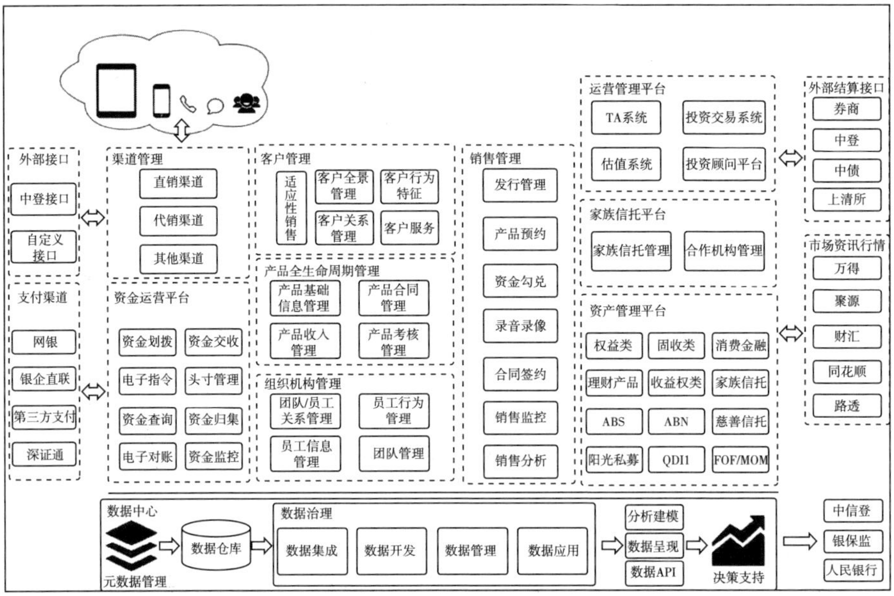

图 11－1 某信托公司财富管理平台架构设计

2. 调研论证系统需求

通过信息技术进行系统建设的前提是对信托公司财富管理业务能力、运营能力、内部管理、流程制度等进行梳理形成业务逻辑。首先，需要对信托公司财富管理战略规划、品牌文化建设进行知识储备；其次需要关注业务操作、运营管理、流程制度等方面面临的各类问题；最后，通过深入调研论证系统需求。

提高调研效率和质量的有效方式之一是先行对信托公司财富管理业务有整体的认识，即有一个宏观性的框架，避免在架构设计时只关注局部细节而忽视全局。对信托公司财富管理战略规划的忽视，可能会导致对某些业务的理解只局限在执行层面上，不能从更高的层面去看，在进行系统架构或者系统设计时，容易缺少核心数据或管理层面的功能。对于调研前的知识储备，需重点关注以下四个方面：

第一，了解信托公司财富管理行业的发展历史及趋势，了解当下的业务重点和未来行业走向。

第二，了解信托公司财富管理业务整体生命周期。了解最基础的运作模式、最全面的框架、最完整的流程，分清主次，厘清主线，抓住最核心的业务、最核心的部门或人员进行调研。

第三，了解信托公司财富管理品牌文化建设。进行竞品分析，分析品牌或服务的优势所在。

第四，了解信托公司财富管理的战略规划，抓住重点关注的业务线和发展战略。

以下以某信托公司系统建设为例，介绍主要调研内容。

（1）客户关系管理模块调研。客户关系管理模块调研主要包括客户定义、客户关系、客户资料完善与修改、客户细分管理、客户信息安全、客户鉴别、客户信息全景，可从全维度对客户、客户关系进行分析。

表 11－6　　　　客户关系管理模块调研

调研内容	调研问题
客户定义： 潜在客户、事实客户 （直销客户、代销客户）	潜在客户如何录入？录入的途径、人员、信息包括什么？ 录入潜在客户信息时哪些客户基本信息必填？ 事实客户与潜在客户录入要求有哪些不同？ 客户的唯一性如何确定？是否可通过证件信息进行校验？
客户关系	客户与客户经理的服务关系如何定义？ 一个客户是否可以同时存在多个客户经理？是否有主辅之分？ 对于无归属的存量客户如何分配？ 潜在客户与事实客户服务关系的时间周期如何界定？ 是否设置专门岗位调配客户关系？调配规则是什么？ 机构客户是否有专岗管理？如何调配客户关系？ 代销客户与直销客户重复如何界定、如何变更？ 员工离职如何进行调整？
客户资料完善与修改	客户信息修改时允许客户经理修改哪些要素？哪些需要审核？ 客户资料修改审核流程是什么？ 修改的客户信息与哪些系统同步？ 哪些监管（包括反洗钱、消费者保护）关键要素修改需要审核？

续表

调研内容	调研问题
客户细分管理	潜在客户、事实客户、会员客户如何界定？ VIP 客户级别如何分类定义？ 机构客户与个人客户级别划分标准分别是什么？ 系统是否支持手工调整级别？手工调整是否需要进行审核？ 客户积分计算规则是什么？ 正常客户、活跃客户、待流失客户的确定标准是什么？
客户信息安全	客户资料查看权限如何界定？ 辅助客户经理是否可查看名下客户所有信息？ 团队长、部门经理可查看本团队下哪些客户信息？ 如何对敏感信息进行脱敏展示？
客户鉴别	合并客户相似度如何确定？合规的规则是什么？ 合并功能权限如何分配？合并客户如何分配？ 合并功能是否需要审核？审核后需要同步哪些系统？ 客户状态（正常、活跃、待流失）如何转化？提醒功能如何设定？
客户信息全景	标准化客户全景需要展示哪些信息（如客户基本信息、概况信息、联系信息、服务统计、分红信息、合同信息、交易信息等）？ 不同业务客户信息要求有哪些？信息内容如何获取？

（2）发行管理模块调研。发行管理也是财富管理业务的重要管理内容，通过系统建设及制度管理，能让发行工作更加高效，通过实时监控发行进度，可以减少产品发行过程中额度超募或募集失败等异常情形的发生。

表 11－7　　发行管理模块调研

调研内容	调研问题
产品全景	产品全景需展示哪些信息（如合同信息、分红信息、产品基本信息）？ 产品日历需展现哪些信息（如预约、缴款、成立、分红、到期等）？ 需要进行哪些维度产品信息统计？
产品管理	产品列表（如固收类、权益类、现金管理类）如何分类展示？ 不同类产品销售流程及模式有哪些？ 哪些产品信息需要维护？哪些信息是从其他系统获取？ 产品信息调整是否需要审核？如果需要审核，审核流程是什么？ 销售流程如何确定？ 产品评级规则如何设定？

续表

调研内容	调研问题
发行方案	发行销售方案如何设定？ 产品定价如何设定？ 产品上架规则如何设定？ 销售区域、销售对象、销售渠道的额度如何设定？ 是否支持全员营销？ 线下销售如何进行系统设定？
额度管理	销售额度需要如何分配？ 发行过程中销售额度调剂规则是什么？ 如何进行销售监控？对于掉单等异常情况如何监控？ 如何管控小额合同（300 万元以下）？人数是否需要进行控制？
产品预约	产品预约规则是什么？不同产品预约规则是否一致？ 预约的流程是什么？预约的途径有哪几类？ 预约成功后如取消是否需要审批？审批流程是什么？ 客户资金进账后是否可取消？取消流程是什么？ 合同签署后是否还可取消？取消流程是什么？ 预约购买前客户是否必须通过反洗钱验证、合格投资者认定等校验过程？

（3）销售及期间管理模块调研。全销售流程是财富管理的重要环节，在此环节无遗漏地运用信息科技手段实现全销售流程线上化，有助于信托公司实现高效内部管理和拓展业务能力。

表 11 -8　　　　销售及期间管理模块调研

调研内容	调研问题
产品转受让	信托转受让平台如何建立？ 信托转受让标准合同版本如何拟定？ 如何撮合转受让交易？线上线下模式是什么？ 转受让的规则如何设置？具体流程是什么？ 有哪些风险点需要系统流程管控？
产品申购/赎回	哪些产品设置申购/赎回功能？开放式产品或现金管理类产品如何开发申赎？ 申购/赎回规则及流程是什么？开放日如何设定？ 申购/赎回信息展示有哪些？

续表

调研内容	调研问题
受益账户变更	受益账户变更流程是什么？ 如何验证客户银行账户信息？ 如何界定变更中的可疑交易，如频繁变更账户信息？
渠道管理	现有业务的渠道有哪些？渠道的对接流程如何？ 是否需要建设 App、微信公众号、网上信托、代销等渠道？建设的规划如何？
销售流程	现行的线下销售流程是什么？转化为线上后是否可为“创建发行方案→产品上架→客户预约→客户资金进账→录音录像→客户签署合同→份额确认”？
录音录像管理	哪些业务、哪些客户需进行录音录像？ 不同类客户、不同类业务录音录像内容有哪些不同？ 录音录像的流程规则是什么？ 录像视频与合同内容如何进行智能关联审核？ 视频录制后是否需要视频审核岗进行审核？
纸质合同管理	合同管理岗的岗位职责是什么？ 合同分发、上收、归档的流程有哪些？ 合同申请审阅的权限及流程如何设置？ 合同使用如何监控？作废合同如何管理回收？ 合同编号规则是什么？ 如何区分哪些是电子合同编号，哪些是纸质合同编号？
电子合同管理	电子合同和纸质合同编号规则是否一致？是否有特殊规则？ 是否只有线上签约才能签署电子合同？ 线上合同签署规则、流程有哪些？线上合同与产品成立的顺序？ 不同产品合同版本如何拟定？哪些信息需要个别填写？ 合同是一次性录入完成，还是可以事后再完善？ 合同录入是否需要审核？审核内容及流程包括哪些？ 电子合同存储介质有哪些？如何进行合同保全服务？ 电子合同法律效力如何保证？
风险测评	客户风险评测的管理过程是什么？ 客户风险测评涉及的内容有哪些？实际业务过程中是否设计有风险测评的题库？ 题库的问卷评分标准怎样制定？ 风险测评的周期如何设定？ 客户风险及产品评级如何匹配监控？

续表

调研内容	调研问题
定制化服务	客户定制化服务内容有哪些？通过哪些通信手段联系客户？ 哪些业务需要给客户发短信？哪些业务需要给客户经理发短信？ 哪些业务需要发送邮件？ 客户的认购、申购、赎回份额确认书及资产证明通过何种方式获取？ 对于客户生日提醒、客户购买的信托产品成立、分配、清算等环节的提醒、客户关系变动提醒等系统有无固定格式？是否可分类提供固定格式？
信息披露	信息披露内容有哪些？如何分类？是否覆盖信托产品全生命周期？ 信息披露发布的渠道有哪些？如何展示？展示的详细规则如何？
统计报表考核	客户维度统计信息报表有哪些？报表格式如何要求？ 产品维度统计信息报表有哪些？报表格式如何要求？ 销售维度统计信息报表有哪些？报表格式如何要求？ 客户经理维度统计信息报表有哪些？报表格式如何要求？ 部门管理维度统计信息报表有哪些？报表格式如何要求？ 对于涵盖统计数据的领导驾驶舱有哪些内容？发行数据、产品数据、客户数据等如何进行展示（需提供展示维度）？

（4）财富内部管理模块调研。财富管理业务在内部管理过程中，一方面需要不断引导客户经理和中后台人员培养核心能力，让财富管理工作富有成效，让员工具有参与感与成就感，另一方面需要不断规范内部管理，通过秩序化、规则化、合理化的规范，引导客户经理和中后台人员提高客户服务效率及团队执行力。

表 11－9　　　　财富内部管理模块调研

调研内容	调研问题
客户经理管理	客户经理管理制度有哪些？客户经理行为如何管理？客户经理关系如何管理？ 组织结构如何划分？是否设置营销总监岗位？部门内是否有营销团队的划分？团队如何管理？ 客户经理的权限有哪些？ 客户经理是否进行岗位评级？岗位评级的标准如何？ 客户经理离职时是否需要上收客户？上收后的客户如何分配？

续表

调研内容	调研问题
中后台人员管理	中后台人员的管理制度有哪些？ 中后台人员岗位如何设置？是否有客户服务、渠道管理、发行管理、反洗钱管理、合同管理、印章管理、资金管理等岗位设置？岗位调整过程中如何衔接？ 岗位和内部管理如何结合？ 如何和公司其他中后台部门进行衔接？
绩效考核管理	绩效考核制度有哪些？ 营销费用如何计算？计算公式是什么？计算的系数有哪些？ 是否定期下达任务指标？指标是否与岗位角色挂钩？指标更新的依据是什么？ 是否划分管理序列和业务序列？ 如何根据绩效考核制度设置相关的绩效管理模块？
品牌文化管理	品牌文化的建设思路或规划如何？

通过以上细化的调研，形成最终的平台建设思路和架构设计，进而进行功能模块的划分，能够发掘财富管理业务中存在的需求痛点，从而在系统建设过程中紧盯痛点，与需求方进行深层次沟通，更有利于抓住全业务平台系统建设的重点，贯彻“以用户为中心”的建设理念。

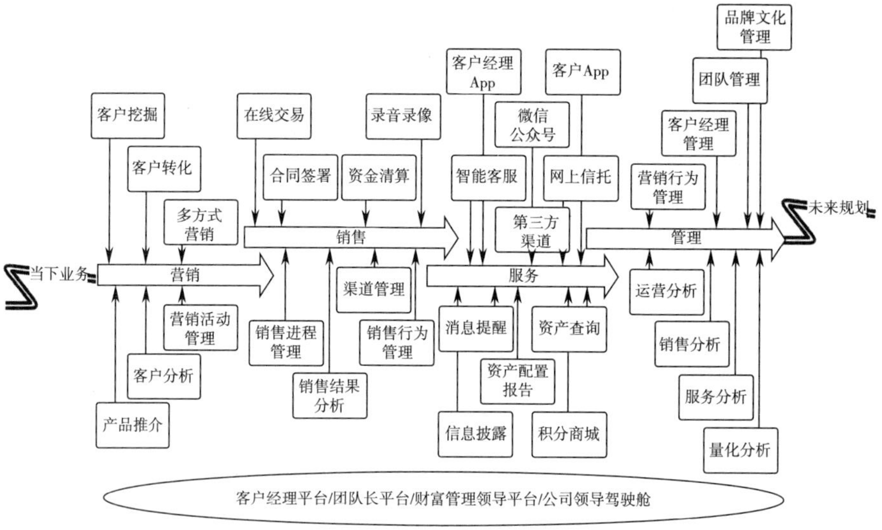

图 11－2　某信托公司需求论证后简化的功能模块与结构设计

3. 信息科技在财富管理业务中的典型应用

（1）客户识别应用。

生物识别。信托公司财富管理业务第一时间将生物识别用于身份认证。生物识别技术的应用包括 App 端指纹识别解锁、风险揭示或“双录”前的人脸识别及活体检测等，可以有效地识别客户真实身份及客户意愿，提高非面对面交易过程中的客户识别能力，从而在合规的前提下缩短办理业务的时间，提高工作效率。

数据挖掘。进行客户群体细分是财富管理行业的重要基础工作，然而信托公司使用的传统细分方法在面对大量各有特色的客户时显得力不从心，在这种环境下建立完善的客户细分方案显得尤为重要。数据挖掘技术可以从大型数据库中高效地发现隐含在其中的知识或规律，并提供决策支持。在财富管理行业中，据不完全测算，招揽新的客户比保留既有客户的花费大得多（通常高达 5 ~ 20 倍）。所以，如何快速识别休眠客户和流失客户是信托公司面临的一项重要课题。可以利用数据挖掘技术进行客户细分预测。客户流失问题的分析可应用机器学习中的预测算法，预测算法通过大量历史数据去训练模型，可分析客户数据中所包含的特征，获取最终客户状态的分类。

（2）搭建线上线下一体化财富管理平台。信托公司财富管理业务发展初期以拓宽资金渠道为主，主要工作集中在进一步加强销售渠道建设上，通过加强直销体系和财富管理团队的建设，形成资金端的竞争力，逐步降低对商业银行、券商等代销渠道的依赖。

在销售互联网化转型的背景下，信托公司逐步搭建线上线下一体化财富管理平台，通过信息科技手段构建服务与交易的线上化平台（如图 11－3 所示），将以前需要在网点进行的临柜业务线上化，实现全销售流程线上线下协同运营，以灵活的方式实现对新兴销售场景的支撑，助力信托公司营销活动平稳发展，主要体现在以下几个方面：

① 增强了客户黏性，能够快速高效地服务客户。将传统信托业务移至线上展业，在线上完成信托产品全业务流程，提供便捷的客户体验，如 App、微信公众号、网上信托等。

② 降低了获客成本和资金成本。客户经理能够通过多渠道方式获取客户资源，移动方式展业提供了交易及服务的便利性，能更好地留住客户。

③ 给予了信托产品一定的流动性。通过建立线上的信托受益权转受让平台，撮合资金，可使信托份额具有一定的流动性。同时，如果与第三方机构合作开展受益权质押融资业务，进行系统层面的对接，实时传递相关信息，也可为客户提供短期融资便利。

④ 拓宽了销售渠道，让资产端产品快速去化。借助外力，如私人银行、券商、基金公司强大的物理网点优势，建立同业合作框架代销信托产品，沿用相关技术及数据规范，简化代销流程，能够突破销售的物理限制，并实现自身业务的创新。

⑤ 构建了立体化的产品体系，开展了初步的客户资产配置管理。通过搭建专业化、多样性、开放式的线上服务与交易平台，开发现金管理产品、权益类产品，引入货币基金类产品，逐步丰富产品体系结构，使得客户资金在信托产品、现金管理产品或货币基金类产品间平滑过渡，可提高客户资金收益率和使用率，让信托资金形成完整闭环。同时，从客户角度出发，以组合投资的方式可定制化、个性化地实现客户需求与信托产品在收益、风险方面的匹配。

（3）对交易数据进行存证及查证。目前《电子签名法》已正式颁布实施，电子合同效力已得到了法律保护，电子合同与传统的纸质合同具有同等法律效力。同时，人脸识别、活体检测、影音录像鉴证、电子证书、意愿鉴证等技术也已非常成熟，如能在信托产品销售展业满足合格投资者要求的前提下，给予适度的销售流程创新支持，则能更好地结合互联网特征提升投资者的服务体验。

在这一背景下，信托公司纷纷推出信托电子合同，替代传统纸质合同。签署电子合同不同于客户签署纸质合同的电子扫描件，它是在可靠的销售流程、销售系统中，通过客户进行的一系列操作完成风险揭示、合同签署、产品购买，这一过程有相应留痕记录，并能够相互验证形成完整证据链，证实客户真实的购买意愿和行为，最终留存具有准确性与唯一性的信托产品购买

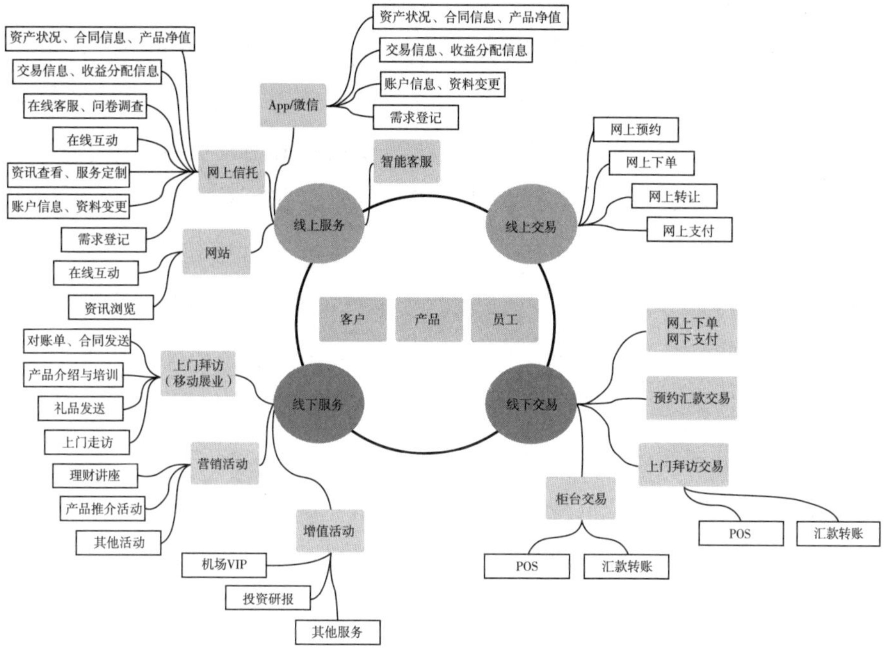

图 11－3　线上线下一体化财富管理平台

信息数据。

在这一过程中，客户事先在信托公司签署电子合同签名授权书并预留信息与交易密码。上述信息仅由客户本人持有，具有专有性、可控性、签名更改可查等特性。认购信托产品时，通过手机验证码、人脸识别、活体检测等方式，确认是否由客户本人操作。客户确认同意并接受相关风险揭示信息、电子合同文本的，视为签署合同，即进行电子签约。客户有效的电子签名生成在电子合同文本之上时，信托公司需按照规定的流程对签约信息进行审核确认，电子合同方可生效。在最终生成电子合同后，信托公司不仅保存客户信息、认购的信托产品信息，还同时将客户注册、点击确认、认证、签字等一系列操作过程记录下来，固化成电子证据形成证据链，对签署过程进行司法认可的第三方存证，保证其内容的真实性与准确性，为客户所有数字记录和数字文件提供可靠的法律保障。

（二）以客户需求为核心的家族信托系统建设

家族信托系统建设与传统的以销售为核心的CRM系统建设思路不同，它要求系统建设以客户需求为核心，系统支持的服务内容复杂多样，且家族信托需要体现客户个性化或定制化的特征，需要对接和打通信托公司内部资金端到资产端多套系统。在家族信托业务发展初期，信托公司投入的人力及管理资源有限，业务规模增速缓慢，要想在业务上实现弯道超车，必须借鉴私人银行或行业内头部信托公司的经验，与有一定实践经验的外部机构合作，依托自建的家族信托管理系统，与外部系统进行对接或为外部合作机构开通相应的服务门户系统，更便捷私密地开展业务，在细分领域服务客户。

1. 家族信托系统建设面临的问题及应对措施

家族信托业务与传统资金信托在设立逻辑、设立要素、存续期管理方面均有较大的差异，信托公司现有的财富管理支撑系统在承接家族信托业务的设立、运营及管理方面存在一定的不足。结合公司的特色和优势，有效满足家族信托业务高效管理的需求，以客户需求为核心进行定制化设计与管理是各信托公司面临的难题。

（1）如何有效管理和运营规模化的家族信托。在进行家族信托产品设计时，首先要对家族成员的经历、性格、健康状态等进行系统、全面的了解，再设定明确的目标，比如，财产增值保值、财富传承、风险隔离等，同时对这些信息需要翔实记载。现有系统的信托设立环节目的单一，管理的信息有限，相关业务的信托关系人（如委托人、受益人、受托人等）、信托财产运用、分配条款、利益分配计划等信息均需运营管理人员依靠手工台账登记管理。随着家族信托业务规模不断扩大，建设能够准确、高效处理上述问题的强大后台系统成为必然。同时，随着规模效益的逐渐体现，良好的系统建设将使机构运营家族信托的成本逐渐下降，服务费用也会下降，这对于机构的市场竞争优势有一定的提升作用。

（2）如何从客户视角进行定制化的设计与管理。在设立家族信托时普遍采用“先搭建框架，再逐步完善”的方式，多数从事家族信托业务的机构认为，相较于其他批发性的业务，家族信托的利润贡献并不显著，机构天然有快速上量的冲动，否则难以取得管理层的长期重视和支持，也难以支撑业务团队的运行，这让“家族信托采取标准化合同”有非常大的吸引力。但随着高净值人群对家族信托的认知越发深入，他们对信托合同文本的严谨性和个性化的要求越来越高，这两者本身存在一定的互斥性。这对主导家族信托方案设计的机构提出了更高的要求，如何在业务效率与满足委托人个性化需求之间进行平衡，会成为机构不得不面对的课题。这需要机构积累相当丰富的案例，在此基础上归纳提炼出共性的需求，设计有代表性的解决方案。在标准化模块的基础上，通盘考虑各模块之间的相关性及潜在冲突，在提供更为个性化方案时，兼顾合同文本的严谨性。

现有系统对家族信托业务的支撑作用未能实现有机整合，各系统相对孤立，而家族信托均为长周期业务，存续期间变更事项繁杂，个性化需求多样，需要进行全生命周期管理，从而对家族信托业务进行全景把控，保证存续期间的管理高效准确。

（3）如何保障与外部合作机构快速地开展业务。在进行家族信托业务合作时，将合作伙伴是否具备合格的信息科技平台作为必要条件。信托公司现有系统与外部合作机构的交互以线下人工交互为主，缺乏易扩展的外部合作机构门户接口，无法保证对接效率和准确程度，与外部机构的业务对接相对较慢，难以快速扩张，并实现大规模业务的落地。高效开放的家族信托外部门户系统能极大地减轻外部合作机构事务性工作带来的压力，提升沟通反馈时效。

（4）如何兼顾客户个性化与效率的需求。现有系统面向客户的服务较为单一，披露方式及内容相对固定，而高净值客户对信托相关信息，如信托设立、信托财产置入、信托财产变化、信托资产运用、信托财产增值保值、底层资产的全貌，希望及时知情，获得信息获取的自主权。高净值人群的需求具有多样化、非标准化的特点，但其未必能够清晰准确地洞察并表达自身需求，信托公司需要为高净值人群设计适合他们的方案，并进行持续检视及优化完善。

综上所述，家族信托系统建设旨在通过建立一体化的家族信托业务全生命周期管理系统，并将其与信托公司现有系统进行融合，实现业务对内高效管理、对外互联互通，通过科技赋能，大幅提高客户管理能力进而树立市场品牌效应，提升客户黏性，帮助信托公司真正地回归信托本源。在现有业务系统的基础上，结合家族信托业务结构设计、开发拓展和管理运作的相关需求，构建包含内部管理体制、运行机制的体系，以及包含客户、第三方机构、税务服务机构、审计机构、监察机构等的一体化平台，主要涵盖家族信托业务系统建设以及外部服务门户系统建设工作。其中，家族信托业务系统旨在通过与其他业务系统的对接，搭建家族信托设立、申报和存量管理的科技支撑平台，对家族信托业务进行关系人管理、项目管理、投配管理、运营管理等，实现集约化、精细化、智能化管理，规范运营及配套管理机制，大幅提高工作效率；外部服务门户系统旨在搭建对外服务平台，提供如业务信息、资产信息、财务信息等的可定制化查询及下单服务，加强与合作方的联系，建立长期合作关系，提升行业内的核心竞争力。

系统建设主要达到以下重要目标：

（1）系统化。通过系统化建设，规范家族信托业务的运营及配套管理机制。（2）一体化。实现家族信托业务设立、运行、投配、清算的业务系统一体化管理。（3）全面化。保证家族信托业务信息的完整性、有效性、实时性、一致性。（4）高效化。使家族信托业务中繁杂的日常工作处理得更有效便捷。（5）定制化。通过建立专业、可定制的外部服务门户，将线下沟通工作逐渐线上化，逐步提升合作方体验，巩固合作关系。

2. 家族信托系统调研内容

家族信托系统旨在搭建家族信托设立、申报和存量管理的科技支撑平台，使受托人对家族信托项目进行集约化、精细化、智能化管理，实现家族信托认购、申购、赎回、核算管理、预分配管理、兑付管理、受益权管理、清算管理和报表管理等一系列功能，从而识别战略层面、产品层面需要完善的内容，从产品设计、合同条款、运营管理、投配管理、信息披露和外部服务门户等方面进行全面的梳理及改造，以此提升业务运营效率，节省人力成本，降低业务拓展风险，扩展业务范围。以下以某信托公司家族信托系统建设为例进行分析。

表 11-10　系统建设调研主要关注点

调研内容	调研问题
全生命周期管理	系统是否能够有效地规范家族信托业务的运营及配套管理机制？ 系统是否能涵盖家族信托项目的全生命周期管理？全生命周期包含哪些阶段？ 潜在客户管理、第三方机构接入、客户尽职调查、项目登记设立、信托利益分配、费用核算、投资管理、定期报告、事件提醒、项目清算等环节在家族信托系统中如何管理？与其他系统之间如何划分？ 系统内信托产品相关信息管理是否涵盖全面？涵盖哪些相关信息管理？
客户管理	系统是否能够实现客户管理及分层管理功能？是否具备客户尽职调查自定义的功能？具体如何实现或准备如何实现？
关系人管理	系统是否搭建完整的关系人管理功能？ 系统对家族信托中的委托人、受益人、信托关系人如何管理？关系怎么维护？ 系统对家族信托中的顺位关系如何管理？有无清晰可见的家族图谱？ 对受益人顺位关系如何管理？顺位继承如何处理？
多账户管理	系统构建的账户体系如何满足委托人不同的信托目的？建立的体系结构如何？ 系统是否构建多层级账户体系，如母子账户体系？ 系统在母子账户体系中，每个子账户之间的资产是否独立运作？如何运作？ 系统中的子账户是否可以映射与受益人之间的关系？对于资产或份额持有比例，如何与子账户进行挂钩？
合同管理	系统是否具有清晰的合约及要件管理功能？ 系统在信托合同签署及管理方面的流程是什么？ 系统对信托合同关键要素如何提炼？怎么管理？
模板化管理	系统是否具备信托产品模板化配置管理的功能？
运营管理	系统是否具有智能化的运营管理功能； 系统如何进行委托人财产追加、续投、受益人收益分配、兑付？是否与其他系统配合使用？ 系统如何进行信托层面的费用计提、资金划拨？ 系统如何进行信托事前、事中的信托关系变更？ 系统如何进行信托期间管理的定期报告？如何进行信息披露？ 系统是否具有独立的工作管理模块？能否实现业务的及时提醒？ 系统能否提供完备的管理视图？管理视图可自定义开发程度如何？ 系统是否具备完善的数据统计及报表管理功能？可自定义开发程度如何？

续表

调研内容	调研问题
投资管理	系统是否具有资产入池的功能，并可支持对接第三方机构资产信息？系统能否实现投资组合策略配置及投资产品的穿透管理？投资组合策略如何配置？ 系统能否实现智能化的事前、事中、事后投资管理？投资指令如何下达？ 系统能否实现一定的风险管理功能？如何进行事前的流动性试算、投资验算？
服务体系	系统是否具有完整的合作方管理功能，并可以建立关系图谱？ 系统如何为合作方，如第三方的投资顾问、财务顾问、监察人提供服务？ 系统如何为客户经理提供服务？ 系统如何为客户提供便捷的服务？
安全性	系统是否具备全面的客户信息安全隐私保密设计？如何进行客户的安全隐私保密设计？ 系统采取何种方式进行数据存储？存储的要求有哪些？ 系统是否具备缜密的权限划分功能？相关权限如何划分？ 系统是否有详细的日志记录功能？
系统接口	系统与其他系统之间的逻辑划分是否清晰？ 系统与信托公司内部其他系统之间如何交互？交互的数据有哪些？
扩展性	系统对保险金信托、慈善信托的支持力度如何？对未来家族信托业务开展的节税规划、资产管理功能如何扩展？ 系统对各类财产权类资产如何管理？

3. 家族信托系统主要关注的功能点

（1）清晰的合约及要件管理功能。优化整合信托合同签署及管理的流程，在清晰严谨的流程中完成合同的创建及管理，将合同关键要素提炼进行线上事务管理。

（2）丰富的多账户管理功能。实施多账户管理并构建子账户体系，满足委托人不同的信托目的；传统账户以自然人为单位，无法满足家族信托中不同的资产管理需求，构建多层次子账户，可以实现不同的信托目的。每个子账户之间的资产独立运作，互不影响。子账户可以有独立的投资管理人和不同的受益人。

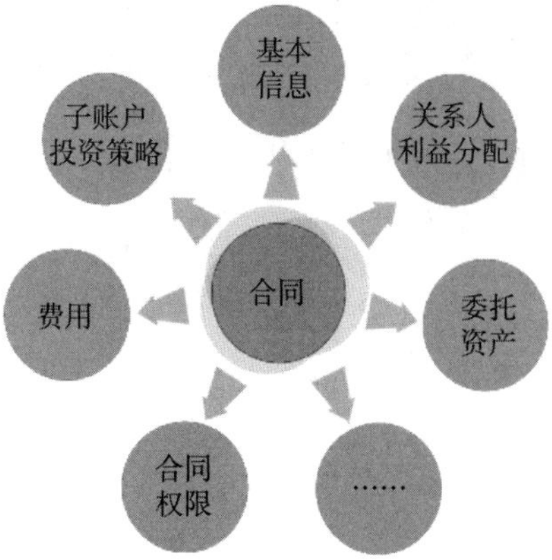

图 11－4　家族信托合同关联信息

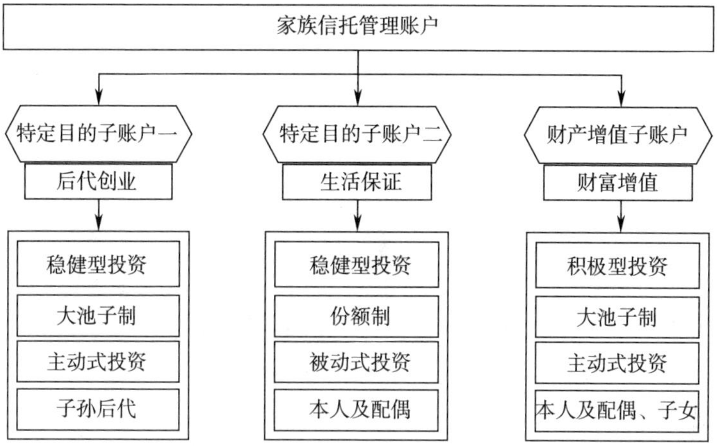

图 11－5　家族信托管理账户体系

（3）先进的投资决策管理功能。内聚丰富的资产配置策略管理经验，为系统使用者提供很好的分析指导，实现智能投资顾问，引入投资策略检核和流动性试算。听取机构建议后决策，完全自主决策和全权委托给机构处理的比例较小。采取全市场投资，不受该机构制定的可投资范围限定。机构化的投资决策流程如何更加可视化，并能够融入委托人家族成员的投资意见，是未来家族信托投资管理优化的重要课题。

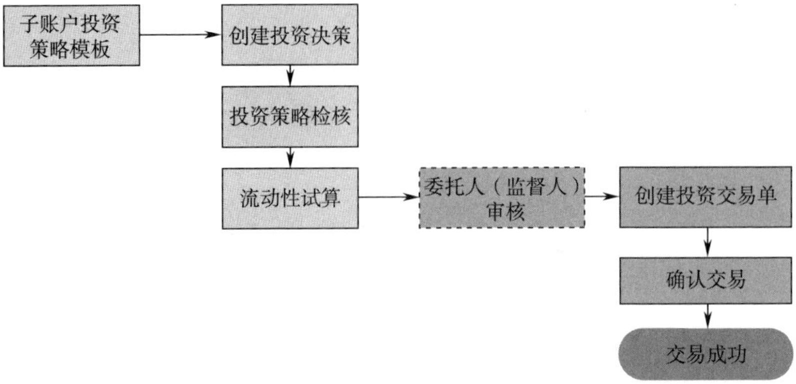

图 11－6　投资决策流程

（4）覆盖全面的全生命周期管理功能。贯穿家族信托产品管理的完整生命周期，从潜在客户接触管理、尽职调查、立项、存续期的信托利益分配、投资管理、定期报告、事件提醒到项目清算，完整满足日常工作管理需要，确保信托服务工作不会遗漏。

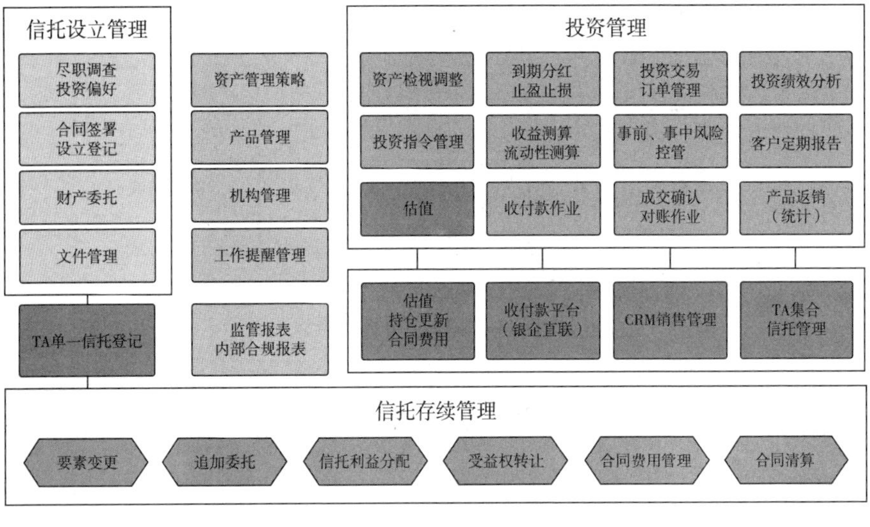

图 11－7　系统功能结构

（5）对创新业务的及时响应功能。能够快速开展创新的业务支持，在资金信托的基础服务上，对未来客户的各类财产权类资产提供创新服务。例如，上市公司股票的融券业务、股票孳息赠与及未来的节税规划、房产租金收入管理、资金运用监管、家族企业员工储蓄信托、慈善信托、遗嘱信托等，均可运用创新的系统科技。

（6）外部渠道系统对接功能。目前，大部分家族信托业务需要引入外部渠道，引进第三方服务，有效满足客户需求，让服务更及时，让工作更规范。

（7）便捷且私密的信息安全管理功能。在家族信托系统建设过程中，对客户的数据收集应该本着最小化原则，即为客户提供服务应该收集最小范围数据，并且需取得收集者的同意，对已收集的客户信息做好数据安全管理，避免隐私数据被窃取等事件发生。

（三）信息科技在财富管理业务风险管控方面的应用

通过信息科技，对财富管理实现事前、事中、事后全流程的管控，深度参与改造财富管理的全链条，通过大数据分析、区块链技术、机器学习算法等建立风控模型，提升风险识别能力，强化信托公司风控能力。

1. 信息科技的应用

（1）实现数据管理及治理。严把数据的准入质量关，并建立常态化的数据清洗、审核和钩稽关系验证机制。贯通各系统间数据，实现各条线、部门间的信息共享。将非结构化数据最大限度上结构化、标准化，提高相关数据的可应用程度。多方式、多渠道收集外部数据，实现内外部数据相互补充、互相钩稽验证，以更加丰富的信息内容缓解信息不对称，提高风险管理的效率和效果。

（2）保证业务连续性。建立符合实际运营情况的业务连续性组织架构及管理制度，通过开展重要业务影响分析，明确各信息系统业务连续性保障的优先级，建立符合运营需要的灾备中心，配备重要业务运营所需的关键资源。建立业务运营的监测体系，定期开展业务连续性应急演练，确保重要业务持续运营，保障各重要信息系统的可用性和可靠性，为业务持续发展提供有效支撑。

（3）保障信息安全。通过多重安全锁保障信息安全。第一重安全锁为“密码安全锁”，通过动态密码校验、登录密码保护等方式，确保账户安全。

第二重安全锁为“交易防护锁”，针对大额资金交易，客户可通过签约蓝牙U宝和动态令牌安全工具进行身份校验，在满足客户大额资金交易需求的同时，确保客户资金安全。第三重安全锁为“信息安全加密锁”，通过“安全退出”“双向加密传输”和“客户端加固”三重措施，保证客户信息不外泄。

2. 事前风险管控重点

（1）反洗钱。信托公司建立反洗钱指标并进行系统监控，防范业务进行过程中出现洗钱风险。通过完善定性与定量相结合的可疑交易标准，在反洗钱系统中进一步细化数据收集、外部/人民银行黑名单关联、指标添加、阈值设定、账户信息、人工筛查与案例管理模块，并结合信托业已发生的洗钱案例，分析交易信息，将其固化在监测系统中，持续建设基于客户行为分析的动态、主动、智能的模拟数控系统。

（2）客户尽职调查。了解你的客户（Know Your Customer，KYC，也称“尽职调查”）实质上是对掌握的内部客户数据，如行为数据、消费数据、历史投资数据、征信数据、地理位置数据等进行分析，结合外部资讯数据，如推荐客户相关联产品的资讯，对客户进行完整的剖析。

更精准地了解客户需求，不仅可以为客户提供个性化、动态化、专业化的产品匹配服务，还可做到准确、及时地向客户披露产品风险，根据客户喜好，为其提供定制化的教育服务。借助大数据、机器学习等技术对客户进行“精准画像”，最终实现其风险承受能力与产品风险的精准匹配，“将合适的信托产品卖给合适的人”。利用更多客户数据，从客户财产实力、产品偏好、行为偏好等维度补充完善客户画像，通过统一设计标签，进行数据分析及客群挖掘。与此同时，建立机器学习体系，精准识别客户潜在的财富管理需求，预测其是否能够达到合格投资者标准，实现精准服务。建立主观风险偏好模型，利用人工智能，使评估结果更客观，也更加准确。

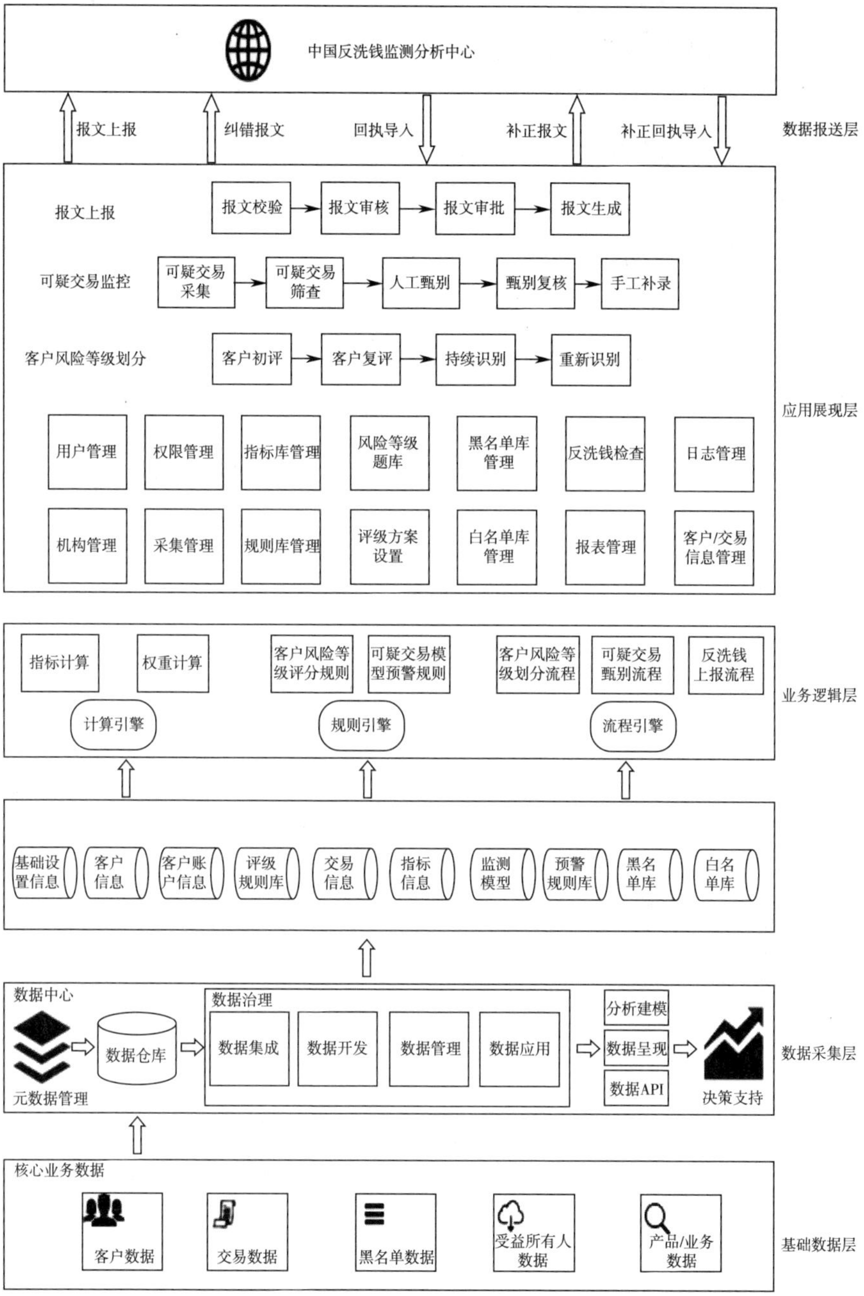

图 11－8　反洗钱系统信息科技架构

3. 事中风险管控重点

适当性营销是财富管理业务中最重要的环节，同时也是容易出现风险的一个环节。其中，对客户的风险评估是适当性营销的第一步，通过“了解你的客户”更好地识别客户的风险等级，从而匹配与之相符的信托产品。信托公司可制定一定的产品评级标准或客户评级体系，如量化风险指标参数，将客户风险等级与产品评级通过信息系统进行细化。同时，随着公司产品进一步多元化，将符合客户需求的产品通过信息系统进行匹配，从而更好地满足客户需求，降低误导销售的风险。在客户营销、“双录”、签约过程中采用实名认证、活体检测等信息科技手段，以信息系统进行辅助，将整个销售流程规范化，减少可能产生的操作风险与合规风险。

4. 事后风险管控重点

（1）客户再画像。客户信息管理是事后风险管控的重要环节，而客户信息管理的本质是数据治理。数据治理的核心在于寻求发展和风险之间的平衡，信托公司应加强数据治理工作，加强公司内外部数据的收集、整合及应用。销售过程完成后，对客户的社会属性、经济能力、理财能力、消费习惯、投资偏好等进行总结，形成实质性的资料或模型，通过特定的方法得到接近客户实际情况的模型，对事中销售过程的客户分析进行重新修正。

（2）客户资产估值。信托产品运营端估值仍是难点，估值能力的提升需要系统的配套支持。如何对非标资产进行细分，选择合适的估值定价模型，结合减值结果进行核算，形成投资者接受的平滑净值，是信托公司需要攻克的难点，虽然初期可采取估值外包的方式进行过渡，但是未来信托公司仍需要打造自主估值能力。

（3）信息披露。当前，信托公司对净值型产品的信息披露频率与规范性正在逐步提高，但是可提升空间仍然较大。为使投资者充分认识所投产品的属性，需要充分、全面地披露产品成立、运行的信息，这其中涉及披露内容、披露主体、披露周期等，需要信托公司结合自己的客户特点与监管的要求进行相应的披露。

（4）资产配置及再平衡。为客户提供基于市场环境实时变化的专属财富规划和每日财富配置建议，实现资产保值和稳健增值。

（四）信托公司信息科技风险管理面临的主要问题及相关建议

1. 未建立明确的信息科技风险治理架构

虽然大部分信托公司都建立了信息科技风险治理架构，但是未明确董事会在信息科技管理中的地位与责任，这样会造成信息科技发展战略与公司的总体业务战略和重大策略不一致的风险。信托公司应明确信息科技管理委员会定期向董事会和高级管理层汇报信息科技战略规划的执行、信息科技预算和实际支出、信息科技的整体状况等。

2. 未形成完全满足相关监管要求的信息科技风险管理体系

大部分信托公司的信息科技风险管理体系还无法完全满足相关监管要求，比如，信息科技管理类相关制度还有缺失，人员配置方面还未形成三道防线，未能对信息科技部分风险进行风险识别，在相关业务层面未能制定信息科技相关指标等。

根据监管机构相关要求，应建立信息科技风险管理策略，对信息分级与保护、信息系统开发、测试和维护、信息科技运行和维护、访问控制、物理安全、人员安全、业务连续性计划与应急处置等领域风险进行管理。针对信息科技风险管理策略，公司应制定相应的风险识别与评估流程，针对风险评估结果制定相应的控制措施，建立持续的信息科技风险计量和监测机制。

信托公司应进一步平衡风险管理投入高与效益隐性化的问题，做好业务发展与风险管理同步推进的工作，重视风险管理核心竞争要素的建设，加强配套信息化建设。

3. 信息系统无法满足业务发展需求

随着监管政策、经济形势、客户需求的不断变化，信托公司开展的业务种类也在不断增加。创新业务对业务系统的依赖性逐渐提高，如家族信托业务、普惠金融业务等，往往要求信息系统建设具有前瞻性，在前期信息系统建设过程中就要求具有一定的扩展性。信托公司现有的财富管理信息系统离满足创新业务的设立、运营及管理要求还存在一定的差距。

4. 信息安全存在隐患

对于财富管理业务来讲，客户信息管理是业务中很重要的一个环节，客户信息安全更是重中之重。信托公司在信息安全管理方面仍存在隐患。对于信息安全风险的管理，信托公司应该结合自身公司业务的发展情况与发展的需要，完善相关管理制度，定期对员工进行信息安全培训，建立信息安全计划和保持长效的管理机制，防范信息安全风险。

5. 业务连续性管理不完善

业务连续性风险一般是指在常规和特殊业务场景下，信息科技服务出现中断和异常，给企业带来经济和社会声誉损失。在实际运作中，大部分信托公司尚未建立异地灾备中心，形成两地三中心（生产中心、开发中心、灾备中心）的物理环境配置，未建立异地备份介质库，存在不可抗力造成的业务连续性风险。信托公司应将业务连续性纳入全面风险管理体系，确定适当的业务连续性管理战略，确立目标，制订计划，配备相关资源。建立、完善各类应急预案，加强业务连续性演练，验证连续性计划的有效性，提高运营中断事件应急响应能力、恢复能力、控制能力。同时，应建立运营中断事件的风险预警体系，设定合理的风险预警指标，确保业务快速恢复，防止事态升级或恶化，并加强对外沟通，降低或消除事件的负面影响。

6. 外包管理机制不健全

目前，信托公司由于前期信息科技投入较少，自主研发能力欠佳，大量信息系统均采用外包的形式进行开发、运行维护和数据处理，外包风险管理在信息科技风险管理中占据很重要的地位。一些信托公司未将外包相关流程制度化、标准化，对具体的管理要求尚未形成制度规范。在执行外包工作中，一些信托公司的信息科技部会在业务处理中对相应风险进行预判并处理，如在选择供应商时会考虑集中度风险，在与供应商签订合同时会考虑知识产权风险等，但目前尚未形成统一的风险管理体系，且未能通过相应制度对风险管理要点进行落实。

信托公司应建立外包风险管理框架，对外包业务实施分类管理，将其划分为重大外包业务和一般外包业务。同时，建立和完善业务外包管理制度，规定业务外包的范围、方式、条件、程序和实施等相关内容，明确相关部门和岗位的职责权限，强化业务外包全过程的监控，防范外包风险，充分发挥业务外包的优势，建立与信息科技战略目标相适应的外包管理体系。

四、信息科技在财富管理场景的未来发展

为了更好地挖掘信托公司内部管理要求，更加贴近客户的资产配置需求，相关信息系统的建设及信息科技的应用在信托公司将逐渐由外采、外包人员开发过渡为自建系统或自研。信托公司基于强大的资产端投行资源优势，以产品销售为基础，逐步向资产配置过渡，进而提供围绕财富传承的综合金融服务，在投行模式的依托下，打造一流的投融资综合金融服务体系。

（一）信息科技在财富管理场景的未来应用

信息科技是金融与科技的深度耦合，强调金融本位，以科技赋能金融，拓宽金融服务边界，构建新型的高效金融服务模式，形成金融与科技双向互动、良性互促的共生生态。金融机构利用云计算、大数据、人工智能和区块链等科技赋能传统金融业务，实现降本增效。

信息科技在财富管理场景的应用主要包括大数据与云计算在财富管理营销及运营方面的应用、人工智能在投资规划及资产配置方面的应用、5G 技术在风险管控方面的应用及区块链在交易信息合规方面的应用。

1. 大数据及云计算的场景应用

（1）云计算及其应用。借助云计算，用户不再需要去管理基础设施，而是通过网络共享软硬件资源或信息。在一定条件下，云计算能够提供比本地化更可靠、更便捷、更低成本、更高效率的服务。目前，云计算已广泛应用于支持高性能计算、优化开发测试环境、大数据分析、灾难恢复和备份等多种场景。由于金融对大数据分析等手段的需求，金融领域已经成为云计算使用最频繁的领域之一。

云计算在发展过程中也面临着众多挑战，特别是安全和数据传输速率问题。身份认证、访问技术的不成熟使得云端信息安全受到威胁，当前的网速也严重制约着云端服务的进一步发展。未来，云计算发展的趋势主要包括：

① 因既能保证核心系统的安全性，又具备低成本、可扩展的特质，混合云会得到快速发展；② 由于有大量数据沉淀在云端，云服务商天然具备发展大数据和人工智能的条件，未来会进一步促成云计算和大数据、人工智能的融合；③ 目前云计算专利集中在数字信息传输和电数字数据处理方面，未来图像通信领域会得到较大发展。

（2）大数据及其应用。大数据指的是数据量极大的，无法用传统手段进行采集、存储、统计、分析和计算的数据集。大数据通常具有数据量大、种类多、增长速度快、时效性强、价值密度低等特点，因而对处理技术提出了很高的要求。

大数据技术现已广泛应用于各个行业，未来大数据技术的发展将会围绕六大方向展开：① 数据采集与预处理。开发更多改良的数据清洗工具以进一步解决数据质量问题。② 数据存储与管理。流式大数据存储与管理会得到特别关注。③ 数据计算模式。现有大数据计算的混合模式会成为发展趋势，以满足多样化处理的需求。④数据分析与挖掘。对自动化分析的要求更高，会催生更多优质分析工具和产品。⑤数据可视化。用于帮助解释、展示复杂的数据信息。该领域尚处于初期阶段，未来有望获得长足发展。⑥数据安全。设备加密技术、匿名化保护技术等继续迭代，以应对信息安全方面更严峻的挑战。

大数据及云计算作为一种新的业务模式，随着其继续发展及理念的不断深化，将会进一步推动金融服务改变营销模式、实现跨行业合作、提升服务能力、改善运营效率。

（3）云计算及大数据在财富管理场景中的应用。客户画像。结合内部和外部数据，对客户进行全维度分析，进行事前投资者认定，事后根据客户线上线下的交易特征和风险偏好，整合客户的全要素数据，包含客户的基础属性、适当性属性、投资风格、交易数据、行为数据、消费数据、历史投资数据、轨迹数据、服务记录数据等，建立客户标签体系，进行客户识别，勾勒客户画像。

客户分层。结合客户所处的生命周期，如潜在期、成长期、活跃期、衰退期等，根据实际业务场景，建立客户分层，实现客户分层的动态策略管理。

精准营销。从产品基础属性、销售信息、第三方评级、渠道信息等入手，进行产品识别，与客户分层及客户画像相结合，进行产品的智能推荐服务。基于客户画像数据的训练模型，对不同分群的客户进行需求预测，快速开展营销活动，从营销活动的定义、任务分发、监控指标等入手，周期性地跟踪进展，快速纠偏。

提升服务，优化运营。利用大数据及云计算技术提高内部信息科技资源的扩展性，实现资源的统一管理、集中供给，并提升财富管理业务系统的安全性，实现线上线下的融合。

提供信息数据，加强风险管控。通过整合大量财务数据、行业数据、专业论坛数据、社交网络数据形成大数据中心，监测分析资产端交易上下游、同业合作、同业竞争等关联数据，存真去伪，主动发现并识别资产的潜在风险，及时有效地管控风险，为客户提供专业的投资建议。

2. 智能客服及智能投资顾问的场景应用

（1）智能客服场景应用。信托公司未来可以在线上线下尝试智能客服系统，网站、App 客户端等线上智能客服系统能够实现自动理解客户问题并进行解答和办理简单业务。信托公司可逐步在线下网点加速智能化进程，尝试进行自主开户等大量智能自主终端的推广，大幅减少人工服务成本，提升客户服务体验。

（2）智能投资顾问场景的应用。智能投资顾问的发展得益于金融理论、金融市场、大数据、云计算、人工智能等领域的进步，核心是模型算法，逻辑是金融理论，基础是市场数据，风险偏好取决于客户，是综合了金融与科技的产物。智能投资顾问与传统投资顾问的主要区别在于用“机器”代替“人脑”。基于现代金融理论及信息科技，向客户提供集成化、自动化、智能化的投资顾问服务。

在传统财富管理投资顾问模式中，客户依靠客户经理的专业知识和经验，选择成熟的资产配置方案。这种服务模式的成本很高，往往只能服务于少数富裕人群。智能投资顾问在两个方面推进了行业的进步。一是减少了人工互动的成本，令投资顾问的服务能够触及更多人群；二是智能投资顾问通过深度学习，整合了各种现代财富管理理论，能够针对客户的特点，更有效地提供最优化的投资组合决策。

在客户信息分析方面，智能投资顾问不仅可以用于传统业务的交易对手判别，还可以应用于对信托合格投资者的判定。另外，在风险管理过程中运用智能投资顾问技术，可以辅助业务人员与风控人员开展交易对手尽职调查和业务合作评估，通过对信息的收集和高效整理，节约人力与时间成本，在内部分级模型算法的帮助下迅速对交易对手进行评级与归类，并给出相应的风控关注点和费率建议。

目前的智能投资顾问主要有三种类型。

机器人投资顾问。全部决策和交易都由机器来完成。典型的机器人投资顾问根据客户信息和调查问卷，通过量化交易决策模型进行智能决策，从十几种资产中自动匹配投资组合，用计算机进行自动交易、税收优化，提高客户的投资回报。同时，由于机器有效地代替了人工，可以使服务成本降到原来的四分之一。但信托公司财富管理业务主要针对高端客户，客户需求多样化，单纯的机器人投资顾问并不能满足信托财富管理客户的需求。

建议型投资顾问。主要是为投资者提供财务管理、投资组合建议。计算机通过智能算法为客户提供决策建议，客户自己是最终决策者和执行者。结合公司现有产品和外部合作渠道，根据客户的风险/收益偏好和期限选择，提供一站式产品组合配置交易服务，打通内部各个产品线，使得财富管理部门从单纯的销售部门逐步过渡到资产组合配置管理部门，在智能投资顾问的支持下更好地服务客户。

专栏 11－1

瑞银集团（UBS）智能投资顾问项目终止后的思考

1. UBS 推出智能投资顾问项目及终止背景

随着 Wealthfront、Betterment、Future Advisor 等财富管理公司借助信息科技手段在普通大众财富管理领域的快速发展，UBS 于 2016 年 10 月推出面向大众富裕人群的智能投资顾问平台 SmartWealth；2017 年 3 月，SmartWealth 上线，并在英国开始试点；2018 年 8 月，UBS 决定将 SmartWealth 出售给美国金融科技公司 SigFig，UBS 在智能投资顾问领域的尝试终止。

（1）SmartWealth 项目建设过程。SmartWealth 在 2016 年被 UBS 视为财富管理数字化转型的一大举措，也是财富管理业务服务客户半径的扩充。为做好该平台，UBS 当时计划投资 10 亿美元。SmartWealth 主要面向 1.5 万～200 万英镑的客户，门槛比 UBS 传统服务的客户门槛低得多。试点期间，SmartWealth 仅为英国客户提供在线财富管理、实时在线咨询服务，它根据客户的个人财务状况、风险态度、年龄、资产和对理财目标的理解等，推荐合适的投资策略，是一款标准的智能咨询产品。为更好地服务客户，SmartWealth 连接了欧洲的 Robos MoneyFarm 和 Scalable Capital，也连接了美国智能投资顾问公司 Vanguard Personal Advisor 和 Schwab Intelligent Portfolio。

（2）SmartWealth 被出售给 SigFig。SigFig 成立于 2007 年，总部位于美国旧金山，由顶级风险投资公司支持，包括 Bain Capital Ventures、Union Square Ventures、DCM 和 Nyca Partners。与 Betterment、Future Advisor 等智能投资顾问不同，前者是基于客户的财务目标来建立投资组合，而 SigFig 倾向于通过追踪客户金融资产动向，根据客户综合信息定制投资计划，并根据市场表现自动为客户买卖。2015 年摩根大通曾经想收购该公司，后来由于种种原因没有推进。

早在 2016 年初，UBS 美洲财富管理部就和 SigFig 结成战略联盟，SigFig 为 UBS 美洲财富管理部约 7 000 名金融顾问及其客户开发金融技术。与此同时，两家公司共同创建了技术研究和创新实验室。为进一步巩固这一联盟，2016 年，UBS 美洲财富管理部还对 SigFig 进行了股权投资，这凸显了当时 UBS 对 SigFig 创新技术能力和管理的长期信心。2018 年 8 月，UBS 决定将 SmartWealth 出售给美国金融科技公司 SigFig，UBS 在智能投资顾问领域的尝试终止。

2. UBS 抛售 SmartWealth 终止智能投资顾问原因

对于 UBS 突然抛售 SmartWealth，官方并未披露该交易的财务条款，只是原则性地解释为 SmartWealth 当前的潜力有限。分析其主要有以下几方面原因。

一是与公司整体战略不符。2018 年 2 月，UBS 整合了财富管理和美洲财富管理部两个主体，成立全球财富管理部。新部门对客户、业务发展方向进行了重新定位，公司希望将更多的资源投入面向客户（Client－Facing）的服务中，使资源更聚焦。SmartWealth 在当时不符合 UBS 财富管理的整体定位。

二是 UBS 并不认为智能投资顾问能颠覆其行业领导地位。咨询公司 Boring Money 的数据显示，在英国，虽然机器人投资顾问的客户数量和资产规模较之前大幅增长，但机器人投资顾问公司所占到的财富管理市场份额依然仅为 1.2%。

三是双方服务的客户类型及模式不同。与其他机器人投资顾问不同的是，SmartWealth 为投资者提供主动式和被动式管理，只适合投资性资产，需要更多的财富管理人员给予支持。而 UBS 现有财富管理人员服务的超高净值客户和 SmartWealth 服务的客户完全不同，对能力的要求也不同，不管是招聘新人还是用高级的财富管理人员，这都加大了 UBS 的成本。另外，SmartWealth 是智能投资顾问中报价最贵的一家，它向投资者收取的佣金曾高达 1.95%，也对最低投资限额提出了很高的要求，这限制了潜在客户。UBS 没有否认智能投资顾问的未来，但对于 UBS 而言，当前定性为投资性资产更合适。

3. 信托公司对未来智能投资顾问的思考

在财富管理领域，UBS 和摩根士丹利、美银美林并没有拉开明显的差距，而竞争对手也在收缩战线，强化新技术对中后台的提升，即提高财富管理顾问的专业性和服务能力。

摩根士丹利从一开始就不打算用机器人投资顾问代替人工投资顾问，其希望借助机器学习、预测分析等现代信息科技帮助投资顾问更迅速、更敏捷、更高效地服务客户。摩根士丹利在财富管理领域的信息科技应用紧紧围绕解放投资顾问、提升客户服务体验开展。

UBS 面对 Wealthfront、Betterment、Future Advisor 等智能投资顾问公司借助信息科技手段在普通大众财富管理领域的快速发展曾经迷失过，最后快速止损，回归摩根士丹利类似的路线。其实国内智能投资顾问公司比如嘉信理财也开始意识到冰冷的机器和当前人工智能的局限性给财富管理业务带来的问题，也在雇佣人工投资顾问予以解决。

按照国内外现状，财富管理业务将在很长时期处于弱人工智能时代，对于信托公司来讲，财富管理看得见的未来不在智能投资顾问，而在个性化的定制服务。虽然当下机器人投资顾问很流行，但客户仍然需要人性化、有温度的客户服务。根据经验，很多客户在与投资顾问沟通时往往会谈及复杂的生活话题，而摩根士丹利认为这也是投资顾问应该专业回应的职责，也借机发现商机，正在基于人工智能等技术构建帮助投资顾问快速响应客户各类生活问题的系统功能。智能投资顾问追求的终极目标应该是机器和人工的平衡，从而达到最佳服务效果。

3. 财富管理与5G结合

5G时代线上内容的流量门槛大大降低，在财富管理业务中，移动展业的形式如财经早报能够使客户经理更快地融入客户的社交体系；5G的高速传输和低延迟性将带来更多的“实时属性”，使得营销人员与客户不再受制于物理限制，通过自媒体、直播、远程多方“双录”等形式开展投资者教育，提供真人投资顾问服务，营造立体的线上服务场景，拓展优质投资顾问的服务半径，加强与客户的线上沟通交流；在5G技术的推动下，未来财富管理机构同客户沟通可以完全借助虚拟现实（VR）技术和增强现实（AR）技术来实现虚拟投资顾问，创造出一个虚拟现实的“真实场景”，让客户产生身临其境的沟通感受，使得一对一“虚拟现实”的紧密沟通成为可能。

4. 财富管理与区块链结合

区块链技术可以应用于数字化和简化客户培训与分析过程。严格的监管条例要求财富管理公司收集诸如身份证明、婚姻状况、居住权、财富来源等信息。这可能是一个冗长烦琐的过程，因此，成本也是高昂的。相反，如果高净值客户的个人数据被存储在一个分布式的账本上，允许被许可的各方通过个人的批准获得访问权，那么这将极大地减少增加一个新客户所付出的时间和成本。此外，由于区块链技术的不可变性和可审核性，可以很容易地为每个客户端保留审计跟踪。

在家族信托领域，区块链主要可以应用于信息采集与存储、财产登记与管理等方面。在信息采集与存储方面，区块链将各个参与方都连接在一起，各方上传的信息如委托人资料、法律文本等都被记录在链上，实现数据共享、不可篡改、私密安全、便于保管。区块链可实现信托财产的存证，并与信托法律文本的存证相结合，形成更为完整的记录。随着家族信托业务的发展，信托财产的类型也将日益丰富，包括股权、债券、票据、房产、珠宝玉石、古董等各种类型的财产均可被整合进区块链中，成为链上数字资产。区块链还可对信托公司事务管理过程和信托财产的管理、使用情况进行存证，证明信托公司在信托财产管理运用过程中的勤勉尽职行为。这一类型的存证主体不仅包括信托公司，还包括资金托管方、信托公司委托代管财产的第三方机构等。还可以将智能合约技术应用于家族信托。根据合同约定在区块链平台上发布与信托文件对应的智能合约，智能合约在资产托管期内可根据相应事件、时间点自动执行，凭借区块链分布式运行和全网参与的特点，上链的信托业务永久在链，实现中远期资产收益、资产的自动化分配及权属关系变更等。

（二）信托财富管理发展中信息科技面对的挑战

1. 如何建立自主掌控、可扩展的财富管理平台

在封闭的系统或平台架构下，业务因受到一定束缚，且产品和服务同质化，信托公司难以进行差异化竞争。而自主掌控的财富管理平台能够更快响应客户需求，具有灵活及可扩展的特征。如何通过有选择性地与各细分领域头部信息科技公司合作，整合公司所有业务、产品和服务资源，践行最佳客户体验战略，实现敏捷与灵活的服务，是财富管理应用信息科技首先面临的挑战。

2. 公司顶层战略与科技战略实施如何高度匹配

信息科技推动信托财富管理业务发展是一项系统性、持续性、应变性的工程。目前，大部分信托公司的信息科技应用在战略层面重视不够，推进较

为缓慢。一方面，传统信托业务仍是主要利润来源，信息科技主要是服务传统业务的工具；另一方面，信息科技的应用并未成熟，投入成本较高，从风险与成本角度考量，主要从解决当前信息问题出发，并未成为公司战略。

要制定科技战略需要顶层设计支持，制定面向未来的前瞻性战略，保持对新兴信息科技的投入，维持较高比例的技术人员结构。战略制定需要符合未来科技与财富管理业务的发展趋势，需要构建前瞻性的信息科技应用架构，建立财富管理客户全景视图、产品库及组件化的构架，设立支持大数据分析的平台，为信托财富管理业务提供全面信息科技支撑。

3. 如何保证信息安全的可靠性与信息科技的稳定性

系统稳定是财富管理业务的基础，信息科技在财富管理领域的普及对信息风险防控与监管提出了新的要求。

系统一方面依赖客户输入的信息，另一方面依赖大数据提供的各种背景信息，一旦这些信息出现差错，将导致决策失误，使财产受到损失。另外，一旦计算机程序遭到攻击，会导致大量数据以及私密信息泄露，从而对客户的财产安全产生影响。信息安全问题越发重要，信托公司要对信息科技应用可能产生的风险有充分的认识，在信息科技系统应用前要经过充分的应用条件测试和场景测试，并在使用中进行严密的监控，避免发生重大风险，给客户带来财产损失。

在监管方面，需要尽快调整相关法律法规、监管体系和管理架构，以此保障当出现信息科技应用的重大缺陷或者安全隐患时，有相应的规则来明确各方的风险处置责任。同时，还要研究利用信息科技加强监管，防止洗钱、欺诈和防范金融风险。

4. 如何加强专业复合人才的储备

当前，信托公司信息科技的复合人才十分短缺，能够为客户创造价值的信息科技人才更是不能满足行业发展的需要。如何加大科技和数据人员的储备成为信托公司面临的难题。一方面，需要在外部组建由数据科学家、数据工程师构成的数据专家团队；另一方面，需要在内部重点培养既通晓技术又具备信托及财富管理专业知识的复合型人才。

参考文献

［1］蔡概还，陈进．发展家族慈善信托解决家族企业管理与传承痛点［J］．中国银行业，2019（4）：93－95.

［2］蔡概还，邓婷．中国家族慈善信托发展的关键问题［J］．清华金融评论，2018（10）：23－25.

［3］曹炜．以发展上海自由贸易区为契机促进贸易发展［J］．上海企业，2013（9）：59－61.

［4］曹宇青．金融科技时代下商业银行私人银行业务发展研究［J］．新金融，2017（11）：33－37.

［5］常叶青，宋瑞武．信托公司声誉风险的成因及管理策略［J］．财务与会计，2011（6）：18－20.

［6］陈赤．中国信托创新研究［D］．成都：西南财经大学，2008.

［7］陈赤．资管新规与信托转型［J］．中国金融，2017（23）：25－27.

［8］陈赤．信托文化的价值精髓［J］．金融博览（财富），2018（10）：56－59.

［9］陈赤．半是寂寥半澎湃——亲历信托业的低谷与高光时刻［J］．中国金融，2019（14）：19－21.

［10］陈慧娟．军工科研院所企业推行模拟利润中心考核模式初探［J］．现代商业，2012（24）：258－259.

［11］陈玮．“模拟利润中心”的激励机制探索［J］．管理观察，2018（1）：170－171.

［12］程红．信托模式下的财富管理体系建构［J］．清华金融评论，2015

(12): 89 - 91.

[13] 方振远. 我国信托公司风险控制模式的优化研究 [D]. 北京: 首都经济贸易大学, 2018.

[14] 高歌, 田彬. 农业银行财富管理业务流程再造探析 [J]. 现代金融, 2011 (11): 51 - 53.

[15] 顾生. 商业银行完善薪酬激励需强化"六个理念" [J]. 中国银行业, 2019 (6): 28 - 31.

[16] 顾洋洋. 信托业监管语境下信托分类研究 [D]. 长沙: 中南大学, 2012.

[17] 管延芳. 日本信托业与经济增长的耦合关系研究 [D]. 沈阳: 辽宁大学, 2018.

[18] 胡芸. 国际私人银行业务发展的经验与启示 [J]. 银行家, 2011 (11): 85 - 90.

[19] 黄诚. NXTY 有限责任公司绩效考核问题研究 [J]. 中外企业家, 2020 (18): 117.

[20] 纪泓宇. 大资管竞争背景下信托行业业务转型研究 [D]. 成都: 西南财经大学, 2016.

[21] 蒋景楠, 朱姝, 郑和. 企业组织结构的发展与变化 [J]. 石油化工技术经济, 2002 (6): 42 - 49.

[22] 李宪明. 信托的社会源起和人文追求 [J]. 中国银行业, 2014 (12): 120 - 122.

[23] 李昕. 财富管理中顾客关系信任的影响因素研究 [D]. 杭州: 浙江大学, 2009.

[24] 连平. 中资银行组织架构和业务流程改革创新方向探索 [J]. 中国金融, 2010 (23): 32 - 34.

[25] 刘维泉. 欧美商业银行财富管理典型模式研究及其启示 [J]. 海南金融, 2013 (9): 62 - 67.

[26] 刘永红. 农村信用社再造流程的思考 [J]. 金融与经济, 2007

(5)：76－79.

［27］鲁悦．英国信托制度起源综述［J］．大江周刊：论坛，2013（6）：145－146.

［28］马绍敏．我国信托业监管体制法律研究［D］．北京：中央民族大学，2014.

［29］欧永生．国有商业银行的业务流程再造［J］．价值工程，2003（4）：73－77.

［30］潘卫东．财富管理：信托业发展之路［J］．中国金融，2013（21）：50－52.

［31］蒲坚，张继胜，车耳，等．论信托［M］．北京：中信出版社，2014.

［32］任自力，曹文泽．保险金信托的法律构造［J］．法学，2019（7）：83－94.

［33］汤谷良，杨春霞．利润中心制度：整合公司战略控制与财务控制的组织视角［J］．会计师，2005（2）：22－27.

［34］田玉英，黄昶生．成本中心理论在企业管理中的应用［J］．经济师，2003（9）：150－152.

［35］王道远，周萍，翁两民，等．信托的逻辑［M］．北京：中信出版社，2019.

［36］王华．信托公司业务转型发展研究——基于发达国家信托业发展经验的分析［J］．江淮论坛，2018（3）：134－139.

［37］王利，张荣刚．简析企业文化建设在绩效管理实施中的作用［J］．陕西师范大学学报（哲学社会科学版），2008，37（S2）：70－73.

［38］王涛．信托业转型：从资产管理到财富管理［J］．银行家，2019（8）：124－125.

［39］王晓晖．虚拟利润中心的有效应用［J］．企业管理，2015（6）：75－77.

［40］王众，叶品华．英国信托受托人投资行为规范及其对我国的启示

[J]. 经济问题探索，2014 (4)：149－153.

[41] 吴强. 利润中心的建立与绩效考核 [J]. 会计之友（中旬刊），2006 (6)：39，41.

[42] 兴业研究. 金融资产专业定价 [R]. 2019.

[43] 徐为山. 商业银行利润中心建设：以金融市场部为例 [J]. 上海金融，2012 (9)：29－34，116.

[44] 徐亚军，黄河，李霞. 绩效考核、企业文化与人力资源管理 [J]. 中国市场，2015 (50)：110，112.

[45] 徐阳，尹苑生. 法律视角下的投资者适当性管理研究——国外经验及本土借鉴 [J]. 福建金融管理干部学院学报，2017 (4)：25－32.

[46] 徐阳，尹苑生，张艳峰. 法律视角下投资者适当性研究——国外经验及借鉴 [J]. 金融理论与实践，2018 (2)：68－72.

[47] 姚江涛. 促进信托行业提质增效——读《美国信托监管指引：资产管理》与《日本信托银行年报与信托税制》[J]. 中国金融，2019 (2)：98.

[48] 姚江涛，袁田. 智能时代信托公司的数字化转型 [J]. 中国银行业，2019 (1)：92－94，108.

[49] 叶鹏. 海外私人银行业务发展与研究 [J]. 时代金融，2013 (30)：155－156.

[50] 于文平，杨立群. 论国有商业银行运行模式的再造 [J]. 吉林省经济管理干部学院学报，2003 (2)：30－32.

[51] 余小亚. 遗嘱信托模式设计——基于受益人视角 [D]. 北京：对外经贸大学，2012.

[52] 张传良，鲍新中. 财产保护类家族信托模式及其产品设计 [J]. 金融理论与实践，2015 (3)：101－105.

[53] 张圣. 厨电企业利润中心的预算管理与业绩评价 [J]. 现代商业，2017 (17)：100－101.

[54] 张颖. 国有商业银行贷款业务流程的理论分析与现实构想 [J]. 金融论坛，2006 (8)：28－33.

[55] 赵磊，于晗. 回归本源：财产法视角下的信托制度 [J]. 上海政法学院学报（法治论丛），2020，35 (3)：116 - 126.

[56] 赵利. 水利行业利润中心的业绩评价 [J]. 齐鲁珠坛，2009 (2)：60 - 61.

[57] 赵廉慧. 信托法解释论 [M]. 北京：中国法制出版社，2015.

[58] 中国信托业协会. 2017 年信托业专题研究报告 [R]. 2017.

[59] 中国信托业协会. 2018 年信托业专题研究报告 [R]. 2018.

[60] 中国信托业协会. 2019 年信托业专题研究报告 [R]. 2019.

[61] 周红，周祥，刘诗琪. 天津科技服务业创新发展策略研究——新加坡产业创新生态系统建设的启示 [J]. 国际经济合作，2019 (5)：147 - 158.

[62] 周瑞明. 新资管时代家族信托业务的资金供给侧机遇 [J]. 中国银行业，2018 (2)：92 - 94.

[63] 周小明. 信托制度比较法研究 [M]. 北京：法律出版社，1996.

[64] 周小明. 信托制度：法理与实务 [M]. 北京：中国法制出版社，2012.

[65] 朱立和，何蓉华，郑耀洲. "351" 企业高质量发展驱动模式 [J]. 印刷经理人，2020 (3)：58 - 60.

[66] 朱学滨. 企业文化对绩效考核体系影响浅析 [J]. 市场周刊（理论研究），2013 (9)：27 - 28.

后 记

撰写这本书的初衷起于陕国投信托在业务发展中提出的财富革命战略。2017 年陕国投信托公司财富管理业务布局开始从本地走向全国，在这个过程中面临很多挑战：如何依据公司战略实现财富管理变革？如何结合公司文化与发展阶段，建设团队并制定相应的考核激励机制？如何在发展财富管理业务中有效地控制营销风险？如何利用信息化技术提升信托财富管理效能？财富管理业务下一步发展转型的方向是什么？这些问题是公司财富管理业务发展过程中必须思考的问题，于是就开始边实践，边思考，边总结。

本书撰写之初就得到了公司薛季民董事长、姚卫东总裁的大力支持，由公司创新与研究发展部博士后工作站与财富管理总部联合启动这项工作。由于日常工作和压力比较大，团队成员主要是利用业余时间来推动这项工作。每周一晚召开的周例会常常持续到深夜，小伙伴们依然在激情地分享，激烈地讨论。经过团队一年多的努力，完成了本书的初稿。但现在看来，那时的初稿真的很稚嫩。

没想到这个稚嫩的初稿得到了中国信托业协会主席漆艰民和协会首席经济学家蔡概还老师的肯定，他们建议我们申请 2019 年的协会课题，组织更多的信托公司来共同研讨。也正是因为这个建议，这个稚嫩的初稿提升了一大步。协会课题得到了 16 家信托公司和 4 家咨询公司的参与支持，在课题导师悉心指导下，在公司团队的不断努力与各家信托公司的参与下，该课题在 2019 年完成了结题，整个研究内容比前期有了很大的提高，课题的内容获得了好评和初步认可。

课题结题后，公司希望能够继续完善内容，完成一个完整的行业研究报告。于是团队小伙伴们又继续坚持研究总结，大家几乎放弃了所有的业余时间来修订和完善稿件。

直到今天，我们终于完成了定稿内容，虽然内容依然稚嫩，但我们在这个过程中成长了！虽然还有很多不足之处，但我们希望能给公司和行业做点有价值的事情！

最后感谢所有参与这项工作的导师和团队伙伴们！

陕国投信托公司参与人员包括：徐一宁、王春艳、杨紫月、穆智雷、荣华、鹿星航（第一部分），涂远博、钱鑫、白丽群、朱峰、赵艺华、宁靖、刘昭艺、杨寰（第二部分），孟创斌、袁望、杨洋、张悦、贺晗、李想、王禹心、艾颢宇、李涛（第三部分）。

参与的信托公司包括四川信托有限公司、国通信托有限责任公司、中建投信托有限责任公司、安信信托投资股份有限公司、华澳国际信托有限公司、浙商金汇信托股份有限公司、中融国际信托有限公司、中原信托有限公司、中信信托有限责任公司、华能贵诚信托有限公司、中国对外经济贸易信托有限公司、中航信托股份有限公司、北方国际信托股份有限公司、交银国际信托有限公司、渤海国际信托股份有限公司。

参与的咨询公司包括德勤华永会计师事务所、韬睿惠悦管理咨询（深圳）有限公司北京分公司、福建顶点软件股份有限公司、南昌用益投资理财顾问有限公司。

王琼、王维华、刘刚

2021 年 1 月